MES ALLIANCES

Née en 1969 dans le Connecticut, Elizabeth Gilbert vit aujourd'hui à Philadelphie et voyage régulièrement au Brésil et à Bali. Ancienne journaliste à *GQ*, à *Spin* et au *New York Times* entre autres, ses premiers écrits sont remarqués par les critiques – finaliste du Hemingway Award avec *Pilgrims* en 1997 et du National Book Award avec *Stern Men* en 2000. Elle acquiert finalement une notoriété internationale avec son roman autobiographique *Mange, prie, aime* (Calmann-Lévy, 2008), paru dans plus de trente pays et adapté au cinéma en 2010 avec Julia Roberts dans le rôle principal. Elle a été désignée par le *Time* comme l'une des cent personnes les plus influentes de la planète en 2008.

Paru dans le Livre de Poche :

MANGE, PRIE, AIME

ELIZABETH GILBERT

Mes alliances

Histoires d'amour et de mariages

TRADUIT DE L'ANGLAIS (ÉTATS-UNIS) PAR CHRISTINE BARBASTE

CALMANN-LÉVY

Titre original :

COMMITTED
A SKEPTIC MAKES PEACE WITH MARRIAGE
Première publication Viking Penguin, New York, 2010

Para J.L.N. – o meu coroa

Il n'y a pas plus risqué que le mariage.
Il n'y a rien de plus heureux qu'un mariage heureux.

Benjamin Disraeli, 1870,
dans une lettre de félicitations à Louise,
fille de la reine Victoria, pour ses fiançailles.

NOTE AU LECTEUR

Dans un livre intitulé *Mange, prie, aime*, j'ai raconté le tour du monde que j'ai fait, seule, après un divorce pénible. J'avais trente et quelques années, et ce récit autobiographique allait marquer l'essor de ma carrière littéraire. Avant *Mange, prie, aime*, je passais dans les cercles littéraires pour une femme écrivant essentiellement pour, et sur, les hommes. J'avais collaboré pendant des années, à titre de journaliste, à des magazines destinés à un lectorat masculin tels que *GQ* et *Spin*, et exploré, dans mes articles, la masculinité sous tous les angles. De la même façon, mes trois premiers livres (qu'il s'agisse de romans ou d'essais) avaient pour sujet des personnages super-machos : cow-boys, pêcheurs de homards, chasseurs, routiers, Teamsters[1], bûcherons…

À l'époque, on me faisait souvent remarquer que j'écrivais comme un homme. Je ne sais pas trop ce que cela signifie, « écrire comme un homme », mais je suis à peu près certaine que, en général, cela se veut un compliment. Et à ce moment-là, je l'ai sans aucun doute pris comme tel. Pour un article destiné à *GQ*,

---

1. Routiers affiliés à un syndicat.

je suis même allée jusqu'à me travestir en homme pendant une semaine. J'ai coupé mes cheveux très court, j'ai écrasé ma poitrine, glissé un préservatif rempli de graines pour oiseaux dans mon pantalon et collé quelques poils sur mon menton – tout ça pour essayer d'habiter et de comprendre les mystères de la virilité.

Je devrais ajouter ici que mon obsession des hommes s'étendait jusque dans ma vie privée. Ce qui a souvent été – ou plutôt toujours – source de complications.

Entre mes histoires sentimentales embrouillées et mes obsessions professionnelles, j'étais tellement absorbée par le sujet de la virilité que je n'ai jamais pris le temps de me pencher sur celui de la féminité. Une chose est bien certaine : jamais je n'ai pris le temps de me pencher attentivement sur la mienne. Pour cette raison, autant qu'à cause d'une indifférence à l'égard de mon bien-être en général, je n'ai jamais pris la peine de me familiariser avec moi-même. Aussi ai-je été totalement démunie, lorsque, vers trente ans, une vague de dépression m'a terrassée. Mon corps s'est effondré le premier, puis mon mariage, et ensuite – lors d'un épisode effroyable – mon esprit. La pierre à feu masculine ne m'a offert aucun réconfort dans cette situation ; afin de sortir de cette confusion affective, il ne me restait qu'à procéder par tâtonnements. Divorcée, le cœur brisé, et seule, j'ai tout laissé derrière moi et je suis partie pendant un an. Un an de voyages et d'introspection, un an durant lequel j'étais résolue à m'initier à moi-même comme j'avais autrefois levé le voile sur l'insaisissable cow-boy américain.

Ensuite, j'ai écrit un livre.

Et puis, parce que la vie est parfois vraiment, vraiment bizarre, ce livre est devenu un best-seller international, et voilà que soudain – après avoir passé une décennie à n'écrire que sur les hommes et la virilité – je me suis retrouvée cataloguée parmi les auteurs de « *chick lit* », la « littérature pour nanas ». Là encore, je ne suis pas certaine de la signification de ce terme, mais je suis à peu près certaine qu'en aucun cas il ne se veut un compliment.

Quoi qu'il en soit, on me demande sans cesse si je m'attendais à un tel succès. On veut savoir si, tandis que j'écrivais *Mange, prie, aime*, j'avais, d'une façon ou d'une autre, imaginé qu'il connaîtrait un destin pareil. Non. Jamais, au grand jamais, je n'aurais pu prédire un accueil qui dépassait à ce point toute espérance. J'espérais seulement qu'on me pardonnerait de produire une œuvre autobiographique. Mon petit cercle de lecteurs était fidèle à la jeune femme vaillante qui dépeignait avec lucidité des hommes virils aux occupations viriles. Allaient-ils apprécier un récit à la première personne, plutôt centré sur les émotions, retraçant le périple d'une divorcée en quête d'une guérison psycho-spirituelle ? Je comptais sur leur bienveillance : ils pouvaient bien comprendre que ce livre m'était nécessaire pour des raisons personnelles et qu'ensuite je tournerais la page.

Mais ce n'est pas ainsi que les choses se sont passées.

(Et pour que ce soit bien clair : le livre que vous tenez entre les mains n'est pas un récit lucide sur des hommes virils aux occupations viriles. Qu'il ne soit pas dit que vous n'étiez pas prévenus.)

Ces temps-ci, on me demande aussi à tout bout de champ en quoi *Mange, prie, aime* a changé ma vie. Il m'est difficile de répondre à cette question, tant ses répercussions ont été considérables. Voici une analogie éclairante tirée de mon enfance : un jour, quand j'étais petite, mes parents m'ont emmenée au Muséum d'histoire naturelle, à New York. Dans le hall des océans, mon père m'a désigné, suspendue au plafond, la reconstitution grandeur nature d'une baleine bleue. Je me tenais juste en dessous, notez bien, et j'avais les yeux rivés sur le cétacé, au-dessus de moi, mais je ne le distinguais pas correctement, mon jeune esprit étant alors incapable d'appréhender quelque chose d'aussi grand. Tout ce que je voyais, c'était le plafond bleu et l'émerveillement des autres visiteurs (à l'évidence, il y avait là quelque spectacle impressionnant), mais la baleine demeurait pour moi insaisissable.

Voilà ce que m'inspire parfois *Mange, prie, aime*. Il est arrivé un moment, dans la trajectoire de ce livre, où il m'a été impossible d'en prendre la pleine mesure, alors j'ai renoncé à le faire et j'ai reporté mon attention sur d'autres objets. Entretenir un potager m'a aidée. Rien de tel que d'éliminer les limaces de vos plants de tomates pour remettre les choses en perspective.

Cela dit, j'étais un peu perplexe : allais-je encore être à même d'écrire avec naturel ? Sans vouloir feindre une nostalgie pour les publications confidentielles, j'avais, par le passé, toujours nourri la conviction que très peu de gens liraient mes écrits. Et cette certitude, pour partie déprimante, avait l'heur de me réconforter : si jamais mon humiliation était trop affreuse, au moins n'y aurait-il pas beaucoup de témoins. En tout état de cause, cette préoccupation n'était plus d'actualité. Des millions de lecteurs potentiels attendaient désormais mon nouveau projet. Comment diable écrit-on un livre pour des millions de lecteurs ? Pas question de les caresser dans le sens du poil, mais il ne fallait pas non plus écarter d'emblée tous ces lecteurs intelligents et passionnés, qui étaient en majorité des lectrices – pas après tout ce que nous avions traversé ensemble.

Sans trop savoir comment procéder, je me suis tout de même lancée. En un an, j'ai écrit le premier jet de cet ouvrage – cinq cents pages – pour m'apercevoir très vite que quelque chose clochait. La voix ne me ressemblait pas. La voix ne ressemblait à personne. La voix semblait sortir d'un haut-parleur qui aurait dénaturé le sens des mots. J'ai rangé ce manuscrit dans un coin, pour ne jamais le rouvrir, et suis retournée dans le jardin pour m'adonner à une activité plus contemplative tout en bêchant, plantant et méditant.

Ce n'était pas exactement une *crise*, cette période pendant laquelle je ne savais plus comment écrire – plus, du moins, comment écrire avec naturel. Je menais par ailleurs une existence vraiment agréable : comblée aux plans privé et professionnel, je n'allais pas m'ingénier à transformer ce casse-tête en drame. Mais c'était bel et bien un casse-tête. Je commençais même à me demander si mes exploits littéraires n'étaient pas derrière moi. Ne plus être écrivain ne semblait pas le pire des destins au monde, mais franchement, il était encore trop tôt pour le savoir. Et je devais encore passer pas mal d'heures dans mon carré de tomates avant de pouvoir me prononcer.

À la fin, j'ai accepté l'idée, assez réconfortante, de ne pas pouvoir écrire un livre qui satisferait des millions de lecteurs. *Je ne peux pas* – pas délibérément, du moins. C'est un fait : je ne sais pas comment écrire un best-seller sur demande. Sinon, croyez-moi, je n'aurais écrit que cela ! Mais ce n'est pas ainsi que ça marche – pas du moins pour les écrivains tels que moi. Il me faut écrire les livres que j'ai besoin d'écrire, que je m'estime capable d'écrire, les faire publier et admettre que, quoi qu'il leur arrive ensuite, ce n'est plus mon affaire.

Pour une multitude de raisons personnelles, le livre que j'avais besoin d'écrire, c'est très précisément *ce* livre – un autre récit autobiographique (avec, en prime, des points de vue sociohistoriques !) dans lequel je raconte comment je me suis efforcée de me réconcilier avec l'institution compliquée du mariage. Je n'ai jamais eu le moindre doute sur le sujet lui-même ; j'ai simplement eu des difficultés, pendant un certain temps, à trouver ma voix. Pour finir, j'ai découvert que la seule façon de renouer avec l'écriture consistait à limiter considérablement – du moins dans mon imagination – le nombre de personnes pour lesquelles j'écrivais. J'ai donc tout recommencé depuis le début et pris la plume avec en tête l'idée de m'adresser très exactement à vingt-sept lectrices. Et plus précisément à : Maude, Carole, Catherine, Ann, Darcey, Deborah, Susan, Sofie, Cree, Cat, Abby, Linda, Bernadette, Jen, Jana, Sheryl, Rayya, Iva, Erica, Nichelle, Sandy, Anne, Patricia, Tara, Laura, Sarah et Margaret.

Ces vingt-sept femmes constituent mon cercle, étroit mais essentiel, d'amies, de parentes et de voisines. Elles ont de vingt ans et des poussières à quatre-vingt-dix-sept ans. Il se trouve que l'une de ces femmes est ma grand-mère ; une autre, ma belle-fille. L'une est ma plus vieille amie, une autre encore, une amie de fraîche date. L'une s'est mariée récemment ; deux ou trois autres déplorent de ne pas l'être ; quelques-unes se sont remariées il y a peu ; l'une d'elles est follement heureuse de n'avoir jamais été mariée ; une autre vient de mettre un terme à une relation de presque dix ans avec une femme. Sept sont mères ; deux (au moment où j'écris ces pages) attendent un enfant ; les autres – pour diverses raisons, et en nourrissant des sentiments très divers à ce sujet – n'ont pas d'enfant. Quelques-unes sont des mères au foyer ; d'autres ont une activité professionnelle. Deux ou trois autres, quel courage, sont mères au foyer *et* femmes actives. La plupart sont blanches ; quelques-unes sont noires ; deux d'entre elles sont nées au Moyen-Orient ; l'une est scandinave ; deux sont australiennes ; l'une est sud-américaine ; une autre, cajun. Trois sont croyantes ; cinq se désintéressent totalement de tout ce qui a trait au divin ; la plupart sont perplexes sur le plan spirituel ; les autres se sont débrouillées, au fil des années, pour négocier des arrangements personnels avec Dieu. Toutes ces femmes ont un sens de l'humour au-dessus de la moyenne. Et toutes, à moment donné dans leur vie, ont eu le cœur brisé par un terrible chagrin.

Pendant des années, devant maintes tasses de thé et maints verres d'alcool, j'ai fait part à l'une ou l'autre de ces âmes chères de mes interrogations sur le mariage, l'intimité, la sexualité, le divorce, l'infidélité, la famille, la responsabilité, et l'autonomie. Ces conversations ont servi de charpente à ce livre. Tandis que j'assemblais diverses pages de cette histoire, je me suis surprise à m'adresser à voix haute à ces amies, à ces parentes et à ces voisines, répondant à des questions qui, parfois, avaient été soulevées des décennies plus tôt, ou en posant de nouvelles, qui me trottaient dans la tête. Ce livre n'aurait jamais pu voir le jour sans l'influence de ces vingt-sept femmes extraordinaires. Comme toujours, les avoir à mes côtés a été un enseignement et un réconfort.

Elizabeth Gilbert
New Jersey, 2009

CHAPITRE PREMIER

Mariage et surprises

❧✳❧

Le mariage est une amitié reconnue par la police.
Robert Louis Stevenson

Un jour de l'été 2006, en fin d'après-midi, je me trouvais dans un petit village au nord du Vietnam, assise autour d'un feu de cuisine fuligineux, en compagnie de plusieurs femmes dont je ne parlais pas la langue, et auxquelles j'essayais de poser des questions à propos du mariage.

Depuis plusieurs mois déjà, je voyageais en Asie du Sud-Est avec un homme qui allait bientôt devenir mon mari. Je suppose que le terme conventionnel pour le désigner serait « fiancé », mais ni lui ni moi n'étions très à l'aise avec ce mot, donc nous ne l'utilisions pas. En fait, ni lui ni moi n'étions vraiment à l'aise avec l'idée du mariage en général. De mariage, il n'en avait jamais été question entre nous ; ni lui ni moi ne le désirions. Cependant, la providence avait interféré avec nos plans, raison pour laquelle nous nous retrouvions à vagabonder sans feuille de route précise au Vietnam, en Thaïlande, au Laos, au Cambodge et en Indonésie, tout en nous démenant pour retourner aux États-Unis et nous marier.

L'homme en question était mon amant, mon bien-aimé depuis plus de deux ans à l'époque, et dans ces pages je l'appellerai Felipe. Felipe est un homme brésilien doux et affectueux, de dix-sept ans mon aîné, que j'avais rencontré quelques années plus tôt, lors d'un autre voyage (planifié, celui-là) autour du monde, alors que je m'efforçais de recoller mon cœur en miettes. Vers la fin de ce périple, j'avais rencontré Felipe, qui menait depuis des années une vie paisible et solitaire à Bali, où il soignait lui aussi ses blessures affectives. De cette rencontre était née une attirance mutuelle, et après une cour sans hâte, à notre grand émerveillement à tous les deux, de l'amour.

Notre résistance au mariage, donc, ne devait rien à une absence d'amour. Au contraire, Felipe et moi nous aimions sans réserve. Nous étions heureux de nous promettre de rester à jamais ensemble, loyalement. Nous nous étions même déjà juré fidélité à vie, encore que sans témoins. Le problème, c'est que nous réchappions de divorces pénibles et que notre expérience nous avait tellement écœurés que la seule idée d'un mariage en bonne et due forme – avec *qui que ce soit*, même quelqu'un d'aussi bon que lui ou moi – nous terrifiait.

En règle générale, bien entendu, les divorces se passent mal (Rebecca West note que « divorcer est presque toujours aussi réjouissant et utile que de casser de la porcelaine très précieuse ») et nos divorces respectifs n'avaient pas fait exception. Sur la grande échelle cosmique de l'Horreur du Divorce qui va de 1 à 10 (où 1 correspond à une séparation exécutée à l'amiable et 10 à… eh bien, à une exécution pure et simple), je donnerais probablement à mon propre divorce un 7,5. Il n'en était résulté ni suicide ni homicide, mais la rupture avait été aussi moche qu'en étaient capables deux personnes bien élevées par ailleurs. Et la procédure avait traîné plus de deux ans.

En ce qui concerne Felipe, son premier mariage (avec une Australienne intelligente et active) s'était terminé presque dix ans avant notre rencontre à Bali. Son divorce s'était déroulé sans heurt, à l'époque, mais perdre sa femme (sa maison, les enfants, les deux décennies d'histoire qui allaient avec) faisait peser sur cet homme plein de bonté une tristesse persistante, accompagnée de regrets, d'exil et de précarité financière.

De nos expériences, donc, nous étions sortis éprouvés, perturbés et résolument suspicieux quant aux joies des sacro-saints liens du mariage. Comme toute personne ayant eu l'occasion de traverser la vallée des ombres du divorce, Felipe et moi avions appris, de première main, cette pénible vérité : toute intimité transporte, sécrète, quelque part sous sa charmante surface, les ressorts, toujours prêts à se déployer, d'une catastrophe absolue. Nous avions également appris que le mariage est un état dans lequel on pénètre bien plus facilement qu'on n'en sort. Parce qu'il n'est pas prisonnier des clôtures érigées par la loi, l'amant peut prendre congé à tout moment d'une relation de couple qui a mal tourné. En revanche, celui qui est marié légalement et veut s'échapper d'un amour condamné découvre sans tarder qu'une part importante de son contrat de mariage est propriété de l'État, et que, parfois, l'État prend son temps pour nous accorder le droit de partir. Par conséquent, on peut très bien se retrouver entravé pendant des mois, voire des années, par un lien administratif et sans amour, qui finit par ressembler à un incendie ravageant un immeuble. Un immeuble en flammes dans lequel vous, mon ami(e), êtes menotté(e) à un radiateur au sous-sol tandis que les tourbillons de fumée vous enveloppent et que les chevrons commencent à s'effondrer…

Pardon si je ne parais pas emballée à l'idée du mariage.

Je confie ici ces pensées déplaisantes uniquement pour vous expliquer pourquoi Felipe et moi avions conclu un pacte assez inhabituel, et ce dès le début de notre histoire d'amour. Nous nous étions juré, du fond du cœur, de ne jamais, en aucune circonstance, nous marier. Nous nous étions même promis de séparer nos finances et nos biens, afin de nous épargner ce cauchemar potentiel qui consiste à partager l'amas de munitions explosives que sont les crédits, les contrats notariés, les biens immobiliers, les comptes bancaires, les appareils électroménagers ou les livres. Cette promesse faite en bonne et due forme, nous nous étions engagés dans une vie à deux bien cloisonnée avec un vrai sentiment de sérénité. Exactement de la même manière qu'un engagement solennel peut donner à tant d'autres couples un sentiment de garantie protectrice, notre serment de ne jamais nous marier nous avait emmaillotés dans la sécurité affective qui nous était nécessaire pour tenter, une nouvelle fois, d'aimer. Cet engagement que nous avions contracté – délibérément dépourvu de tout aspect officiel – était libérateur, et nous faisait l'effet d'un miracle. Il nous semblait avoir trouvé le passage du Nord-Ouest de la parfaite intimité – quelque chose qui, comme l'écrivait García Márquez, « ressemblait à l'amour mais sans les problèmes de l'amour ».

C'était donc à cela que nous nous étions consacrés jusqu'au printemps 2006 : nous occuper chacun de nos affaires, construire une vie commune et cloisonnée, dans un bien-être libre d'entraves. Et nous aurions pu vivre heureux jusqu'à la fin des temps sans une interférence inopportune.

Le département de la Sécurité intérieure des États-Unis s'est mêlé de notre histoire.

❦ ✳ ❦

Le problème tenait à ce que Felipe et moi – en dépit de tous nos points communs et de notre félicité partagée – n'avions pas la même nationalité. Il était brésilien de naissance, citoyen australien et, à l'époque de notre rencontre, il résidait en Indonésie. J'étais une Américaine qui, mis à part ses voyages, avait vécu presque toute sa vie sur la côte Est des États-Unis. Nous n'avions, de prime abord, nullement prévu que notre histoire d'amour apatride se heurterait à des problèmes, encore que, rétrospectivement, nous aurions peut-être dû anticiper certaines complications. Comme le dit le vieil adage : rien n'empêche un poisson et un oiseau de tomber amoureux, mais où vont-ils vivre ? La solution à ce dilemme, pensions-nous, résidait dans le fait que nous étions l'un et l'autre des voyageurs fort dégourdis, j'étais un oiseau amphibie et Felipe, un poisson volant. En vertu de quoi, la première année que nous avons passée ensemble, nous l'avions pour ainsi dire vécue en l'air – à plonger et à sillonner océans et continents à tire-d'aile.

Nos vies professionnelles, par chance, facilitaient ces accommodements qui ne s'embarrassaient guère d'attaches. Comme je suis écrivain, mon travail pouvait être réalisé n'importe où. Importateur de bijoux et de pierres précieuses aux États-Unis, Felipe était, de toute façon, toujours par monts et par vaux. Tout ce que nous avions à faire, c'était de coordonner nos déplacements. J'allais le rejoindre à Bali ; il venait me voir en Amérique ; nous partions tous les deux au Brésil ; j'allais le rejoindre à Sydney. J'ai accepté un poste temporaire à l'université du Tennessee, où j'enseignais l'écriture créative, et l'espace de quelques mois étranges, nous avons vécu ensemble dans la chambre d'un hôtel décati de Knoxville. (Je peux recommander ce type d'arrangement, au fait, à toute personne qui souhaite tester le vrai degré de compatibilité d'une nouvelle relation.)

Nous vivions à un rythme soutenu, ensemble la plupart du temps mais toujours en mouvement, comme les bénéficiaires d'un étrange programme international de protection des témoins. Notre relation – quoique stabilisante et calme sur le plan privé – représentait un défi logistique permanent et, avec tous ces voyages d'un continent à l'autre, elle était affreusement ruineuse, et psychologiquement éprouvante. Chaque fois que nous étions à nouveau réunis, Felipe et moi devions tout réapprendre l'un de l'autre. Il y avait toujours un moment nerveusement épuisant, lorsque je venais l'attendre à l'aéroport, où je me demandais : « Vais-je le reconnaître ? Va-t-il me reconnaître ? » Et puis, au bout d'un an, nous avons commencé à aspirer à une plus grande stabilité, et Felipe a fait le grand saut. Abandonnant sa maison, modeste mais adorable, à Bali, il est venu s'installer avec moi dans celle, minuscule, que je venais de louer, à la périphérie de Philadelphie.

Drôle d'idée, que d'échanger Bali pour la banlieue de Philadelphie, mais Felipe me jurait qu'il était depuis longtemps lassé de la vie sous les tropiques, où chaque jour est une réplique plaisante et ennuyeuse de la veille. Depuis un petit moment déjà, même avant de me rencontrer, l'envie de déménager le taraudait. La lassitude du paradis est peut-être chose impossible à comprendre pour qui n'a pas vécu au paradis (quant à moi, je trouvais ça un peu dingue) mais pourtant, en toute honnêteté, les années passant, Bali et ses paysages de rêve avaient fini par peser à Felipe, à lui donner un sentiment de monotonie oppressante. Je n'oublierai jamais une des dernières soirées enchanteresses que nous avons passées dans sa petite maison. Nous étions assis dans le jardin, enveloppés par l'air tiède de novembre, pieds nus, la peau moite, à boire du vin et à contempler l'immensité stellaire qui scintillait au-dessus des rizières. Les brises parfumées se faufilaient entre les palmiers et au loin, venue d'un temple, s'élevait la musique d'une cérémonie. Felipe m'a regardée, il a soupiré, et dit, d'une voix plate : « J'en ai ras le bol de toute cette merde. Il me tarde de rentrer à Philadelphie. »

Direction Philadelphie – et ses accueillants nids-de-poule. Il est vrai que nous aimions beaucoup, l'un comme l'autre, cette région. La petite villa que nous louions se trouvait près de chez ma sœur et de sa famille, dont la proximité était devenue essentielle à mon bonheur au cours des années. En outre, après toutes nos années de voyages aux quatre coins du monde, c'était bon, et même revitalisant, de vivre aux États-Unis, un pays qui, malgré tous ses défauts, continuait de présenter des intérêts à nos yeux : c'est une nation en mouvement constant, un melting-pot culturel, en perpétuelle évolution, qui peut vous rendre fou par ses contradictions mais qui met au défi votre créativité – une nation fondamentalement vivante.

Felipe et moi y avons établi notre quartier général, et nous nous sommes entraînés, avec un succès encourageant, à nos premières vraies sessions de vie quotidienne partagée. Il vendait ses bijoux ; je travaillais sur des projets d'écriture qui exigeaient que je me fixe en un lieu et que je me documente. Il cuisinait ; je tondais la pelouse ; régulièrement, l'un de nous branchait l'aspirateur. Nous travaillions bien ensemble sous un même toit ; nous nous répartissions les corvées domestiques sans querelle. Nous nous sentions ambitieux, productifs, optimistes. La vie était belle.

Mais de tels intervalles de stabilité ne peuvent jamais durer longtemps. À cause des restrictions afférentes à son visa, les séjours de Felipe sur le sol américain ne pouvaient pas excéder trois mois. Au terme de cette période, il était obligé d'aller passer quelque temps dans un autre pays. Donc, il repartait, et je restais seule avec mes livres et mes voisins. Et puis, au bout de trois semaines, il revenait aux États-Unis, avec un nouveau visa de quatre-vingt-dix jours, et nous reprenions notre vie à deux. Que ces plages de quatre-vingt-dix jours de vie commune nous aient semblé à ce point idéales témoigne de notre méfiance à l'égard des engagements à long terme : en terme de projets d'avenir, c'était la durée maximale que deux rescapés du divorce pouvaient supporter sans se sentir trop menacés. Et parfois, quand mon emploi du temps le permettait, je l'accompagnais dans ses courses au visa.

Voilà pourquoi un jour, au retour d'un voyage d'affaires sur un autre continent, nous sommes rentrés ensemble aux États-Unis et avons atterri – à cause des particularités de billets bon marché incluant un vol avec correspondance – à l'aéroport Dallas/Forth Worth International. J'ai franchi la première les guichets de l'Immigration, en progressant sans encombre dans la queue de mes compatriotes. Une fois de l'autre côté, j'ai attendu Felipe, qui se trouvait dans la longue file d'attente des ressortissants étrangers. Je l'ai regardé s'avancer vers le fonctionnaire qui a épluché son passeport australien, épais comme une bible, en passant au crible chaque page, chaque tampon, chaque filigrane. Habituellement, ils n'étaient pas aussi pointilleux, ça m'a rendue nerveuse. Sans quitter la scène des yeux, j'ai attendu, l'oreille tendue, ce bruit de tampon, franc et mat, évoquant le geste d'un bibliothécaire, signalant une frontière franchie avec succès par la grâce d'un visa d'entrée sur le territoire. Mais j'ai attendu en vain.

À la place, le fonctionnaire a décroché son téléphone, posément. Quelques instants plus tard, un collègue, revêtu de l'uniforme du département de la Sécurité intérieure des États-Unis, est arrivé et a emmené mon amour.

❦ ✳ ❦

Les hommes en uniforme de l'aéroport de Dallas ont fait subir six heures d'interrogatoire à Felipe. Six heures durant, sans pouvoir le voir ni poser de questions, j'ai patienté dans une salle d'attente – une pièce nue, éclairée aux néons – en compagnie d'étrangers, tous autant que moi rongés par l'appréhension et paralysés de peur. Felipe n'avait enfreint aucune loi, mais cette pensée ne suffisait pas à me réconforter. Nous étions dans les dernières années du mandat de George W. Bush – ce n'était pas un moment où il faisait bon voir son chéri, ressortissant étranger, retenu en détention provisoire par le gouvernement. J'essayais de me calmer avec la célèbre prière de la mystique du XIVe siècle sainte Julienne de Norwich (« Je puis tout tourner en bien. Je sais tout tourner en bien. Je vais tout tourner en bien. Je veux tout tourner en bien. Et tu le verras par toi-même : toutes choses tourneront en bien »), sans en croire un mot. Rien n'allait bien. Rien, absolument rien n'était bien.

Régulièrement, je me levais de ma chaise en plastique pour essayer d'arracher des informations à l'officier de l'Immigration, derrière sa vitre à l'épreuve des balles. Mais il ignorait mes supplications, en me débitant chaque fois la même réponse : « Lorsque nous aurons quelque chose à vous dire au sujet de votre petit ami, mademoiselle, nous vous le ferons savoir. »

Dans une situation comme celle-ci, si je peux me permettre, on apprécie à sa juste mesure le peu de poids du terme « petit ami ». Le dédain avec lequel mon interlocuteur en usait indiquait qu'il ne prenait nullement au sérieux ma relation. À quel titre un fonctionnaire serait-il tenu de révéler des informations concernant un simple petit ami ? Je mourais d'envie de lui expliquer ce qu'il en était vraiment, de lui dire : « Écoutez, l'homme que vous détenez compte plus pour moi que vous ne pourrez jamais l'imaginer. » Mais même dans l'état d'angoisse qui était le mien, je doutais que ces explications soient bénéfiques. Craignant que trop d'insistance ne puisse nuire à Felipe, j'ai préféré renoncer. Il ne me vient que maintenant à l'esprit que j'aurais probablement dû remuer ciel et terre pour appeler un avocat. Mais je n'avais pas de téléphone avec moi, je ne voulais pas abandonner ma place, dans la salle d'attente, je ne connaissais pas d'avocat à Dallas, et de toute façon, qui m'aurait répondu un dimanche après-midi ?

Six heures plus tard, enfin, un officier est venu me chercher. Il m'a fait traverser, de couloir en couloir, une mystérieuse garenne bureaucratique et m'a conduite jusque dans une petite pièce chichement éclairée, où se trouvait Felipe, en compagnie du fonctionnaire de la Sécurité intérieure qui l'avait interrogé. Les deux hommes avaient l'air aussi épuisés l'un que l'autre, mais un d'entre eux était *le mien* – mon bien-aimé, le visage qui m'est le plus familier au monde. En le voyant dans un tel état, mon cœur s'est serré. J'aurais tout donné pour le toucher, mais j'ai bien senti que ce n'était pas permis, je me suis donc retenue.

Felipe m'a souri avec lassitude et a dit : « Ma chérie, notre vie va devenir beaucoup plus intéressante. »

Avant que j'aie pu répondre, l'officier chargé de l'interrogatoire s'est empressé de prendre la situation en main et de m'expliquer en détail de quoi il retournait.

« Madame, nous vous avons fait venir ici pour vous dire que nous n'allons plus autoriser votre petit ami à entrer aux États-Unis. Nous le garderons en détention jusqu'au moment où nous pourrons l'expulser du territoire américain sur un vol à destination de l'Australie, puisqu'il a un passeport australien. Après cela, il n'aura plus la possibilité de revenir. »

Ma première réaction a été d'ordre physique. Il m'a semblé que je me vidais instantanément de mon sang, et, pendant un moment, ma vue s'est brouillée. Puis, l'instant d'après, mon esprit est passé à l'action. À toute allure, j'ai récapitulé dans ma tête tout ce qui avait précédé cette crise grave et subite. Longtemps avant notre rencontre, Felipe gagnait déjà sa vie aux

États-Unis, où il effectuait plusieurs courts séjours
par an, en important en toute légalité des pierres précieuses et des bijoux du Brésil et d'Indonésie, pour les
vendre sur les marchés américains. L'Amérique a toujours accueilli les hommes d'affaires internationaux
comme lui qui apportent au pays des revenus et des
échanges commerciaux. Felipe avait prospéré en
Amérique. Avec l'argent qu'il y avait gagné au cours
des décennies, il avait inscrit ses enfants (maintenant
adultes) dans les meilleures écoles privées d'Australie.
L'Amérique était le pivot de sa vie professionnelle,
même s'il ne s'y était établi qu'à une date très récente.
C'était là que se trouvaient son stock et tous ses
contacts. S'il ne pouvait plus remettre les pieds aux
États-Unis, il perdait tous ses moyens de subsistance.
Sans mentionner le fait que je vivais ici, aux États-Unis,
que Felipe voulait vivre avec moi, et que – à cause de
ma famille et de mon travail – j'avais toujours voulu rester en Amérique. Et que Felipe faisait lui aussi désormais partie de ma famille. Mes parents, ma sœur, mes
amis, mon monde l'avaient adopté. Alors, comment
pourrions-nous continuer notre vie commune s'il était
définitivement banni des États-Unis ? Qu'allions-nous
faire ? (« Où toi et moi allons-nous dormir ? dit une
élégie wintu. Aux confins déchiquetés du ciel ? Où toi
et moi allons-nous dormir ? »)

　« Pour quelle raison l'expulsez-vous ? ai-je demandé
à l'officier de la Sécurité intérieure, en m'efforçant de
prendre un ton autoritaire.

　— Strictement parlant, madame, ce n'est pas une
expulsion. » Contrairement à moi, l'officier n'avait
pas besoin d'essayer de prendre un ton autoritaire ;
ça lui venait naturellement. « Nous lui refusons juste
l'entrée sur le sol des États-Unis au motif de séjours

trop fréquents au cours de l'année passée. Il n'a jamais outrepassé la date de validité de ses visas, mais il ressort de toutes ses allées et venues qu'il vit avec vous à Philadelphie pendant des périodes de trois mois, et qu'il quitte ensuite le pays, pour y revenir immédiatement après. »

C'étaient là des points difficiles à réfuter puisque c'était précisément ce que Felipe faisait.

« Est-ce un crime ? ai-je demandé.

— Pas exactement.

— Pas exactement, ou pas du tout ?

— Non, madame, ce n'est pas un crime. C'est pour cela que nous n'allons pas l'arrêter. Mais le visa de trois mois que le gouvernement des États-Unis offre aux citoyens de pays amis n'est pas conçu pour des séjours qui se répètent à l'infini.

— Mais nous l'ignorions », ai-je protesté.

Felipe s'en est mêlé à ce moment-là. « En fait, monsieur, un officier de l'Immigration, à New York, nous a dit un jour que je pouvais venir aux États-Unis aussi souvent que je le souhaitais, tant que je ne dépassais pas la limite de validité de mon visa.

— J'ignore qui vous a dit ça, mais c'est faux. »

En entendant cette réponse, je me suis souvenue d'un avertissement de Felipe, un jour, au sujet de la traversée des frontières internationales : « Il ne faut jamais prendre une frontière à la légère, ma chérie. N'oublie jamais que n'importe quel jour, pour n'importe quelle raison, n'importe quel douanier, n'importe où dans le monde, peut décider qu'il ne te laissera pas entrer. »

« Que feriez-vous à notre place ? » ai-je demandé.

C'est une technique qu'avec les années j'ai appris à utiliser chaque fois que je me retrouve dans une impasse à cause de l'indifférence d'un opérateur de service clientèle ou de l'apathie d'un bureaucrate : tourner la phrase d'une manière qui invite celui qui détient les pleins pouvoirs à se mettre une seconde à la place de celui qui n'a aucun pouvoir. C'est un appel discret à l'empathie. Parfois, ça marche. La plupart du temps, pour être honnête, ça ne marche pas du tout. Mais j'étais déterminée à tout tenter.

« Eh bien, si votre petit ami veut revenir un jour aux États-Unis, il lui faudra se procurer un visa adapté, et plus permanent. Si j'étais vous, je me débrouillerais pour lui en procurer un.

— Bon, d'accord. Quel est le moyen le plus rapide pour lui procurer un visa adapté et plus permanent ? »

L'officier de la Sécurité Intérieure nous a regardés, Felipe et moi, tour à tour. « Franchement ? a-t-il dit. Mariez-vous. »

❧ ❊ ❧

Mon cœur a flanché, de façon presque audible. Et, de l'autre côté de cette pièce minuscule, j'ai quasiment entendu le cœur de Felipe flancher de concert avec le mien.

Rétrospectivement, cela semble incroyable que cette suggestion ait pu me surprendre. N'avais-je donc jamais entendu parler de *Green Cards* obtenues par mariage auparavant ? Peut-être cela semble-t-il également incroyable que – compte tenu de l'urgence dans laquelle nous nous trouvions – la suggestion du mariage m'ait plongée dans la détresse, au lieu de me soulager. Je veux dire par là que nous disposions au moins d'une option, pas vrai ? Pourtant cette proposition m'a bel et bien saisie. Et fait mal. Ayant exclu la notion même de mariage, j'étais choquée par sa seule évocation. Cela m'a rendue mélancolique, j'ai eu l'impression de recevoir un coup bas, je me suis sentie accablée, et bannie d'un aspect fondamental de mon être, mais surtout je me suis sentie *prise au piège*. J'ai eu le sentiment que nous étions tous les deux pris au piège. Le poisson qui vole et l'oiseau qui nage s'étaient fait prendre dans un filet. Ma naïveté m'a fait l'effet d'une gifle : *Pourquoi ai-je eu la sottise de croire que nous pourrions vivre éternellement à notre guise ?*

Personne n'a rien dit pendant un petit moment, jusqu'à ce que l'officier de la Sécurité intérieure, face à notre silence et nos mines lugubres, demande : « Excusez-moi, mais où est le problème ? » Felipe a retiré ses lunettes et s'est frotté les yeux – un signe, je le savais de longue expérience, de total épuisement. Il a soupiré : « Oh, Tom, Tom, Tom… »

Je n'avais pas encore réalisé que ces deux-là en étaient à s'appeler par leurs prénoms, mais je suppose que cela arrive forcément au bout de six heures d'interrogatoire. Surtout quand la personne interrogée s'appelle Felipe.

« Non, franchement, où est le problème ? Apparemment, vous habitez déjà ensemble. Apparemment, vous tenez l'un à l'autre, aucun de vous n'est déjà marié…

— Ce que vous devez comprendre, Tom, a expliqué Felipe en se penchant vers son interlocuteur et en adoptant un ton de confidence qui détonnait dans cet environnement institutionnel, c'est que Liz et moi avons traversé des divorces très, très pénibles. »

L'officier Tom a lâché un petit bruit – une sorte de *Oh !* de sympathie discret. Puis il a lui aussi retiré ses lunettes pour se frotter les yeux. Machinalement, j'ai regardé sa main gauche. Pas d'alliance. De cet annulaire nu et de cette réaction réflexe de lasse commisération, j'ai vite tiré un diagnostic : divorcé.

Et c'est à partir de là que notre interrogatoire est devenu surréaliste.

« Eh bien, vous pourriez faire un contrat de mariage, a suggéré l'officier Tom. Je veux dire, si vous avez peur de devoir retraverser tout le bazar financier d'un divorce. Ou alors, si c'est la relation de couple qui vous fait peur, peut-être faut-il consulter un conseiller conjugal. »

Je l'écoutais, éberluée. *Un employé du département de la Sécurité intérieure des États-Unis est-il bien en train de nous donner des conseils conjugaux ? Dans une salle d'interrogatoire ? Dans les entrailles de l'aéroport international de Dallas ?*

Retrouvant ma voix, j'ai proposé cette brillante solution : « Officier Tom, et si je trouvais simplement un moyen, je ne sais pas lequel, d'embaucher Felipe au lieu de l'épouser ? Ne pourrais-je pas le faire entrer en Amérique à titre d'employé, plutôt que de mari ? »

Felipe s'est levé d'un bond et s'est exclamé : « Ma chérie ! Quelle idée géniale ! »

L'officier Tom nous a décoché un regard bizarre. « Vous préféreriez vraiment que cette femme soit votre patronne plutôt que votre épouse ? a-t-il demandé à Felipe.

— Oh mon Dieu, oui ! »

J'ai bien senti que l'officier Tom prenait sur lui, presque physiquement, pour ne pas s'exclamer : « Mais quel genre de gens êtes-vous ? » Mais il était bien trop professionnel pour ça. Il s'est éclairci la voix et il a dit : « Malheureusement, ce que vous venez de proposer n'est pas légal. »

Felipe et moi nous sommes abîmés une fois de plus, et de nouveau avec une parfaite synchronisation, dans un silence abattu.

Ce silence a duré un petit moment, et puis j'ai dit, vaincue : « Bon, d'accord. Finissons-en. Si j'épouse Felipe tout de suite, là, dans ce bureau, le laisserez-vous entrer dans le pays aujourd'hui ? Peut-être avez-vous un aumônier dans l'aéroport qui pourrait faire ça pour nous ? »

Il y a des moments dans la vie où le visage d'un homme ordinaire peut revêtir les traits d'une quasi-divinité, et c'est exactement ce qui s'est passé à cet instant. Tom – l'officier du département de la Sécurité intérieure, ce Texan moulu de fatigue, porteur d'un badge et d'un gros bide – m'a souri avec tristesse, bonté et une compassion lumineuse, complètement déplacées dans cette pièce déshumanisée et à l'atmosphère rance. Soudain, il ressemblait lui-même à un aumônier.

« Oh, noooon…, a-t-il dit avec douceur. J'ai peur que ça ne marche pas comme ça. »

Quand je repense à cet épisode maintenant, je comprends que l'officier Tom savait déjà ce qui nous attendait, Felipe et moi, bien mieux que nous-mêmes n'aurions pu le savoir. Obtenir, au titre de fiancé, un visa en bonne et due forme des autorités américaines, surtout après un « incident aux frontières » tel que celui-ci, serait un exploit. L'officier Tom pouvait prédire tous nos soucis à venir : les avocats qui, dans trois pays – et sur trois continents, pas moins –, devraient nous procurer tous les actes d'état civil

nécessaires ; les casiers judiciaires qu'il faudrait réclamer dans l'ensemble des pays où Felipe avait vécu ; les
lettres, photos et autres babioles qu'il nous faudrait
désormais compiler pour prouver l'authenticité de
notre relation (y compris – détail d'une exaspérante
ironie – des preuves telles que des comptes bancaires
communs – quand, précisément, nous nous étions
donné énormément de mal pour les garder séparés) ;
les empreintes digitales ; les vaccins ; les indispensables
radios prouvant qu'il n'était pas atteint de tubercu-
lose ; les interrogatoires dans les ambassades américaines à l'étranger ; le dossier militaire brésilien, vieux
de trente-cinq ans, qu'il nous faudrait récupérer ;
toutes les périodes, longues et ruineuses, que Felipe et
moi devrions désormais passer hors du sol américain,
en attendant que la situation se débloque ; et le pire
de tout, l'insoutenable incertitude de ne pas savoir si
ces efforts seraient suffisants, ce qui revient ici à dire
ne pas savoir si le gouvernement des États-Unis, père
sévère et vieux jeu, jaloux de sa fille naturelle, accepterait un jour que cet homme devienne mon mari.

L'officier Tom savait déjà quelles épreuves nous
allions traverser, et sa sympathie était un revirement
d'une gentillesse inattendue dans une situation par
ailleurs accablante. Jamais, avant ce jour, je n'aurais
imaginé louer la bonté d'un employé du département
de la Sécurité intérieure ; que je fasse son éloge noir
sur blanc ne fait que souligner le degré de bizarrerie
qu'avait atteint cette situation. Mais je devrais ajouter
que l'officier Tom a fait une autre bonne action pour
nous (avant de menotter Felipe pour l'incarcérer à la
prison du comté de Dallas, dans une cellule avec de
vrais criminels, s'entend) : il nous a laissés, Felipe et

moi, seuls dans la salle d'interrogatoire, pendant deux minutes entières, afin que nous puissions nous dire au revoir dans l'intimité.

Lorsque vous ne disposez que de deux minutes pour faire vos adieux à la personne que vous aimez le plus au monde, sans savoir quand vous allez la revoir, la machine peut se gripper à force de vouloir tout dire, tout faire et tout régler à la fois. Pendant ces deux minutes, nous avons échafaudé un plan, avec précipitation et sans reprendre notre souffle. J'allais rentrer à Philadelphie, vider notre maison, tout mettre au garde-meuble, contacter un avocat spécialisé dans le droit des étrangers et mettre en branle le processus juridique. Felipe, naturellement, irait en prison. Ensuite, il serait expulsé vers l'Australie. Puisqu'il n'avait plus de vie en Australie, ni de maison, ni de perspectives économiques, il allait s'arranger pour s'installer dans les meilleurs délais en un point du globe où la vie était meilleur marché – sans doute en Asie du Sud-Est – et je l'y rejoindrais une fois que, de mon côté, j'aurais lancé les démarches administratives. Ensuite, nous patienterions ensemble, le temps que se termine cette période indéfinie d'incertitude.

Pendant que Felipe notait pour moi les numéros de téléphone de son avocat, de ses enfants et de ses associés, afin que je puisse prévenir tout le monde de sa situation, j'ai vidé mon sac à main et cherché avec fébrilité ce que je pourrais lui donner pour agrémenter son séjour en prison : des chewing-gums, tout mon argent liquide, une bouteille d'eau, une photo de nous deux, et le roman que j'étais en train de lire et qui s'intitulait, avec un certain sens de l'à-propos : *Un acte d'amour.*

Les yeux embués, Felipe m'a dit : « Je te remercie d'être entrée dans ma vie. Quoi qu'il se passe maintenant, quoi que tu décides de faire ensuite, sache que tu m'as offert les deux années les plus joyeuses de mon existence, et que je ne t'oublierai jamais. »

J'ai saisi en un éclair ce qui se passait : *Doux Jésus, cet homme pense que, maintenant, je vais le quitter !* Sa réaction m'a surprise, et m'a émue, mais surtout, elle m'a emplie de honte. Pas une seule seconde, depuis que l'officier Tom nous avait exposé cette option, il ne m'était venu à l'esprit que je pouvais *ne pas* épouser Felipe et, partant, le sauver de l'exil – mais il faut croire qu'il lui était passé par la tête que je pourrais le plaquer. Il redoutait sincèrement que je puisse l'abandonner, le laisser en plan, fauché et sans ressources. Avais-je gagné une telle réputation ? Étais-je vraiment connue, même dans les limites de notre petite histoire d'amour, comme quelqu'un qui déserte le navire au premier remous ? Mais les craintes de Felipe étaient-elles entièrement injustifiées, compte tenu de mon passif ? Si la situation avait été inversée, pas une seule seconde je n'aurais douté de sa loyauté, de son désir de tout sacrifier pour moi. Pouvait-il compter sur autant de résolution de ma part ?

Je dois reconnaître que, dix ou quinze ans plus tôt, j'aurais presque certainement laissé mon partenaire en péril se débrouiller seul. Je suis navrée d'avouer que, dans ma jeunesse, je n'avais guère le sens de l'honneur et les comportements frivoles et inconséquents étaient un peu ma spécialité. Mais aujourd'hui, il m'importe d'être quelqu'un de bien – et cela m'importe de plus en plus avec les années. À ce moment-là, donc – et je ne disposais que d'un bref instant seule avec Felipe –, j'ai fait la seule chose qu'il était juste de faire à l'égard de cet homme que j'adorais. Je lui ai juré – en lui enfonçant les mots dans l'oreille pour qu'il comprenne bien ma sincérité – que jamais je ne le quitterais, que j'allais faire tout ce qui serait nécessaire pour arranger la situation, et que, si jamais rien ne pouvait s'arranger en Amérique, nous resterions toujours ensemble, quelque part, ailleurs dans le monde, là où il le faudrait.

L'officier Tom a réapparu.

Au dernier moment, Felipe m'a chuchoté : « Je t'aime tellement que je vais même t'épouser.

— Je t'aime tellement que je vais même t'épouser », lui ai-je promis.

Et puis l'aimable officier du département de la Sécurité intérieure nous a séparés, il a menotté Felipe et l'a conduit en prison, puis en exil.

✳

Cette nuit-là, dans l'avion, tandis que je regagnais seule Philadelphie et notre petite existence à présent obsolète, j'ai considéré avec plus de pondération ce que je venais de promettre. Et j'ai été surprise de découvrir que je ne me sentais pas au bord des larmes ni paniquée ; quelque part, la situation semblait trop grave pour cela. À la place je sentais que je devais aborder cette situation avec le plus extrême sérieux. En l'espace de seulement quelques heures, ma vie avec Felipe avait été habilement mise sens dessus dessous, comme par une spatule cosmique géante. Et maintenant, nous nous étions engagés mutuellement à nous marier. Certes, la cérémonie de fiançailles avait été bien curieuse et fort précipitée, elle évoquait plus un roman de Kafka que de Jane Austen. Et pourtant, ces fiançailles n'en étaient pas moins officielles, parce qu'il fallait qu'il en soit ainsi.

Bon, très bien. Qu'il en soit ainsi. Je ne serais certainement pas la première femme dans l'histoire de ma famille à se marier contrainte par les circonstances – et moi, au moins, j'échappais à une grossesse accidentelle. L'injonction n'en était pas moins la même : marie-toi, et vite. C'est donc ce que nous allions faire. Mais voilà où était le vrai problème, que j'ai identifié cette nuit-là dans l'avion vers Philadelphie : je n'avais aucune idée de ce qu'était le mariage.

J'avais déjà commis cette erreur – m'engager dans le mariage sans rien comprendre de cette institution – une fois dans ma vie. En fait, j'avais sauté dans mon premier mariage, à l'âge totalement immature de vingt-cinq ans, à peu près comme un labrador saute dans une piscine – avec le même degré de préparation et de prévoyance. À vingt-cinq ans, j'étais tellement irresponsable qu'on n'aurait probablement pas dû m'autoriser à choisir mon dentifrice, et encore moins mon avenir. Cette négligence, comme vous pouvez l'imaginer, m'a coûté très cher. J'en ai récolté les conséquences qui se doivent, six ans plus tard, dans le décor sinistre d'une salle de tribunal.

En repensant au premier jour de mon mariage, je me suis souvenue du roman de Richard Aldington, *Mort d'un héros*, dans lequel l'auteur médite sur ses deux jeunes amants, le jour fatal de leurs noces : « Qui pourra dénombrer les ignorances de Georges-Auguste et d'Isabel, les seules ignorances relatives aux engagements qu'ils prenaient "jusqu'à ce que la mort nous sépare" ? » Moi aussi, un jour, j'ai été une jeune mariée écervelée, à l'instar d'Isabel, dont Aldington dit : « Ce qu'elle ignorait comprend presque toute la gamme des connaissances humaines. L'énigme est de trouver ce qu'elle savait »[1].

Cela dit, à présent – à l'âge infiniment plus grave de trente-sept ans – je n'étais pas convaincue d'en savoir beaucoup plus sur les réalités d'un partenariat institutionnalisé. J'avais raté mon mariage et, par conséquent, le mariage en général me terrifiait, mais je ne suis pas sûre que cela faisait de moi une experte en la matière ; une experte en échec et effroi, ça oui – et ces domaines particuliers grouillent déjà d'experts. Pourtant, le destin était intervenu pour exiger que je me marie et l'expérience m'avait appris que, parfois, il faut prendre les interventions du destin comme des invitations à nous colleter avec nos plus grandes craintes, et même à les surmonter. Nul besoin d'être un génie pour comprendre que, quand les circonstances nous poussent à faire précisément ce qu'on méprise et redoute le plus, on tient peut-être là *une opportunité intéressante de progresser.*

Donc, dans cet avion qui me ramenait de Dallas – alors que mon univers était complètement chamboulé, que mon amant était expulsé, et que nous nous retrouvions condamnés à nous marier –, l'idée s'est lentement imposée à moi que, peut-être, je devrais profiter de l'occasion pour trouver un moyen de faire la paix avec l'idée du lien matrimonial, avant de le nouer une fois de plus. Peut-être serait-il sage de consentir un petit effort pour éclaircir le mystère de ce qu'est réellement, au nom de Dieu et de l'histoire de l'huma-

---

1. Traduit de l'anglais par Henry D. Davray et Madeleine Vernon, Arles, Actes Sud, 1987.

nité, cette institution ô combien déroutante, contra-
riante, contradictoire et pourtant tenace et persistante
du mariage.

❧ * ❧

C'est donc ce que j'ai fait. Pendant les six mois qui
ont suivi – tout en voyageant avec Felipe tels deux apa-
trides, et en travaillant d'arrache-pied pour le ramener
en Amérique afin que nous puissions nous y marier en
toute sécurité (l'officier Tom nous avait avertis qu'un
mariage en Australie ou n'importe où ailleurs dans le
monde ne ferait qu'irriter le département de la Sécurité intérieure et ralentir d'autant nos démarches) –,
mon seul sujet de réflexion, mon seul sujet de lectures,
et quasiment mon seul sujet de conversation, c'était
celui, compliqué, du mariage.

J'ai recruté ma sœur (qui se trouve être, de façon
assez commode, une véritable historienne) pour
m'envoyer de Philadelphie des caisses de livres trai-
tant du mariage. En quelque endroit que Felipe et
moi séjournions, je m'enfermais dans notre chambre
d'hôtel pour potasser ces ouvrages, et j'ai passé
d'innombrables heures en compagnie d'éminents universitaires spécialistes du mariage tels que Stephanie
Coontz et Nancy F. Cott – des auteurs dont je n'avais
jamais entendu parler auparavant, mais qui étaient
désormais mes héros et mes maîtres. Pour ne rien
vous cacher, toutes ces études m'ont transformée en
touriste distraite. Pendant ces mois de voyage, Felipe
et moi avons visité nombre d'endroits magnifiques
et fascinants, mais j'ai bien peur de n'avoir pas toujours accordé beaucoup d'attention à notre cadre.
Cette série de voyages ne m'a jamais donné le senti-

ment d'être une aventure insouciante. Mais plutôt une expulsion, une hégire. Voyager parce qu'on ne peut pas rentrer chez soi, parce que votre compagnon n'a pas le droit de rentrer à la maison, ne saurait être une aventure agréable.

En outre, notre situation financière était inquiétante. Un an plus tard, *Mange, prie, aime* deviendrait un best-seller lucratif, mais nul ne pouvait alors le prévoir. Felipe se trouvant désormais complètement coupé de sa source de revenus, nous subsistions sur les restes de mon dernier contrat d'édition, et je ne savais pas trop combien de temps ce pécule nous permettrait de tenir. Un petit moment, oui – mais pas éternellement. J'avais commencé à travailler sur un nouveau roman, mais l'expulsion de Felipe avait interrompu mes recherches et le travail d'écriture. C'est donc pour toutes ces raisons que nous avons fini par gagner l'Asie du Sud-Est, où l'on peut vivre correctement à deux avec trente dollars par jour. Je ne dirais pas que nous avons souffert pendant cette période d'exil (nous étions loin d'être des réfugiés politiques affamés, Dieu merci), mais c'était un mode de vie extrêmement curieux traversé de tensions – bizarrerie et tensions qui n'étaient qu'intensifiées par l'incertitude du dénouement.

Nous avons vagabondé pendant près d'un an, en attendant le jour où Felipe serait convoqué pour son entretien au consulat américain de Sydney, en Australie. Errant entre-temps de pays en pays, nous avons fini par ressembler à un couple insomniaque qui tente de trouver une position agréable dans un lit étranger et inconfortable. Que de nuits d'anxiété j'ai passées, allongée dans le noir, à chercher comment assumer mes réserves et mes préjugés à l'égard du mariage, à décanter les informations glanées dans mes lectures, à explorer les couloirs de mine de l'histoire pour y trouver des conclusions réconfortantes !

Je dois ici clarifier sans tarder un point : j'ai limité mon champ d'investigation à l'étude du mariage dans l'histoire occidentale, et ce livre, par conséquent, reflète ces frontières culturelles. N'importe quel véritable historien du mariage, ou n'importe quel anthropologue, trouvera dans mon récit d'énormes lacunes puisque j'ai omis d'explorer des continents et des siècles de l'histoire de l'humanité, pour ne rien dire de mes impasses sur des concepts assez fondamentaux (la polygamie, pour ne donner qu'un exemple). J'aurais pris plaisir, et certainement beaucoup appris, à approfondir et à examiner toutes les coutumes de mariage recensées sur terre, mais je ne disposais pas d'assez de temps. Tenter de comprendre ne serait-ce que la nature complexe du mariage dans les sociétés islamiques, par exemple, aurait exigé des années d'études, et j'étais tenue par une urgence et une échéance qui excluaient une méditation de cette envergure. Une horloge très réelle tictaquait dans ma vie : un an plus tard – que ça me plaise ou non, que je sois prête ou pas – j'allais devoir me marier. Du coup, il me semblait impératif de me concentrer pour démêler en priorité l'histoire du mariage monogame en Occident, afin de mieux appréhender mes présupposés héréditaires, mon récit familial et la spécificité culturelle de mon catalogue d'angoisses.

J'espérais que toutes ces études pourraient, d'une manière ou d'une autre, dulcifier ma profonde aversion du mariage. En principe, plus j'apprenais sur un sujet, moins il m'effrayait. (Il suffit parfois, comme pour Rumpelstiltskin, de découvrir le nom secret de certaines terreurs pour les vaincre.) Ce que je voulais, plus que tout, c'était trouver un moyen d'accueillir à bras ouverts mon mariage avec Felipe le grand jour venu, plutôt que d'avaler mon destin comme une horrible pilule. Je suis peut-être vieux jeu, mais je trouvais que ce pourrait être un détail sympathique d'être heureuse le jour de mon mariage. Heureuse *en pleine conscience*, je veux dire.

Ce livre raconte comment je suis arrivée jusque-là.

Et cette histoire commence – parce que toute histoire se doit de commencer quelque part – dans les montagnes au nord du Vietnam.

CHAPITRE DEUX

Mariage et attentes

❦✳❦

Un homme peut trouver le bonheur
auprès de n'importe quelle femme tant qu'il ne l'aime pas.

Oscar Wilde

Une petite fille m'a trouvée ce jour-là.

Felipe et moi avions quitté Hanoï et venions d'arriver dans ce village après une nuit de voyage dans un train bruyant et crasseux datant de l'ère soviétique. Je ne me souviens plus très bien aujourd'hui de la raison qui avait guidé nos pas jusqu'à ce village en particulier – sans doute nous avait-il été vanté par de jeunes routards danois. En tous les cas, au périple ferroviaire a succédé un long trajet à bord d'un bus tout aussi bruyant et crasseux. Le bus a fini par nous déposer dans un endroit d'une beauté stupéfiante, comme posé en équilibre sur la frontière avec la Chine – un paysage verdoyant et sauvage, loin de tout. Nous avons trouvé un hôtel, et quand je suis ressortie seule pour explorer le village et dégourdir mes jambes ankylosées par le voyage, la petite fille m'a abordée.

J'apprendrais plus tard qu'elle avait douze ans, mais elle était plus petite que n'importe quelle Américaine de son âge. D'une beauté exceptionnelle, elle avait une peau très mate et veloutée ; des nattes brillantes ; un corps ferme, débordant d'énergie et de confiance. Elle était vêtue d'une courte tunique en laine. En dépit de la chaleur suffocante de l'été, ses jambes étaient gainées dans un collant en laine de couleur vive. Elle tapait sans cesse des pieds, dans ses sandales chinoises en plastique. Cela faisait un petit moment qu'elle rôdait autour de notre hôtel – je l'avais repérée pendant que nous remplissions la fiche de renseignements – et elle m'a accostée bille en tête.

« Comment t'appelles-tu ? a-t-elle demandé.

— Liz. Et toi ?

— Mai. Si tu veux, je peux te l'écrire pour que tu apprennes à le prononcer correctement.

— Tu parles bien anglais », l'ai-je complimentée.

Elle a haussé les épaules. « Bien sûr. Je pratique souvent avec les touristes. Je parle aussi vietnamien, chinois, et un peu japonais.

— C'est tout ? ai-je plaisanté. Et le français ?

— *Un peu*[1], a-t-elle répondu avec un regard rusé, avant de demander avec autorité : D'où viens-tu, Liz ?

— Je viens d'Amérique. » Et puis, pour plaisanter, puisque manifestement, elle était autochtone, je lui ai demandé : « Et toi, Mai, tu viens d'où ? »

Elle a saisi ma plaisanterie et surenchéri : « Je viens du ventre de ma mère. » Je l'ai aimée sur-le-champ.

Certes, Mai était vietnamienne, mais je me suis aperçue plus tard qu'elle ne se présentait jamais comme telle. Elle était une Hmong – elle appartenait à cette petite minorité ethnique fière et isolée (ce que les anthropologues appellent un peuple originel) qui vit dans les montagnes, sur les plus hauts sommets du Vietnam, de la Thaïlande, du Laos et de la Chine. À l'instar des Kurdes, les Hmong n'ont jamais été vraiment chez eux nulle part. Ils sont l'un des peuples les plus indépendants au monde – nomades, conteurs, guerriers, anticonformistes innés, ils représentent

---

1. En français dans le texte. *(N.d.T.)*

un terrible fléau pour toute nation qui cherche à les contrôler.

Pour comprendre combien la permanence de l'existence des Hmong sur cette planète relève de l'improbable, imaginez, par exemple, des Mohawks vivant aujourd'hui dans l'État de New York vêtus de leurs costumes traditionnels, parlant leur propre langue et refusant catégoriquement de s'assimiler. Tomber sur un village hmong dans les toutes premières années du XXIᵉ siècle a tout d'un miracle anachronique. La culture hmong nous ouvre une fenêtre sur une expérience humaine en voie de disparition. Si vous voulez savoir à quoi ressemblaient vos ancêtres il y a quatre mille ans, allez voir ce qui se passe chez les Hmong.

« Enchantée, Mai. Aimerais-tu me servir de traductrice aujourd'hui ?

— Pourquoi ? »

Les Hmong ont la réputation d'aller droit au but, aussi ai-je exposé moi-même sans détour ma requête : « Je voudrais discuter avec des femmes de ton village de leur mariage.

— Pourquoi ? a insisté Mai.

— Parce que je vais me marier bientôt et que je voudrais des conseils.

— Tu es trop vieille pour te marier, a gentiment observé Mai.

— Eh bien, mon petit ami est vieux, lui aussi. Il a cinquante-cinq ans. »

Mai m'a dévisagée, a laissé échapper un sifflement étouffé et a dit : « Eh bien, il a de la chance. »

Je ne saurais dire pourquoi Mai a accepté de m'aider ce jour-là. La curiosité ? L'ennui ? L'espoir que je lui glisserais quelques billets ? (Ce que, bien évidemment, j'ai fait.) Mais quelles qu'aient été ses motivations, elle a accepté. Très vite, après avoir grimpé d'un bon pas l'escarpement d'une colline voisine, nous sommes arrivées chez elle, dans une minuscule maison en pierre, aux murs noircis par la suie, éclairée uniquement par quelques petites fenêtres et nichée dans l'une des plus jolies vallées fluviales qui puisse s'imaginer. Mai m'a invitée à entrer et m'a présentée à un groupe de femmes en train de tisser, de cuisiner ou de nettoyer. D'entre toutes, c'est la grand-mère de Mai qui m'a immédiatement le plus intriguée. Pas plus haute que trois pommes, c'était la mamie édentée la plus joviale et la plus heureuse qu'il m'ait été donné de rencontrer. Et je la faisais hurler de rire. Tout, en moi, était motif à des explosions d'hilarité. Elle a posé une coiffe hmong sur ma tête, m'a montrée du doigt, et a rigolé. Elle m'a collé un minuscule bébé hmong dans les bras, m'a montrée du doigt, et a rigolé. Elle m'a drapée dans un splendide tissu hmong, m'a montrée du doigt, et a rigolé.

Je précise que je n'étais nullement froissée. Être ridicule, lorsque nous visitons une contrée reculée, est parfois la moindre des choses, pour l'étranger. C'est le moins qu'on puisse faire, vraiment, pour tenir son rang d'invité. Très vite, d'autres femmes – des voisines, des parentes – nous ont rejointes. À leur tour, elles m'ont fait admirer leurs tissages, m'ont posé leur coiffe sur la tête, et tous leurs bébés dans les bras, puis elles m'ont montrée du doigt et ont rigolé.

Ainsi que Mai me l'a expliqué, toute sa famille – soit une dizaine de membres au total – vivait dans cette pièce unique. Tout le monde dormait ensemble, par terre. La cuisine se trouvait d'un côté, et le poêle à bois pour l'hiver de l'autre. Le riz et le maïs étaient stockés dans une mansarde au-dessus de la cuisine, tandis que les cochons, les poulets et les buffles d'eau s'égaillaient dans les environs. Il n'y avait qu'un seul espace dans toute la maison et il n'était guère plus grand qu'un placard à balais. C'est là, apprendrais-je plus tard au cours de mes lectures, que les jeunes mariés dorment ensemble pendant les premiers mois de leur union, afin de procéder à leur apprentissage sexuel en toute intimité. Mais après cette phase d'initiation, le jeune couple rejoint le reste de la famille, et dort avec tous les autres, sur le plancher, pour le restant de sa vie.

« Est-ce que je t'ai dit que mon père est mort ? m'a demandé Mai, tandis qu'elle me présentait aux unes et aux autres.

— Je suis désolée de l'apprendre. Quand est-ce arrivé ?

— Il y a quatre ans.

— Comment est-il mort, Mai ?

— Il est mort », a-t-elle répondu sans s'émouvoir. La question était réglée. Son père était mort de mort. Comme on mourait autrefois, je suppose, avant d'en savoir trop sur le pourquoi ou le comment. « Quand il est mort, à ses funérailles, on a mangé le buffle d'eau. » À l'évocation de ce souvenir, son visage a reflété une gamme complexe d'émotions : la tristesse liée à la perte du père, le plaisir lié au souvenir du délicieux buffle d'eau.

« Est-ce que ta mère se sent seule ? »

Mai a haussé les épaules.

Il était difficile d'imaginer qu'on puisse souffrir de solitude ici. Tout comme il était impossible d'imaginer où, dans cette maison surpeuplée, on pouvait trouver la sœur jumelle de la solitude : *l'intimité.* Mai et sa mère vivaient dans une promiscuité constante avec une foule d'autres gens. J'ai été frappée – et ce n'était pas la première fois, en des années de voyage – de voir combien, par comparaison, la société américaine contemporaine peut paraître source d'isolement. D'où je viens, nous avons rétréci la notion de « cellule familiale » à une échelle si infime que, aux yeux de n'importe quel membre de ces grands clans hmong, imprécis et enveloppants, nos cellules familiales seraient probablement méconnaissables en tant que famille. Aujourd'hui, il faut presque un microscope électronique pour observer la famille occidentale moderne. Et ce qu'on observe, ce sont deux, éventuellement trois, ou peut-être quatre personnes, perdues dans un même espace gigantesque, où chacune dispose de son espace privé, tant physique que psychologique, et passe de grandes plages de sa journée séparée des autres.

Je ne veux pas suggérer ici que ce rétrécissement des familles est nécessairement mauvais en tout. Incontestablement, dès lors que les femmes mettent moins d'enfants au monde, elles voient leur vie et leur santé s'améliorer – argument qui porte un sacré coup aux charmes trépidants d'une culture clanique. D'autant que les sociologues savent depuis longtemps que les violences – inceste et maltraitance – à l'encontre des enfants augmentent sitôt qu'un grand nombre de parents d'âges variés cohabitent. Quand il y a trop de monde, cela peut devenir difficile de garder le contact avec chaque individu, ou de protéger chacun – je ne parle même pas de ce qui est de préserver l'individualité.

Mais sans doute quelque chose s'est-il perdu, également, dans nos foyers modernes où prévalent l'intimité et l'isolement. En observant les liens que ces femmes

hmong entretiennent entre elles, j'en suis venue à me
demander si l'évolution de la famille occidentale – toujours plus restreinte, toujours plus nucléaire – a exercé
une influence particulière sur les mariages modernes.
Dans la société hmong, par exemple, les hommes
et les femmes ne passent guère de temps ensemble.
Oui, vous avez une épouse. Oui, vous couchez avec
elle. Oui, vos destins sont liés. Et, oui, vous pouvez
même être amoureux. Mais mis à part cela, hommes
et femmes mènent des vies relativement séparées, les
uns et les autres affairés, dans des sphères distinctes,
à des tâches spécifiques à leur sexe. Les hommes travaillent et nouent des liens avec d'autres hommes ; les
femmes travaillent et nouent des liens avec d'autres
femmes. Le point où je veux en venir : il n'y avait pas
d'homme ce jour-là dans la maison de Mai. Quelle que
fût leur occupation – cultiver, boire, bavarder, jouer –,
ils l'exerçaient hors de l'univers des femmes.

Si vous êtes une femme hmong, vous n'attendez
donc pas nécessairement de votre mari qu'il soit votre
meilleur ami, votre confident, votre psy, votre égal
intellectuel, votre épaule dans les moments difficiles.
Cette nourriture affective, ce soutien, les femmes
hmong les trouvent en majeure partie entre elles
– auprès de leurs sœurs, tantes, mère, grands-mères.
Une femme hmong est entourée de voix, d'opinions
et de soutiens affectifs. Les affinités sont à portée de
main, dans quelque direction qu'on la tende, et nombreuses sont celles qui savent dissiper, ou du moins
alléger, les lourds fardeaux de l'existence.

Enfin, les paroles de bienvenue ayant été échangées,
les bébés ayant été câlinés, un silence poli a succédé
aux rires, et nous nous sommes assises. Avec Mai dans
le rôle de la traductrice, j'ai commencé par demander

à la grand-mère si elle voulait bien me parler des cérémonies de mariage hmong.

C'est assez simple, a-t-elle expliqué patiemment.
Avant un mariage hmong traditionnel, les parents du
marié doivent rendre visite à ceux de la mariée, afin
que les deux familles s'entendent sur un contrat, une
date, un plan. À cette occasion, on tue un poulet, afin
de complaire aux esprits des défunts. Et lorsque arrive
la date du mariage, on tue bon nombre de cochons.
On prépare un festin et des parents accourent de
tous les villages pour célébrer l'événement. Chacune
des familles met la main à la poche pour couvrir les
dépenses. On se rend en procession jusqu'à la table
du banquet, et un parent du marié porte toujours un
parapluie.

À ce moment du récit, j'ai interrompu la grand-mère
pour demander ce que symbolisait le parapluie, mais
ma question a entraîné une certaine confusion, peut-
être due à la signification du verbe « symboliser »...
Le parapluie est un parapluie, m'a-t-on répondu, et
quelqu'un le porte parce qu'on porte toujours un parapluie lors d'un mariage. Voilà pourquoi. C'est comme
ça, et ça a toujours été comme ça.

La question relative au parapluie évacuée, la grand-
mère a ensuite décrit la coutume du rapt. C'est une
tradition ancestrale, a-t-elle souligné, encore qu'elle
soit moins en vogue qu'elle ne l'a été par le passé.
Cependant, elle perdure. La future mariée – parfois
consultée au préalable, mais pas systématiquement –
est enlevée par son époux potentiel, à dos de poney,
du domicile familial. Les rapts obéissent à une organisation stricte et sont uniquement autorisés quelques
nuits dans l'année, lors de célébrations consécutives
à certains jours de marché. (Vous ne pouvez pas kid-

napper une future mariée quand bon vous semble. Il
y a des *règles*.) La jeune fille dispose de trois jours
pour vivre dans la maison de son ravisseur, avec la
famille de celui-ci, afin de décider s'il lui plairait, ou
non, d'épouser ce garçon. La plupart du temps, m'a
rapporté la grand-mère, le mariage se conclut avec
le consentement de la fille. Les rares fois où la jeune
femme ne souhaite pas épouser son ravisseur, elle
est autorisée à regagner son foyer au terme des trois
jours, et toute l'affaire tombe aux oubliettes. Ce qui,
pour un kidnapping, me semble un dénouement plutôt raisonnable.

Notre conversation a pris un tour étrange pour
moi – et pour toutes les femmes réunies dans cette
pièce – dès que j'ai tenté d'amener la grand-mère à
me raconter l'histoire de son mariage, en espérant lui
soutirer des anecdotes personnelles.

« Qu'avez-vous pensé de votre mari, la première
fois que vous l'avez rencontré ? »

La perplexité s'est aussitôt lue sur son visage ridé.
Supposant qu'elle, ou peut-être Mai, n'avait pas compris la question, j'ai reformulé ma phrase :

« Quand avez-vous compris que votre mari était
l'homme que vous vouliez épouser ? »

Même absence de réaction.

« Avez-vous su immédiatement qu'il était un être à
part ? ai-je insisté. Ou bien avez-vous appris à l'aimer
avec le temps ? »

Certaines des femmes, dans la pièce, gloussaient
nerveusement, comme on peut pouffer en présence
d'une personne légèrement dérangée – ce qu'apparemment j'étais à leurs yeux.

J'ai changé de tactique : « Comment avez-vous rencontré votre mari ? »

Cette fois, la grand-mère a fouillé un peu dans ses souvenirs, sans pouvoir cependant parvenir à une réponse plus définitive que : « Il y a longtemps. » Pour elle, la question ne semblait revêtir aucune espèce d'importance.

« D'accord. *Où* avez-vous rencontré votre mari ? » ai-je demandé, en m'efforçant de simplifier le propos au maximum.

Une fois de plus, ma curiosité a semblé étrange à la grand-mère. Poliment, cependant, elle a essayé d'y répondre. Elle n'avait jamais vraiment *rencontré* son mari avant de l'épouser. Elle l'avait déjà croisé, évidemment. On croise toujours tout un tas de gens, comprenez-vous. Franchement, elle ne se souvenait pas. Et de toute façon, a-t-elle dit, qu'elle l'ait ou non connu du temps où elle était jeune fille, ce n'était pas important. Car après tout, a-t-elle conclu, au grand ravissement des autres, elle ne le connaissait que trop maintenant.

« Mais quand êtes-vous tombée amoureuse de lui ? » ai-je finalement demandé, de but en blanc.

À l'instant où Mai a traduit cette question, toutes les femmes, à l'exception de la grand-mère, ont éclaté de rire – une hilarité spontanée qu'elles ont essayé d'étouffer poliment derrière leurs mains.

Cette réaction aurait pu me décourager. Mais j'ai insisté, et profité de leur hilarité pour enchaîner avec une question qui leur a semblé plus ridicule encore :

« À votre avis, quel est le secret d'un mariage heureux ? » ai-je demandé avec candeur.

À présent, elles ne se retenaient plus. Même la grand-mère hurlait de rire. Ce n'était pas un problème, pas vrai ? Comme je l'ai déjà dit, dans un pays étranger, je suis toujours partante pour m'offrir en objet de dérision si cela peut distraire quelqu'un. Mais dans ce cas précis, je dois l'avouer, toute cette hilarité me déstabilisait un peu, car je ne voyais vraiment pas où se nichait le sujet de la plaisanterie. Ces femmes hmong et moi ne nous comprenions pas, au-delà du fait que nous ne parlions évidemment pas la même langue. Mais en quoi mes questions étaient-elles à ce point absurdes ? Mystère.

Au cours des semaines qui ont suivi, j'ai repensé à cette conversation et j'ai été obligée de me forger ma propre théorie quant aux raisons qui nous avaient empêchées, mes hôtesses et moi, de dialoguer et de nous comprendre sur le sujet du mariage. Et voici ma théorie : ni la grand-mère ni aucune autre de ces femmes ne plaçait son mariage au centre de sa biographie affective, et cela m'avait complètement déroutée. Dans le monde d'où je viens, occidental, industrialisé, contemporain, l'élu de votre cœur reflète, peut-être à lui seul et de façon on ne peut plus frappante, votre personnalité. Votre conjoint devient, de tous les miroirs, celui qui, avec le plus d'éclat, renverra au monde l'image de votre individualité affective. Il n'existe pas de choix plus personnel, après tout. Il dit au monde, en grande partie, qui on est. Demandez à n'importe quelle Occidentale comment elle a rencontré son mari, quand elle l'a rencontré et pourquoi elle est tombée amoureuse de lui, et vous aurez droit à un récit exhaustif, complexe et intime, que cette femme aura non seulement soigneusement élaboré, mais aussi mémorisé, intériorisé et analysé. Plus encore, elle sera tout à fait disposée à relater cette histoire sans fausse pudeur – même si vous ne la connaissez ni d'Ève ni d'Adam. En fait, cette question – « comment avez-vous rencontré votre mari ? » – se

révèle l'une des meilleures entrées en matière pour
briser la glace et lancer une conversation. D'après
mon expérience, peu importe qu'un mariage ait été
heureux ou désastreux : votre interlocutrice vous en
parlera comme d'une étape essentielle dans son che-
minement émotionnel.

Son récit concernera deux personnes – elle et son
époux – qui, avant de se rencontrer et à l'instar de
personnages de fiction, exploraient la vie chacun de
son côté, jusqu'à ce que leurs chemins se croisent à
un moment fatidique. (Par exemple : « J'habitais à
San Francisco cet été-là, et je n'avais pas l'intention
de m'attarder plus longtemps, puis j'ai rencontré Jim
à cette fête. ») L'histoire s'accompagnera probablement de rebondissements et de suspense (« Il pensait
que je sortais avec le type qui m'accompagnait, mais
c'était juste Larry, mon copain gay ! »), charriera son
lot de doutes (« Il n'était pas vraiment mon genre ;
normalement, je craque sur des mecs un peu plus
intellos ») et, à l'instant critique, débouchera sur le
salut (« Aujourd'hui, je ne peux pas imaginer ma vie
sans lui ! ») ou, si les choses ont tourné à l'aigre, sur
des critiques a posteriori lourdes de récriminations
(« Pourquoi n'ai-je pas voulu admettre dès le départ
qu'il était alcoolique et menteur ? »). Quels que soient
les détails, vous pouvez être certain que l'Occidentale
contemporaine aura examiné son histoire d'amour
sous tous les angles possibles et que, les années passant, elle aura peaufiné son récit qui sera devenu une
épopée glorieuse et mythique, ou une histoire édi-
fiante embaumée d'amertume.

Or il me semble – peut-être est-ce un jugement hâtif –
que les femmes hmong ne font pas cela. Du moins pas
celles que j'ai rencontrées.

Comprenez bien, je ne suis pas anthropologue et j'opère bien au-delà de mes compétences lorsque je m'aventure à quelques conjectures sur la culture hmong. Mon expérience s'est limitée à un après-midi de conversation, avec une gamine de douze ans en guise de traductrice : on peut donc supposer, sans trop s'avancer, que je suis probablement passée à côté de quelques nuances les concernant. Je concède que ces femmes ont pu trouver mes questions indiscrètes, voire choquantes. Pourquoi m'auraient-elles raconté leurs souvenirs les plus intimes, à moi, une intruse fouineuse ? Et même si elles ont essayé, tant bien que mal, de me communiquer des informations sur leur relation de couple, certains messages subtils se seront vraisemblablement égarés en chemin, à cause d'une mauvaise traduction ou d'une simple lacune de compréhension interculturelle.

Cela dit, pour avoir passé une grande part de ma vie professionnelle à interviewer des gens, j'ai tout de même confiance en mes facultés d'observation et d'écoute attentive. En outre, comme nous tous, chaque fois que je pénètre dans des foyers étrangers, je suis prompte à remarquer les différences entre leur mode de vie et celui de ma famille. Disons donc que mon rôle ce jour-là dans cette maisonnée hmong a été celui d'une visiteuse qui accordait une attention supérieure à la moyenne à des hôtesses plus expressives que la moyenne. Dans ce rôle, et uniquement dans celui-là, je me sens plutôt sûre de moi pour rapporter ce que je *n'ai pas* vu se produire chez la grand-mère de Mai. Je *n'ai pas* vu un groupe de femmes élaborer avec un soin exagéré des mythes ou des récits édifiants à propos de leur mariage. Si cela m'a tant frappée, c'est parce que, partout dans le monde, dans toutes sortes de milieux et à la moindre provocation, j'ai vu des femmes procéder ainsi. Cela ne semblait pas du tout intéresser ces femmes hmong. Je n'ai pas davantage vu ces femmes façonner le personnage du « mari » en héros ou en méchant de quelque vaste, complexe et épique « Histoire du Moi émotionnel ».

Cela ne signifie pas que ces femmes n'aiment pas leur mari, ne l'ont jamais aimé, ou n'ont jamais *pu* l'aimer. Ce serait là une déduction ridicule parce que, partout et de tout temps, les gens se sont aimés. L'amour est une expérience humaine universelle. Dans chaque culture, on trouve des chansons d'amour, des philtres d'amour, des prières d'amour. Les peines de cœur ne connaissent de frontières ni sociales, ni religieuses, ni d'âge, ni de culture. (En Inde, par exemple, le 3 mai est la Journée nationale des cœurs brisés. Et en Nouvelle-Guinée, dans une tribu papoue, les hommes écrivent des chansons d'amour mélancoliques appelées *namai*, qui racontent les histoires tragiques de mariages impossibles.) Mon amie Kate a assisté une fois, lors d'une tournée mondiale exceptionnelle qui passait par New York, à un concert de chanteurs de gorge mongols. Bien qu'elle ne fût pas en mesure de comprendre les paroles de leurs chansons, elle trouva la musique d'une tristesse à la limite du supportable. Au terme du concert, Kate aborda le chanteur principal et lui demanda : « De quoi parlent vos chansons ? » Il lui répondit : « Nos chansons parlent des choses dont parlent toutes les chansons, de l'amour perdu, et de quelqu'un qui a volé votre meilleur cheval. »

Donc évidemment que les Hmong tombent amoureux. Évidemment qu'ils préfèrent telle personne à telle autre, qu'ils souffrent de l'absence d'un être aimé disparu, ou constatent qu'ils adorent, sans pouvoir l'expliquer, l'odeur de quelqu'un, ou son rire. Mais peut-être qu'à leurs yeux tous ces détails sentimentaux n'ont pas grand-chose à voir avec les vraies raisons du mariage. Peut-être ne présument-ils pas que ces deux entités distinctes (l'amour et le mariage) doivent nécessairement se croiser au commencement d'une relation, ou même se croiser tout court. Peut-être croient-ils que le mariage concerne autre chose.

Si cela nous semble incompréhensible, ou même un peu fou, n'oublions pas qu'il n'y a pas si longtemps, dans notre culture occidentale, on avait sur le mariage des idées tout autant dépourvues de romantisme. Les unions arrangées n'ont jamais été un trait dominant de la culture américaine, bien sûr – et les rapts nuptiaux encore moins –, mais assurément, jusqu'à une date assez récente, les mariages *pragmatiques* étaient monnaie courante dans certaines couches de notre société. Par « mariage pragmatique », j'entends toute union dans laquelle les intérêts d'une communauté priment sur ceux des deux personnes concernées ; de tels mariages étaient fréquents dans la société paysanne américaine, par exemple, et ce pendant de nombreuses, très nombreuses générations.

Il se trouve que je connais personnellement un couple dont le mariage a été dicté par des considérations pragmatiques. Lorsque j'étais enfant, dans ma petite ville du Connecticut, mes voisins préférés étaient un couple aux cheveux blancs, Arthur et Lilian Webster. Les Webster étaient des exploitants laitiers qui réglaient leur vie sur les sacro-saintes valeurs yankees traditionnelles. Ils étaient modestes, frugaux, généreux, travailleurs, ils ne faisaient pas étalage de leurs convictions religieuses, participaient discrètement à la vie de la communauté et élevaient leurs trois enfants en bons futurs citoyens. Ils étaient d'une immense gentillesse. M. Webster m'appelait *Curly*, « Bouclettes », et il me laissait faire du vélo pendant des heures sur le parking joliment pavé devant leur maison. Mme Webster – si j'étais très sage – me laissait parfois jouer avec sa collection de flacons anciens d'apothicaire.

Il y a quelques années, Mme Webster s'en est allée. Quelques mois après sa mort, je suis sortie dîner avec M. Webster, et nous en sommes venus à parler de sa femme. Je voulais savoir comment ils s'étaient rencontrés, comment ils étaient tombés amoureux – je voulais connaître tous les préludes romantiques à leur vie commune. En d'autres termes, je lui ai posé les questions que je poserais plus tard à ces femmes hmong, au Vietnam, et j'ai obtenu le même genre de réponses – d'absence de réponse, en fait. Je ne suis pas parvenue à faire jaillir un seul souvenir romantique de la mémoire de M. Webster sur les prémices de son mariage. Il ne parvenait même pas à se rappeler du moment précis où il avait rencontré Lilian, a-t-il avoué. Dans son souvenir, il la voyait depuis toujours, en ville. Ce n'était certainement pas un coup de foudre. Il n'y avait eu aucun instant chargé d'électricité, aucune étincelle, pas d'attraction instantanée. Jamais il n'avait eu le béguin pour elle, en aucune façon.

« Pourquoi l'avez-vous épousée, alors ? » ai-je demandé.

Comme M. Webster me l'a expliqué, en bon Yankee franc et terre à terre, il s'est marié parce que son frère le lui avait ordonné. Arthur allait bientôt reprendre l'exploitation familiale et, par conséquent, il lui fallait une épouse. On ne peut pas diriger une ferme sans épouse, pas plus qu'on ne peut l'exploiter sans tracteur. Le message n'avait rien de sentimental, mais pour diriger une exploitation laitière en Nouvelle-Angleterre, on n'avait que faire des sentiments, et Arthur savait que l'ordre de son frère était sensé. Le jeune, diligent et obéissant M. Webster est donc allé dans le vaste monde pour se trouver une épouse. On avait le sentiment, en écoutant son récit, que n'importe quelle jeune femme aurait pu décrocher le job et devenir « Mme Webster ». Sur le moment, cela n'aurait pas fait grande différence pour qui que ce soit. Il se trouve qu'Arthur avait arrêté son choix sur la blonde, celle qui travaillait à Extension Service, en ville. Elle était en âge de convoler. Elle était gentille. Elle était en bonne santé. C'était une personne bien. Elle ferait l'affaire.

Le mariage des Webster, par conséquent, ne fut pas la consécration d'un amour passionné, exclusif, enfiévré – pas plus que celui de la grand-mère hmong. On pourrait donc supposer qu'une telle union est un « mariage sans amour ». Mais il faut être prudent face à de tels préjugés. Je sais qu'il n'en est rien, du moins dans le cas des Webster.

Au déclin de sa vie, on a diagnostiqué chez Mme Webster la maladie d'Alzheimer. Cette femme autrefois énergique a dépéri pendant presque dix ans, et c'était un spectacle douloureux pour tous les membres du quartier. Son mari – le vieux fermier yankee pragmatique – a pris soin d'elle à la maison tout le temps qu'a duré cette agonie. Il la lavait, la nourrissait, lui consacrait tous ses moments de temps libre, et a appris à endurer les conséquences atroces de son déclin. Il a veillé sur cette femme bien après qu'elle ne fut plus capable de le reconnaître – bien après qu'elle ne fut plus en mesure de savoir qui elle était elle-même.

Tous les dimanches, M. Webster habillait sa femme
avec de beaux vêtements, il l'installait dans un fau-
teuil roulant et il la conduisait à l'église, l'église où ils
s'étaient mariés presque soixante ans plus tôt. Il faisait
cela parce que Lilian avait toujours aimé cette église
et il savait que, si elle avait pu en être consciente, elle
aurait apprécié son geste. Arthur prenait place sur un
banc à côté de sa femme, dimanche après dimanche,
et il lui tenait la main pendant que, lentement, elle
déclinait et s'éloignait de lui, emportée par l'oubli.

Si ça, ce n'est pas de l'amour, alors quelqu'un va
devoir m'expliquer très soigneusement ce que ce mot
signifie.

Il faut cependant rester prudent. On ne peut pas
partir du principe que tous les mariages arrangés de
l'histoire, ou tous les mariages pragmatiques, ou tous
les mariages qui ont débuté par un rapt, ont forcément
conduit à des années de félicité. Les Webster ont eu
de la chance, dans une certaine mesure. (Même si on
se doute que ce mariage a exigé d'eux une bonne part
de travail.) Ce que M. Webster et les Hmong ont en
commun, peut-être, c'est l'idée que, dans un mariage,
le lieu affectif d'origine importe moins que le lieu
atteint à l'approche de la fin, après de longues années
de compagnonnage. En outre, mon vieux voisin et
les Hmong s'accorderaient sans doute à dire qu'il
n'existe pas une personne en particulier qui, quelque
part dans ce monde, vous attend pour combler votre
vie comme par magie, mais, au contraire, un certain
nombre de personnes (et ce au sein même de votre
communauté, probablement) avec lesquelles vous
pourriez sceller un lien fondé sur le respect. Pour
vivre et travailler ensuite aux côtés de cette personne
pendant des années, avec l'espoir que la tendresse et

l'affection aillent grandissant, et soient l'issue de votre union.

Au cours de ma visite dans la famille de Mai, j'ai bénéficié d'un aperçu on ne peut plus clair de cette idée lorsque j'ai posé à la petite grand-mère hmong une toute dernière question que, une fois encore, elle a trouvée saugrenue.

« Votre mari est-il un bon mari ? » lui ai-je demandé.

La vieille dame a prié sa petite-fille de répéter la question, plusieurs fois, pour s'assurer qu'elle l'avait bien comprise : *est-il un bon mari ?* Elle m'a décoché un regard perplexe, aussi perplexe que si je lui avais demandé : « Les montagnes sur lesquelles vous vivez sont-elles de bonnes montagnes ? »

La meilleure réponse qu'elle a pu trouver a été la suivante : son mari n'avait jamais été un bon ni un mauvais mari. Il était juste un mari. Il était comme sont *tous* les maris. Dans sa bouche, le mot « mari » semblait un terme relatif à une fonction, même à une espèce, bien plus qu'il ne désignait un individu en particulier, aimé ou agaçant. Le rôle de « mari » était simple, et il impliquait un ensemble de tâches dont le sien s'était manifestement acquitté, à un degré satisfaisant, tout au long de leur vie commune – à l'instar de la plupart des autres maris, suggérait-elle, à moins de n'avoir vraiment pas eu de chance, et d'être tombée sur un véritable nul. La grand-mère est même allée jusqu'à dire que, finalement, épouser tel homme plutôt que tel autre n'est pas si important. À de rares exceptions près, un homme en vaut un autre.

« Qu'entendez-vous par là ? lui ai-je demandé.

— Tous les hommes et toutes les femmes se valent, en général, a-t-elle précisé. Tout le monde sait que c'est vrai. »

Et les autres femmes hmong ont toutes hoché la tête.

❦

Puis-je m'arrêter un instant pour souligner un point sans équivoque et peut-être parfaitement évident ?

Il est trop tard pour moi; je ne peux plus être une Hmong.

Pour l'amour du ciel, il est probablement même trop tard pour que je sois une Webster !

Je suis née dans une famille américaine de la classe moyenne à la fin du XXe siècle. Comme des millions et des millions de mes contemporaines nées dans des circonstances similaires, on m'a inculqué que j'étais un être à part. Mes parents (qui n'étaient ni des hippies, ni des radicaux – ils ont même voté à deux reprises pour Ronald Reagan) croyaient tout bonnement que leurs enfants possédaient des dons et des rêves qui les différenciaient des autres enfants. Ils ont toujours attaché beaucoup de prix au fait que j'étais « moi », un moi reconnu, en outre, comme différent du « moi » de ma sœur, du « moi » de mes amies et du « moi » de toute autre personne. Je n'ai certainement jamais été une enfant gâtée, mais mes parents croyaient que mon bonheur avait une importance, et que je devais apprendre à façonner ma vie de façon à mener ma quête personnelle de la satisfaction.

Je dois ajouter ici que toutes mes amies et parentes étaient élevées avec les mêmes convictions, à des degrés variables. À l'exception, peut-être, de celles qui étaient issues de familles très conservatrices, ou récemment immigrées, toutes les filles que je connaissais partageaient ce présupposé culturel du respect de l'individu. Quels que soient notre religion ou notre profil socio-économique, nous avons toutes embrassé le même dogme – dont je dirais qu'il est historiquement très récent et définitivement très occidental – qu'on peut efficacement résumer en deux mots : « Tu comptes. »

Mon intention n'est pas de laisser entendre que, pour les Hmong, leurs enfants ne comptent pas ; au contraire, ces tribus sont connues, chez les anthropologues, pour bâtir les familles les plus aimantes du monde. Mais la société hmong n'est pas, à l'évidence, de celles qui s'inclinent devant l'autel du Choix individuel. Comme dans la plupart des sociétés traditionnelles, le dogme de la famille hmong pourrait non pas se résumer par « Tu comptes », mais par « Ton *rôle* compte ». Parce que, comme tout le monde dans ce village semblait le savoir, la vie exige que chacun accomplisse son lot de tâches – certaines dont doivent s'acquitter les hommes, d'autres dont doivent s'acquitter les femmes –, et tout le monde doit contribuer de son mieux, en fonction de ses capacités, à la vie de la communauté. Si on accomplit raisonnablement ses tâches, on peut dormir tranquille, sachant qu'on s'est comporté en homme ou en femme de bien, et n'attendre guère plus de la vie ni des relations sentimentales.

Ce jour-là, au Vietnam, ma rencontre avec les femmes hmong m'a rappelé un vieil adage : « Plante une attente, récolte une déception. » Personne n'avait jamais enseigné à cette grand-mère d'attendre de son mari qu'il la rende très heureuse. Personne, d'ailleurs, ne lui avait non plus jamais appris que sa propre tâche sur cette terre était d'être très heureuse. N'ayant jamais goûté à de telles attentes, une fois mariée, elle n'a récolté aucune déception. Son mariage a rempli le rôle qui était le sien dans la société, et c'était très bien ainsi.

Par contraste, on m'a toujours enseigné que la poursuite du bonheur était mon droit de naissance naturel (et même *national*). La recherche du bonheur est la marque de fabrique émotionnelle de ma culture. Et il ne s'agit pas de n'importe quelle sorte de bonheur, non plus, mais d'un bonheur profond, voire exponentiel. Or qui peut apporter un bonheur plus grand que l'amour ? Pour commencer, ma culture m'a toujours enseigné que le mariage devait être une serre fertile dans laquelle l'amour peut fleurir à profusion. Dans la serre quelque peu branlante de mon premier mariage, j'avais donc planté des rangées et des rangées d'attentes grandioses. J'étais un véritable Johnny Appleseed[1] des attentes grandioses, mais je n'ai récolté que des fruits amers.

On a le sentiment que, si j'avais essayé d'expliquer tout cela à la grand-mère hmong, elle n'aurait pas eu la moindre idée de ce dont je parlais. Elle m'aurait probablement fait la même réponse que cette vieille femme que j'ai rencontrée un jour dans le sud de l'Italie, et à laquelle j'avais avoué avoir quitté mon mari parce que notre mariage me rendait malheureuse.

« Qui est *heureux* ? » avait lancé la veuve italienne avec détachement, avant de clore définitivement la conversation d'un haussement d'épaules.

❧ ✳ ❧

Je ne cherche pas à idéaliser la simplicité de cette vie paysanne si pittoresque. Que ce soit bien clair, je n'avais aucune envie d'échanger ma vie contre celle de n'importe quelle femme de ce village hmong. Ne serait-ce que pour des considérations dentaires, je ne voudrais pas de leur vie. Il serait par ailleurs ridicule et insultant que j'essaye d'adopter leur point de vue sur le monde. En fait, la marche inexorable du progrès industriel suggère que ce sont plutôt les Hmong qui vont se rallier à mon point de vue sur le monde dans les années à venir.

D'ailleurs, ce processus est déjà enclenché. Aujourd'hui que des jeunes filles comme Mai, mon amie de douze ans, sont en contact, *via* les foules de touristes, avec des Occidentales, elles font l'expérience de ces premiers instants décisifs d'hésitation culturelle. J'appelle ça l'instant « Minute, papillon ! », cet instant charnière où des jeunes filles issues de cultures traditionnelles commencent à réfléchir aux bénéfices qu'elles tireront de se marier à treize ans et de faire des enfants presque dans la foulée. Elles se demandent si elles ne préféreraient pas faire des choix différents, ou même faire un choix, *n'importe lequel*. Une fois que les jeunes filles issues de sociétés fermées nourrissent de telles réflexions, il s'ensuit une pagaille monstre.

Mai – trilingue, intelligente et observatrice – avait déjà entraperçu un autre éventail d'options pour sa vie. Elle ne tarderait pas à formuler ses propres exigences. En d'autres termes : il est peut-être trop tard pour que même les Hmong restent des Hmong.

Donc non, je ne désire pas – et n'en suis probablement pas capable – renoncer à ma vie nourrie d'aspirations individualistes, qui sont toutes le droit de naissance de ma modernité. Comme la plupart des

êtres humains, dès lors qu'on m'a montré qu'il existait différentes options, je n'aurai de cesse de vouloir
faire toujours plus de choix dans ma vie : choix expres-
sifs, individualistes, impénétrables, indéfendables, et
risqués, parfois, peut-être… mais qui seront les miens.
En fait, si la grand-mère de Mai avait eu connaissance
du nombre colossal de choix qui m'ont déjà été offerts
dans la vie – une cavalcade d'options presque embar-
rassante –, elle en serait restée bouche bée. Le résul-
tat de tant de libertés individuelles est que ma vie
m'appartient et me ressemble, dans des proportions
impensables sur les collines du nord du Vietnam,
même aujourd'hui. Je semble issue d'une nouvelle
race de femmes (*Homo illimitus*). Tandis que nous,
représentantes de cette vaillante et nouvelle espèce,
jouissons de possibilités somptueuses et presque infi-
nies, il importe de se souvenir que nos vies riches en
options recèlent le potentiel pour engendrer leur lot
de problèmes. Nous sommes sensibles à des incertitudes émotionnelles et à des névroses qui ne sont probablement pas très courantes chez les Hmong, mais
qui sévissent aujourd'hui parmi mes contemporaines
à Baltimore, par exemple.

Le souci, en deux mots, est que *nous ne pouvons pas
tout choisir*. Le danger qui nous guette est donc une
paralysie à force d'indécision, une terreur à l'idée que
chaque choix puisse être mauvais. (Une amie tente
d'anticiper si compulsivement les conséquences de
ses choix que son mari, en plaisantant, dit que son
autobiographie s'intitulera *Je n'aurais pas dû choisir
les langoustines.*) Lorsque nous faisons un choix, c'est
inquiétant, car nous avons finalement le sentiment
d'avoir assassiné, par cette seule décision concrète,
quelque autre facette de notre être. En choisissant

la Porte n° 3, nous redoutons d'avoir condamné une pièce de notre âme, différente mais tout aussi fondamentale, que seule la Porte n° 1 ou la Porte n° 2 aurait pu révéler.

Le philosophe Odo Marquard a souligné la parenté, dans la langue allemande, entre le mot *zwei*, qui signifie « deux », et le substantif *Zweifel*, qui signifie « doute » – suggérant par là que *deux éléments* introduisent automatiquement une incertitude. Imaginez maintenant une vie dans laquelle, chaque jour, une personne se trouve non pas face à deux, ni même à trois, mais à des dizaines de choix, et vous comprendrez pourquoi le monde moderne est devenu, en dépit de tous les avantages qu'il offre, une formidable machine à générer des névroses. Dans un monde qui regorge de possibilités, nombre d'entre nous cèdent à l'apathie à force d'indécision. Ou alors, nous ne cessons de faire dérailler notre vie et de faire marche arrière pour tenter d'ouvrir les portes que nous avions négligées au premier tour. Nous sommes prêts à tout pour y entrer cette fois. Ou bien encore, nous nous transformons en comparatistes compulsifs – qui n'ont de cesse de jauger leur vie à l'aune de celle des autres, en se demandant s'ils n'auraient pas dû choisir la même voie.

La manie de la comparaison, naturellement, ne conduit qu'à des cas débilitants, ce que Nietzsche appelait *Lebensneid*, l'« envie de la vie » : la certitude qu'une autre femme a bien plus de chance que vous, et que si seulement vous aviez *son* corps, *son* mari, *ses* enfants, *son* travail, tout serait simple et merveilleux, et vous seriez heureuse. (Une de mes amies, thérapeute, voit tout simplement là « la maladie qui conduit toutes mes patientes célibataires à se languir d'un mari, et toutes mes patientes mariées à regretter de n'être pas célibataires ».) La certitude étant si élusive, si difficile à atteindre, les décisions de chacun semblent mettre en cause les décisions de tous les autres. Parce qu'il n'existe plus de modèle universel de « l'homme de bien » ou de « la femme de bien », pour trouver son chemin, chacun doit presque gagner une médaille du mérite en orientation et en navigation affective.

Tous ces choix et toutes ces envies peuvent créer des obsessions d'un genre étrange, qui hantent notre vie – comme si les fantômes de l'ensemble des possibilités que nous avons écartées continuaient à flotter éternellement autour de nous dans un monde d'ombres, en nous harcelant : « Es-tu certaine que c'est *vraiment* ce que tu veux ? » Et c'est dans notre mariage que cette question risque de nous hanter le plus, tant les enjeux de ce choix éminemment personnel sont devenus énormes.

Croyez-moi, le mariage occidental moderne est vraiment préférable au mariage hmong traditionnel (ne serait-ce que parce qu'il exclut le concept du rapt) et, je le répète, pour rien au monde je n'échangerais ma vie avec celle de ces femmes. Jamais elles ne connaîtront ma liberté ; jamais elles n'auront mon éducation ; jamais elles ne jouiront de ma santé et de ma prospérité ; jamais elles n'auront la possibilité d'explorer tant de facettes de leur personnalité. Mais il y a ce cadeau, essentiel, qu'une jeune mariée hmong reçoit presque toujours le jour de ses noces, et qui échappe trop souvent à son homologue occidentale : la certitude. Lorsqu'un seul chemin s'offre à soi, tout porte à croire que c'est le bon. Et une épouse à laquelle on ne donne, dès le départ, que de faibles espoirs de bon-

heur, s'expose peut-être à moins de déceptions dévas-
tatrices.

À ce jour, je dois l'admettre, je ne sais trop que faire
de cette information. Je ne peux me résoudre à choisir
« Demande moins ! » comme mot d'ordre officiel. Je
ne peux non plus m'imaginer conseiller à une jeune
femme, à la veille de ses noces, de réviser à la baisse ses
espérances de bonheur dans la vie. De telles pensées
vont à l'encontre de tous les enseignements modernes
qu'on m'a inculqués. Sans compter que j'ai vu cette
tactique produire l'effet inverse. Une de mes camarades de fac avait délibérément rétréci le champ de ses
options, comme pour se vacciner contre des attentes
trop ambitieuses. Elle a laissé tomber une carrière et
ignoré l'attrait des voyages pour, au contraire, s'installer dans la ville où elle avait grandi, et épouser son
petit ami du lycée. Avec une confiance inébranlable,
elle a annoncé qu'elle serait « seulement » épouse et
mère. La simplicité de cet arrangement lui semblait
entièrement dénuée de risque – sans doute par comparaison avec les convulsions d'indécision dont souf-
fraient tant d'autres de ses pairs plus ambitieux (moi y
compris). Mais lorsque son mari l'a quittée, douze ans
plus tard, pour une jeune femme, mon amie a éprouvé
des sentiments de colère et de trahison aussi féroces
que tous ceux que j'avais déjà observés. Pleine de
ressentiment – non pas tant à l'encontre de son mari
qu'à l'encontre de l'univers qui, dans sa perception,
avait rompu le contrat sacré qu'elle avait passé avec
lui –, elle était au bord de l'implosion. « Je demandais
si peu ! », répétait-elle, comme si ses faibles exigences
auraient dû la protéger de toute déception. Je pense
qu'elle se trompait ; en réalité, elle avait beaucoup
demandé. Elle avait osé demander le bonheur, et elle

avait osé attendre le bonheur de son mariage. On ne peut guère demander plus.

Mais peut-être me serait-il utile de reconnaître maintenant, à la veille de mon second mariage, que j'ai moi aussi demandé énormément. Évidemment, que j'ai demandé énormément ! C'est l'emblème de notre époque. On m'a permis d'attendre de grandes choses de la vie. On m'a permis d'attendre bien plus de la vie et de l'amour qu'on n'a autorisé la plupart des femmes, dans l'histoire, à le faire. Quand on en arrive aux questions qui touchent à l'intimité, je veux énormément de choses de mon homme, et je les veux toutes simultanément. Cela me rappelle une histoire que m'a racontée un jour ma sœur, à propos d'une Anglaise en visite aux États-Unis, à l'hiver 1919, et qui, scandalisée, s'étonnait dans une lettre à un compatriote qu'il y ait des gens, dans cet étrange pays d'Amérique, pour espérer que chaque partie de leur corps soit au chaud en même temps ! L'après-midi que j'ai passé à parler du mariage avec les Hmong m'a amenée à me demander si, en matière d'affaires de cœur, j'étais moi aussi devenue ce genre de personne – une femme qui croit que son amant est capable, comme par magie, de tenir au chaud chaque partie de son corps en même temps.

Nous autres Américaines disons volontiers que le mariage, c'est du boulot. Je ne suis pas certaine que les Hmong comprendraient cette idée. La vie, c'est du boulot, naturellement, et le boulot lui-même, c'est un sacré travail – je suis à peu près certaine qu'elles seraient d'accord avec cela –, mais le mariage ? Comment peut-il se transformer en boulot ? Voilà comment : quand vous avez déversé la totalité de vos attentes de bonheur dans les mains d'une seule et unique personne, faire en sorte que ça fonctionne, et que ça fonctionne sur la durée, ça, c'est du boulot. Une récente étude sur les jeunes femmes américaines a révélé que ce qu'elles recherchent avant tout aujourd'hui chez un mari, c'est qu'il les inspire, ce qui est, à tous points de vue, beaucoup demander. À titre de comparaison, les jeunes femmes du même âge, dans une étude datant des années vingt, étaient plus enclines à choisir un partenaire sur la base de qualités telles que « la décence », « l'honnêteté » ou sur sa capacité à subvenir aux besoins d'une famille. Mais aujourd'hui cela ne suffit plus. Nous voulons que nos époux nous *inspirent* ! Quotidiennement ! Accroche-toi, chéri !

C'est pourtant exactement ce que j'ai moi-même attendu autrefois de l'amour (une inspiration, et des bienfaits toujours plus grands) et c'est exactement ce que je m'apprêtais maintenant à attendre, de nouveau, avec Felipe – qu'il endosse la responsabilité de chaque facette de ma joie et de mon bonheur, et que je tienne ce rôle pour lui. C'était là en quelque sorte notre contrat d'époux.

Ce que j'avais toujours supposé, en tout cas.

Et que j'aurais pu continuer à supposer allégrement, si je n'avais pas été désarçonnée à mi-course par cette rencontre avec les Hmong : pour la toute première fois de ma vie, il m'est venu à l'esprit que je demandais peut-être trop à l'amour. Ou, du moins, que je demandais peut-être trop au mariage. Peut-être étais-je en train d'embarquer sur ce vieux rafiot nuptial une cargaison d'attentes bien trop lourde pour cet étrange vaisseau, qui n'avait pas été conçu pour en accueillir tant.

CHAPITRE TROIS

Mariage et histoire

❦✳❦

Le mariage est le premier lien social.

Cicéron

Qu'est-ce que le mariage est censé nous apporter, alors, sinon la félicité suprême, comme par un coup de baguette magique ?

Il m'était extrêmement difficile de répondre à cette question parce que le mariage – en tant qu'entité historique du moins – tend à résister à tout effort de définition. Le mariage, semble-t-il, ne reste pas assez longtemps immobile pour qu'on puisse saisir de lui une image claire. Il se modifie. Il change au cours des siècles, comme change le temps en Irlande : constamment, de façon imprévisible, rapidement. Il n'est même pas certain qu'on puisse définir le mariage en termes, simples et réducteurs, d'union sacrée entre un homme et une femme. Tout d'abord, le mariage n'a pas toujours été considéré comme « sacré », même dans la tradition chrétienne. Et, pour être honnête, le mariage a en général consisté dans la majeure partie de l'histoire humaine en une union entre un homme et *plusieurs* femmes.

Il est arrivé, cependant, que le mariage ait consisté en une union entre une femme et plusieurs hommes (dans le sud de l'Inde, par exemple, où plusieurs frères peuvent se partager une seule épouse). Le mariage a également été, parfois, une union entre deux hommes (c'était le cas dans la Rome antique, où le mariage entre deux aristocrates de sexe masculin fut un temps reconnu par la loi); une union entre un frère et une sœur (comme dans l'Europe du Moyen Âge, quand un important patrimoine était en jeu); une union entre deux enfants (encore une fois en Europe, et orchestrée par des parents désireux de protéger un héritage, ou par un pape tout-puissant); une union entre des enfants qui n'étaient pas encore nés (pour les mêmes raisons); une union entre deux personnes rigoureusement issues de la même classe sociale (toujours dans l'Europe du Moyen Âge où, pour éviter de semer la pagaille dans une société de castes, il était souvent interdit aux paysans de se marier avec leurs suzerains).

Le mariage est parfois envisagé de façon délibérément temporaire. En Iran, aujourd'hui, des mollahs délivrent un certificat de mariage provisoire, appelé *sigheh*, qui permet à un homme et une femme de se montrer en public sans risque, et même d'avoir en toute légalité des rapports sexuels. Le *sigheh* instaure une forme de mariage provisoire approuvé par le Coran.

En Chine, le mariage pouvait autrefois être prononcé entre une femme vivante et un homme mort. On l'appelait « mariage fantôme ». On mariait ainsi une jeune fille de haut rang à un défunt de bonne famille afin de nouer des liens entre les deux clans. Heureusement, aucun contact entre le squelette et la chair vivante n'était exigé (il s'agissait davantage, en quelque sorte, d'un mariage conceptuel), mais l'idée n'en demeure pas moins morbide pour des oreilles contemporaines. Certaines Chinoises en vinrent pourtant à voir dans cette coutume l'arrangement social idéal. Au cours du XIXᵉ siècle, un nombre surprenant de femmes de la région de Shanghai prirent part au commerce de la soie, et certaines devinrent des femmes d'affaires très prospères. Aspirant à une plus grande indépendance économique, ces femmes cherchaient à contracter un mariage fantôme plutôt que de choisir un mari vivant. Pour une ambitieuse jeune femme d'affaires, il n'existait pas meilleur chemin vers l'autonomie que l'union avec un cadavre respectable. Il lui conférait le statut social de l'épouse, en la dispensant des contraintes et des inconvénients de la vie matrimoniale.

Même lorsque le mariage a été défini comme une union entre un homme et une seule femme, son but n'était pas toujours celui auquel nous pourrions penser aujourd'hui. Dans les premiers temps de la civilisation occidentale, les hommes et les femmes se mariaient surtout pour assurer leur sécurité physique. Avant l'apparition d'États organisés, dans le Croissant fertile de l'ère préchrétienne, la famille constituait la cellule de travail fondamentale de la société. La famille pourvoyait à tous les besoins essentiels – non seulement elle permettait d'avoir un compagnon et de faire des enfants, mais elle offrait aussi la nourriture, l'hébergement, l'éducation, les conseils religieux, les soins médicaux et, peut-être l'élément le plus important, la protection. Le monde était plein de dangers, à cette époque. Faire cavalier seul, c'était se désigner comme cible pour le trépas. Plus votre famille était nombreuse, plus vous étiez à l'abri. On se mariait pour accroître sa parentèle. À l'époque, votre conjoint n'était pas seulement votre époux, mais l'ensemble de votre immense famille tentaculaire, qui opérait (un peu comme chez les Hmong, pourrait-on dire) comme un époux-entité dans le combat permanent pour la survie.

Ces familles en perpétuelle expansion sont devenues des tribus, puis ces tribus sont devenues des
royaumes, qui se sont constitués en dynasties, et ces
dynasties se sont sauvagement combattues, à coups de
guerres, de conquêtes et de génocides. Les premiers
Hébreux sont précisément issus de ce système. Cela
explique que l'Ancien Testament soit une histoire
généalogique à ce point invraisemblable, centrée sur
la famille et la haine de l'étranger – où il n'est question que de patriarches, de matriarches, de frères, de
sœurs, d'héritiers et autres parents. Naturellement,
ces familles de l'Ancien Testament n'étaient pas toujours saines (on y trouve des fratricides, certains
vendent des membres de leur fratrie comme esclaves,
des filles séduisent leur père, des époux trompent leur
conjoint), mais le fil conducteur reste les progrès de la
lignée. Le mariage est alors essentiel à la perpétuation
de cette histoire.

Mais le Nouveau Testament – c'est-à-dire l'arrivée
de Jésus-Christ – a abrogé cette loyauté familiale, à
un degré réellement révolutionnaire d'un point de
vue social. Au lieu de perpétuer la notion tribale du
« peuple élu contre le reste du monde », Jésus (qui était
célibataire, offrant par là un contraste frappant avec
les grands personnages patriarcaux de l'Ancien Testament) enseigna que nous étions *tous* élus, que nous
étions tous frères et sœurs, unis au sein de l'unique et
grande famille humaine. Cette idée radicale aurait très
bien pu ne jamais prendre dans un système tribal traditionnel. Reconnaître un étranger comme son frère,
n'était-ce pas renier son frère biologique ? N'était-ce
pas renverser l'antique code des liens sacrés du sang ?
Cependant, c'était précisément ce genre de loyautés cla-
niques acharnées que le christianisme cherchait à ren-

verser. Comme l'a enseigné Jésus : « Si quelqu'un vient
à moi sans me préférer à son père, sa mère, sa femme,
ses enfants, ses frères, ses sœurs, et même à sa propre
vie, il ne peut être mon disciple » (Luc, 14, 26).

Mais il va de soi que cela a posé problème. Si vous
démontez toute la structure sociale de la famille, par
quoi allez-vous la remplacer ? Le premier projet chrétien était incroyablement idéaliste, pour ne pas dire
complètement utopiste : il s'agissait de créer une exacte
réplique du paradis sur terre. « Renonce au mariage et
imite les anges », enseignait Jean de Damas vers 730,
illustrant le nouvel idéal chrétien en termes on ne peut
plus clairs. Et comment s'y prend-on pour imiter les
anges ? Eh bien, en réprimant nos pulsions humaines.
En coupant tous nos liens humains naturels. En muse-
lant tous nos désirs et toutes nos loyautés, pour nous
concentrer sur notre aspiration à nous rapprocher de
Dieu. Chez les hôtes célestes, après tout, il n'existait ni
mari, ni femme, ni mère, ni père, ni culte des ancêtres,
ni lien de sang, ni vengeance familiale, ni passion, ni
envie, ni corps – ni, surtout, sexualité.

Tel se voulait donc le nouveau paradigme humain,
modelé sur l'exemple même du Christ : célibat, frater-
nité et absolue pureté.

Ce rejet de la sexualité et du mariage a été une rupture forte avec la pensée de l'Ancien Testament. La
société hébraïque, en revanche, a toujours considéré
le mariage comme le contrat social le plus moral et le
plus digne (les prêtres juifs avaient *obligation* d'être
mariés) et ce lien matrimonial a toujours supposé l'existence de relations sexuelles. Bien entendu, l'ancienne
société juive criminalisait l'adultère et la fornication,
mais personne n'interdisait à un mari et à une femme
de faire l'amour, ni d'y prendre du plaisir. Les rela-

tions sexuelles dans le cadre du mariage n'étaient pas un péché ; elles étaient… le mariage. C'est grâce aux relations sexuelles, après tout, qu'on fabrique des enfants juifs – et comment pouvez-vous agrandir la tribu, sinon en faisant toujours plus de bébés juifs ?

Ce qui intéressait les premiers visionnaires chrétiens n'était pas de *faire* des chrétiens au sens biologique (des enfants issus du ventre de leur mère) mais au contraire de *convertir* des hommes, intellectuellement, en chrétiens (des adultes qui accèdent au salut par choix personnel). Le christianisme n'est pas un dogme dans lequel il est nécessaire d'être né ; le christianisme est choisi, par la grâce et le sacrement du baptême. Comme il y aurait toujours davantage de chrétiens potentiels à convertir, nul n'avait à se souiller en procréant *via* de vils rapports sexuels. Si les bébés n'étaient pas indispensables à la diffusion de la foi, il va de soi que le mariage ne l'était pas davantage.

N'oublions pas que le christianisme est en outre une religion apocalyptique – et plus encore au début de son histoire qu'aujourd'hui. Les premiers chrétiens attendaient la fin du monde d'un instant à l'autre. Ils ne se focalisaient donc pas sur la fondation de dynasties pour l'avenir. En réalité, le futur n'existait pas. Et puisque Harmaguedon était à la fois inévitable et imminent, le converti chrétien fraîchement baptisé n'avait qu'une seule tâche : se préparer à l'Apocalypse en restant aussi pur qu'il était humainement possible.

Mariage = épouse = sexe = péché = impureté.

Par conséquent : ne te marie pas.

Aussi, quand on invoque aujourd'hui « les liens sacrés du mariage » ou « la sainteté du mariage », nous ferions bien de nous souvenir que, pendant environ dix siècles, le christianisme lui-même n'a rien vu de sacré ni de saint dans le mariage. Cette union n'était certainement pas perçue comme l'idéal moral de l'individu. Au contraire, les premiers pères chrétiens voyaient dans la coutume du mariage une affaire matérielle et quelque peu répugnante, qui concernait le sexe, les femmes, les impôts et la propriété, et n'avait rien à voir avec les plus hautes préoccupations d'ordre divin.

Du coup, lorsque les conservateurs religieux de notre époque nous bassinent avec nostalgie sur le fait que le mariage est une tradition sacrée remontant à une histoire plusieurs fois millénaire, ils ont entièrement raison, mais d'un seul point de vue uniquement : s'ils se réfèrent à la tradition judaïque. Le christianisme ne partage tout simplement pas cette vénération historique, profonde et permanente du mariage. Aujourd'hui, si – mais pas à l'origine. Tout au long du premier millénaire de l'histoire chrétienne, l'Église considérait le mariage monogame moins pernicieux que la prostitution – mais seulement de façon très marginale. Saint Jérôme est même allé jusqu'à établir un classement de la sainteté humaine sur une échelle de 1 à 100. Les vierges y décrochent un parfait 100, les veuves et les veufs qui renouent avec le célibat réussissent à obtenir autour de 60 points, et les couples mariés obtiennent un score étonnamment bas de 30, en quelque sorte synonyme d'impureté. C'était une échelle utile, mais Jérôme lui-même reconnaissait que ce type de comparaison rencontrait des limites. Au sens strict, écrivait-il, on ne devrait même pas comparer la virginité et le mariage, parce qu'on ne peut pas « établir une comparaison entre deux choses si l'une est bonne et l'autre mauvaise ».

Chaque fois que je lis une phrase de cet acabit (et ce type de déclarations pullule dans les débuts de l'histoire chrétienne), je pense à mes amies et parentes qui se considèrent comme chrétiennes et qui – bien qu'elles aient lutté de toutes leurs forces pour mener des vies irréprochables – finissent souvent par divorcer. J'ai observé, au cours des années, comment ces femmes, bonnes et morales, se sont littéralement éviscérées à force de culpabilité, convaincues d'avoir violé le plus sacré et le plus ancien de tous les préceptes chrétiens en rompant leur serment de mariage. Je suis moi-même tombée dans ce piège lorsque j'ai divorcé, alors que je n'avais pas été élevée dans un foyer fondamentaliste. (Mes parents étaient, au mieux, des chrétiens modérés, et personne, dans ma famille, n'a alors fait peser sur moi de sentiment de culpabilité.) Mais lorsque mon mariage est parti à vau-l'eau, j'ai néanmoins passé d'innombrables nuits blanches à me torturer pour savoir si Dieu me pardonnerait un jour de quitter mon mari. Après mon divorce j'ai été taraudée, pendant une longue période, par le sentiment que, en plus d'avoir tout bonnement échoué, quelque part j'avais péché.

De tels courants de honte font leur lit en profondeur et ne peuvent pas se tarir en une nuit, mais cela aurait pu m'être utile, pendant ces mois enfiévrés de tourment moral, de savoir une chose ou deux sur l'hostilité que le christianisme a manifestée pendant tant de siècles à l'égard du mariage. « Abandonnez ces vils devoirs familiaux ! » éructait encore au XVIe siècle un pasteur anglais, dans une dénonciation de ce que nous pourrions appeler aujourd'hui les valeurs familiales. « Car ils n'abritent que hargne, fiel, morsure, insoutenable hypocrisie, envie, malveillance, perspective du mal ! »

Saint Paul lui-même a écrit dans sa fameuse Épître aux Corinthiens : « Il est bon pour l'homme de s'abstenir de la femme. » Jamais, au grand jamais, en aucune circonstance, pensait saint Paul, il n'était bon pour un homme de toucher une femme – même la sienne. Il reconnaissait volontiers que, s'il n'avait tenu qu'à lui, tous les chrétiens seraient célibataires, à son exemple (« Je voudrais bien que tous les hommes soient comme moi »). Mais il était suffisamment sensé pour réaliser que c'était un vœu pieux. Ce qu'il demandait en revanche, c'est que les chrétiens évitent de se marier autant que possible. Il dictait à ceux qui ne l'étaient pas de ne jamais le faire et aux veufs et aux divorcés de ne pas se remettre en couple. (« N'es-tu pas lié à une femme ? Ne cherche pas de femme. ») En toutes circonstances, Paul suppliait les chrétiens de se maîtriser, de contenir leurs appétits charnels, de mener des vies solitaires et chastes, sur la terre comme au ciel.

« Mais s'ils ne peuvent vivre dans la continence, qu'ils se marient, finissait-il par concéder, car mieux vaut se marier que brûler. »

C'est peut-être là l'acceptation du mariage la plus réticente de l'histoire humaine. Encore qu'elle me rappelle l'accord auquel Felipe et moi étions récemment arrivés – à savoir mieux vaut le mariage que l'exil.

❦ ✳ ❦

Ce n'est pas pour autant que les gens ont arrêté de se marier, évidemment. À l'exception des plus dévots, les premiers chrétiens ont rejeté en masse l'appel au célibat, ils ont continué à coucher ensemble, et à se marier (souvent dans cet ordre), hors du contrôle des prêtres. Dans l'ensemble du monde occidental, au cours des siècles qui ont suivi la mort du Christ, des couples scellaient leur union en improvisant un mélange des genres (mêlant les influences matrimoniales juives, grecques, romaines et franco-germaniques) et se déclaraient ensuite dans les registres de leur village ou de leur ville comme « mari et femme ». Parfois, ces mariages capotaient aussi, et les couples engageaient une procédure de divorce auprès des premiers tribunaux, qui étaient étonnamment permissifs. (Par exemple, au Xe siècle au pays de Galles, les femmes avaient plus de droits en matière de divorce et de biens familiaux que les femmes de l'Amérique puritaine n'en auraient sept siècles plus tard.) Souvent, ces époux divorcés se remariaient chacun de leur côté, et ils se disputaient pour déterminer qui avait des droits sur les meubles, les terres cultivables ou les enfants.

À cette époque, le mariage est devenu une convention purement civile dans l'ancienne Europe. Il avait alors évolué et adopté une forme entièrement nouvelle. Les gens vivaient dans des villes et des villages, et ne luttaient plus pour leur survie en rase campagne. Le mariage n'était plus une stratégie vitale de sécurité, ni un outil destiné à créer un clan. Le mariage était désormais perçu comme un instrument très efficace pour gérer les fortunes et faire régner l'ordre social. La communauté, élargie, a dû le structurer, l'organiser.

Alors que les banques, les lois et les gouvernements étaient encore très instables, le mariage devint, pour la plupart des gens, la transaction la plus importante de leur vie. (Et elle le demeure à ce jour, pourraient souligner certains. Très peu de gens peuvent influer – pour le meilleur et pour le pire – sur votre situation écono-

mique aussi radicalement que votre conjoint.) Mais au
Moyen Âge, le mariage était le moyen le plus sûr, et le
plus simple, de léguer des biens, des troupeaux, des
héritiers ou des propriétés à la génération suivante.
Les grandes familles ont stabilisé leur fortune grâce
aux mariages, en partie de la façon dont les multinationales, aujourd'hui, stabilisent la leur par des fusions-
acquisitions. (Les grandes familles d'autrefois *étaient*,
pour l'essentiel, des multinationales.) En Europe,
les rejetons de familles fortunées, dotés de titres ou
d'héritages, devinrent des biens qui s'échangeaient et
se manipulaient comme des titres d'investissements.
Et cela ne concerne pas que les filles, attention, mais
également les garçons. Avant même qu'il soit pubère,
et que les deux familles concernées et leurs hommes
de loi ne parviennent à un accord, un petit garçon de
haut rang pouvait se retrouver fiancé, successivement,
à sept ou huit épouses potentielles.

Même au sein de classes sociales plus basses, les
considérations économiques pesaient lourd sur l'un et
l'autre sexe. À l'époque, se dégoter un bon conjoint,
c'était un peu comme être admis aujourd'hui dans
une bonne université, décrocher un CDI ou être titu-
larisé dans la fonction publique ; cela garantissait une
certaine stabilité pour l'avenir. Bien sûr, il pouvait exister de véritables liens d'affection, des parents aimants
qui tentaient de conclure des unions affectivement
satisfaisantes pour leurs enfants, mais, au Moyen Âge,
les mariages étaient le plus souvent ouvertement inté-
ressés. Pour vous donner un seul exemple : au terme
de l'épidémie de peste noire qui fit vingt-cinq millions de victimes en Europe, une forte poussée de
fièvre matrimoniale s'empara du continent. Ceux qui
avaient survécu voyaient soudain s'ouvrir des opportu-

nités inédites d'avancement social par le mariage. La
population comptait des milliers de veuves et de veufs
flambant neufs, parfois sans héritier, et en possession
de fortunes considérables qui n'attendaient qu'à être
redistribuées. Il s'ensuivit une sorte de ruée vers l'or
matrimonial, une prise de biens fonciers de grande
valeur. Les registres légaux de cette époque regorgent
d'étranges cas d'épousailles entre des hommes de
vingt ans et des femmes âgées. Ils n'étaient pas sots,
ces garçons. Quand ils voyaient passer une veuve, ils
savaient reconnaître l'aubaine, et ils la saisissaient.

Puisque les sentiments étaient généralement
absents du mariage, on ne s'étonnera pas que les
chrétiens d'Europe se soient longtemps mariés en
privé, chez eux, dans leurs vêtements de tous les
jours. Les grands mariages romantiques en blanc,
que l'on tient aujourd'hui pour traditionnels, n'ont
pas vu le jour avant le XIXe siècle : c'est la très jeune
reine Victoria qui, en s'avançant vers l'autel dans une
vaporeuse robe blanche, lança une mode qui n'a pas
passé depuis. Auparavant, en Europe, un jour de
mariage ne se distinguait guère d'un jour ordinaire.
Les couples échangeaient leurs serments lors d'une
cérémonie improvisée et expéditive. Les témoins ne
sont devenus importants qu'afin d'éviter, plus tard, les
controverses devant les tribunaux pour savoir si tel
couple avait vraiment consenti au mariage – une question essentielle quand l'argent, la terre où les enfants
sont en jeu. Et si les tribunaux s'en mêlaient, c'était
uniquement pour maintenir un certain ordre social.
Comme l'a écrit l'historienne Nancy Cott, « le mariage
prescrivait des devoirs et offrait des privilèges », distri-
buant clairement rôles et responsabilités au sein de la
communauté.

Cela reste en partie vrai dans la société occidentale contemporaine. Encore aujourd'hui, les seules
choses, ou presque, dont se soucie la loi concernant
votre mariage, ce sont vos biens, votre argent et votre
progéniture. Certes, votre prêtre, votre rabbin, vos voisins ou vos parents peuvent avoir d'autres idées sur le
sujet, mais aux yeux de la loi, le mariage n'a d'importance que parce que deux personnes se sont unies,
que cette union a donné des fruits (des enfants, des
affaires, des dettes) qu'il faut gérer. Et la société civile
doit pouvoir procéder avec méthode, pour épargner
aux gouvernements d'élever des enfants abandonnés,
ou d'aider financièrement des ex-conjoints en faillite.

Lorsque j'ai entamé une procédure de divorce en
2002, par exemple, la juge se moquait pas mal de
savoir qui nous étions, celui qui était alors mon mari
et moi. Peu lui importaient nos conflits sentimentaux,
nos cœurs brisés, et les serments sacrés que nous
avions, ou pas, rompus. Et peu lui importaient nos
âmes de mortels. Seuls comptaient alors l'acte notarié
de notre maison pour lequel il fallait désigner un béné-
ficiaire, nos déclarations d'impôt, et les six mois de crédit en cours pour l'achat de notre voiture, puisqu'elle
devait déterminer qui, de nous deux, devrait en payer
les traites mensuelles. Il lui fallait savoir qui toucherait
les droits d'auteur à venir de mon livre. Si nous avions
eu des enfants (ce qui n'est pas le cas, heureusement),
elle aurait eu à cœur de déterminer à qui confier leur
garde, à quel montant s'élèverait la pension alimentaire et qui la paierait. Ainsi – en vertu du pouvoir
dont l'État de New York l'avait investie –, elle a main-
tenu l'ordre dans ce petit morceau de société civile
que nous représentions. Ce faisant, cette magistrate
de l'an 2002 tendait à une compréhension médiévale

du mariage : le mariage est une affaire civile/séculaire, et non religieuse/morale. Son jugement n'aurait pas été déplacé dans un tribunal européen du Xᵉ siècle.

Pour moi, cependant, le trait le plus frappant de ces premiers mariages européens (et de ces divorces, devrais-je ajouter), c'est leur *laisser-aller*. On se mariait pour des raisons économiques et personnelles, mais on se séparait également pour des raisons économiques et personnelles – et ce plutôt avec facilité, en comparaison de ce qui allait bientôt suivre. La société civile de l'époque semblait comprendre que, si le cœur humain est prodigue en promesses, l'esprit, lui, est sujet aux changements. Tout comme les contrats d'affaires. En Allemagne au Moyen Âge, les tribunaux sont allés jusqu'à créer deux types distincts d'unions légales : la *Muntehe*, un contrat à vie qui s'accompagnait de lourds engagements, et la *Friedelehe*, sorte de « mariage allégé » – un arrangement plus informel entre deux adultes consentants, qui ne s'embarrassait d'aucune considération de dot, de lois ou d'héritage, et qui pouvait être dissous n'importe quand, par l'une ou l'autre partie.

Au XIIIᵉ siècle, cependant, on allait mettre un terme à ce relâchement, car l'Église se mêla à nouveau – ou plutôt, pour la première fois – des affaires matrimoniales. Les rêves utopistes des débuts du christianisme avaient fait long feu. Les Pères de l'Église n'étaient plus des moines érudits, résolus à recréer le paradis sur terre, mais de puissants personnages politiques soucieux de contrôler leur empire grandissant. Un des plus grands défis administratifs auxquels l'Église se trouvait désormais confrontée était de tenir la bride aux familles royales européennes, dont les mariages et les divorces faisaient ou défaisaient des alliances politiques qui n'avaient pas toujours l'heur de plaire aux papes.

En 1215, donc, l'Église a définitivement pris le contrôle du mariage en imposant, par une réglementation très stricte, les nouveaux termes du mariage légitime. Avant 1215, la loi s'était toujours contentée, en guise de contrat, du serment oral échangé entre deux adultes consentants. L'Église décrétait à présent ce serment irrecevable. Le nouveau dogme stipulait : « Nous interdisons rigoureusement les mariages clandestins. » (Traduction : *nous interdisons rigoureusement tout mariage qui se fait derrière notre dos.*) N'importe quel prince ou aristocrate qui osait désormais se marier en allant à l'encontre des souhaits de l'Église pouvait se retrouver excommunié du jour au lendemain. Ces restrictions rejaillissaient sur les classes inférieures. Pour renforcer les contrôles, le pape Innocent III interdit également le divorce, en quelque circonstance que ce soit – exception faite des cas d'annulation sanctionnés par l'Église, et souvent utilisés comme outil pour construire un empire ou le démanteler.

D'institution séculaire contrôlée par les familles et les tribunaux civils, le mariage devint une affaire rigoureusement religieuse, contrôlée par des prêtres célibataires. Plus encore, avec les nouvelles interdictions très strictes de l'Église touchant au divorce, le mariage devint une condamnation à perpétuité – chose qu'il n'avait jamais véritablement été par le passé, pas même dans l'ancienne société hébraïque. Et le divorce demeurera illégal en Europe jusqu'au XVIe siècle, époque où Henri VIII en ressuscita la coutume avec éclat. Mais pendant presque deux siècles – et pour bien plus longtemps dans les pays restés catholiques après la Réforme –, les couples ne disposèrent plus

d'aucune échappatoire légale en cas de mariage qui
tournait mal.

Il faut finalement observer que ces restrictions
compliquaient bien plus la vie des femmes que celle
des hommes. Ces derniers avaient au moins licence de
rechercher l'amour ou le sexe hors de leur mariage,
mais les épouses, elles, ne disposaient pas socialement
d'un tel exutoire. Les femmes de haut rang, tout particulièrement, étaient prisonnières de leur serment nuptial, et il leur fallait s'accommoder du mari qu'on leur
avait imposé. (Les paysans pouvaient à la fois choisir et
abandonner leurs conjoints avec un petit peu plus de
liberté, mais dans les classes supérieures – où tant de
richesses étaient en jeu – il n'y avait tout simplement
pas de place pour une quelconque souplesse.) Des ado-
lescentes de familles puissantes pouvaient être expé-
diées par bateau dans des pays dont elles ne parlaient
peut-être même pas la langue, condamnées à se flétrir
sur les terres d'un parfait inconnu. Une de ces adoles-
centes, une jeune Anglaise, décrivait avec tristesse les
préparatifs de son mariage arrangé comme « les préparatifs quotidiens pour [son] voyage en enfer ».

Pour renforcer les contrôles sur les richesses, des
tribunaux, à travers toute l'Europe, faisaient respecter
avec le plus grand sérieux la notion juridique de « couverture » – signifiant que, dès lors qu'elle se marie, une
femme n'a plus d'existence civile individuelle. Avec ce
système, l'épouse est « couverte » par son mari, elle
est déchue de tous ses droits, et ne peut plus posséder
aucun bien en propre. La couverture était initialement
une notion du droit français, mais elle s'est répandue
facilement en Europe ; la loi anglaise l'a adoptée, et lui
a offert une belle carrière : au XIXᵉ siècle, le juge britan-
nique Lord William Blackstone défendait encore la

couverture dans son tribunal, affirmant qu'une femme mariée n'existait pas en tant qu'entité juridique : « L'existence même de la femme, écrivait Blackstone, est suspendue pendant le mariage. » Pour cette raison, déclarait-il, un mari ne pouvait pas partager ses biens avec son épouse, même s'il le souhaitait – et même si ces biens avaient été autrefois propriété de l'épouse. Un mari ne pouvait *rien* allouer à sa femme, car cela aurait supposé qu'elle jouissait « d'une existence distincte » de celle de son époux – et une telle chose était manifestement impossible.

La couverture, donc, n'était pas tant la fusion de deux individus qu'un « dédoublement » sinistre, presque vaudou, du mari, qui multipliait ses pouvoirs et faisait entièrement s'évaporer ceux de sa femme. Combiné aux strictes nouvelles mesures contre le divorce de l'Église, le mariage devint, au XIIIe siècle, une institution qui ensevelissait vivantes ses victimes féminines, avant de les effacer – et ce particulièrement dans la bonne société. On n'imagine que trop bien dans quelle solitude ces femmes ont vécu, après avoir été niées en tant qu'êtres humains. Comment remplissaient-elles leurs journées ? De ces malheureuses peu à peu paralysées par leur mariage, Balzac écrivait : « […] l'ennui les gagne ; elles se jettent dans la dévotion, les chats, les petits chiens et autres manies qui n'offensent plus que Dieu. »

※

S'il y a un mot, d'ailleurs, qui alimente toutes les terreurs que m'inspire l'institution matrimoniale, c'est bien celui de *couverture*. C'est exactement ce dont parlait la danseuse Isadora Duncan lorsqu'elle écrivait : « Une femme intelligente qui lit un contrat de mariage et qui ensuite se marie en mérite toutes les conséquences. »

Mon aversion n'est pas, non plus, complètement irrationnelle. Le concept de couverture a subsisté dans la civilisation occidentale durant des siècles, il s'est cramponné à la vie dans les marges de vieux livres de loi poussiéreux, et a toujours entretenu les préjugés conservateurs quant au rôle qui sied à une épouse. Ce n'est qu'en 1975, par exemple, que l'État du Connecticut a autorisé les femmes mariées – y compris ma propre mère – à contracter des emprunts et à ouvrir des comptes bancaires sans la permission écrite de leur mari. Ce n'est qu'en 1984 que l'État de New York a annulé la notion hideuse, mais légale, baptisée « licence de viol conjugal », qui permettait à un homme d'imposer, sexuellement, ce que bon lui semblait à sa femme, même par la violence ou la contrainte, puisque son corps lui appartenait – dans les faits, elle *était* lui.

Un exemple du legs de la couverture matrimoniale me touche tout particulièrement – compte tenu de mon histoire. J'avais la chance que le gouvernement des États-Unis me permette d'épouser Felipe sans me forcer à renoncer à ma propre nationalité. En 1907, le Congrès des États-Unis adoptait une loi stipulant que toute Américaine de naissance qui épousait un étranger devait renoncer à sa nationalité lors de son mariage. Elle devenait automatiquement citoyenne du pays de son mari – qu'elle le veuille ou non. Tout en concédant que cette loi n'avait rien de plaisant, les tribunaux ont insisté pendant des années sur sa nécessité. Comme l'a jugé la Cour suprême, permettre à une Américaine de conserver sa nationalité lorsqu'elle épousait un étranger aurait été, en substance, lui donner un outil de domination sur son mari. Cela suggérait qu'elle possédait quelque chose qui la rendait supérieure à son époux – *même à un seul minuscule égard* –, ce qui était, naturellement, inadmissible, comme l'expliquait un juge américain, puisque cela sapait « l'antique principe du contrat matrimonial, créé dans le but de fusionner [les] identités [du mari et de la femme] et de donner la prédominance au mari ». (Bien sûr, il ne s'agit pas d'une fusion mais, littéralement, d'une prise de pouvoir. Mais vous avez compris l'idée.)

Est-il nécessaire de préciser que la loi ne tenait pas pour vrai le contraire ? Si un Américain de naissance épousait une étrangère, le mari pouvait conserver sa citoyenneté, et sa femme (qu'il couvrait, après tout) pouvait elle-même devenir citoyenne américaine – si tant est, évidemment, qu'elle satisfasse aux conditions de naturalisation en vigueur pour les épouses étrangères (ce qui revient à dire : tant est qu'elle n'était pas noire, mulâtre, de « race malaise », ni l'une de ces créatures que les États-Unis d'Amérique jugeaient expressément indésirables).

Cela nous amène à un autre point très dérangeant de l'héritage matrimonial : le racisme que l'on rencontre dans toutes les lois concernant le mariage, même dans les pages les plus récentes de l'histoire américaine. Un des plus sinistres personnages de la saga matrimoniale américaine est un certain Paul Popenoe. Fermier cultivant des avocats en Californie, il œuvra, au cours des années trente à Los Angeles, dans une clinique eugénique baptisée « The Human Betterment Foundation ». Inspiré par ses recherches pour améliorer les avocats qu'il cultivait, il se consacra dès lors à l'amélioration de l'espèce américaine

– entendez par là qu'il voulait en garantir la blan-
cheur. Popenoe s'inquiétait du fait que les femmes
blanches – commençant à fréquenter les universités
et à repousser le moment de se marier – n'enfantaient
pas assez vite ni en assez grand nombre, alors que tous
ceux qui n'avaient pas « la bonne couleur de peau »
se reproduisaient dans des proportions dangereuses.
Popenoe s'alarmait aussi des mariages entre « margi-
naux », aussi la priorité de sa clinique fut-elle de stériliser tous ceux qu'il jugeait indignes de se reproduire.
Si cela vous rappelle quelque chose, c'est parce que
les travaux de Popenoe ont fait forte impression sur
les nazis, qui les citaient souvent dans leurs propres
écrits. De fait, ils ne se sont pas contentés de les citer :
l'Allemagne nazie a, au final, stérilisé plus de quatre
cent mille individus, alors que les États américains
– emboîtant le pas au programme de Popenoe – se
sont débrouillés pour ne stériliser « que » quelque
soixante mille citoyens.

N'est-il pas également glaçant d'apprendre que ce
même Popenoe, dans sa clinique, a ouvert le tout premier centre de conseil conjugal d'Amérique ? L'objectif de cet établissement était d'encourager le mariage et
la procréation au sein des couples « idoines » (blancs,
protestants et descendants d'Européens du Nord).
Cependant, il est plus glaçant encore que Popenoe,
père de l'eugénisme américain, soit à l'origine de la
célèbre chronique du *Ladies Home Journal*, « Can this
mariage be saved ? ». L'intention de Popenoe, dans
cette colonne de conseils à l'usage des couples, rejoi-
gnait en tous points celle de son centre de conseil
conjugal : faire en sorte que tous ces couples blancs
américains restent unis, afin qu'ils mettent au monde
encore plus de bébés blancs américains.

Mais, de tout temps, la discrimination raciale a modelé le mariage en Amérique. Dans les États du Sud, avant la guerre de Sécession, les esclaves – on ne s'en étonnera guère – n'étaient pas autorisés à se marier. La raison, en deux mots, était la suivante : *c'est impossible*. Le mariage, dans la société occidentale, est censé être un contrat basé sur un consentement mutuel, or un esclave – par définition – ne possède pas de libre arbitre. Le maître contrôle chacun de ses mouvements et, par conséquent, l'esclave ne peut pas décider de passer un contrat. Permettre à un esclave de contracter un mariage consensuel, ce serait présumer qu'il peut faire une promesse de son propre chef, et c'est évidemment impossible. Partant, les esclaves ne pouvaient pas se marier. S'appuyant sur un raisonnement bien ficelé, cet argument (et les mesures brutales destinées à le faire respecter) détruisit efficacement l'institution du mariage au sein de la communauté afro-américaine pendant des générations – un legs honteux qui hante encore aujourd'hui notre société.

Et il y a aussi la question du mariage interracial, illégal aux États-Unis jusqu'à une date assez récente. Dans la majeure partie de l'histoire américaine, tomber amoureux d'une personne qui n'avait pas la bonne couleur de peau pouvait vous conduire en prison, voire pire. Et puis tout cela a changé avec le cas d'un couple qui vivait à la campagne, en Virginie, nommé – assez poétiquement – les Loving. Richard Loving était blanc ; sa femme, Mildred – qu'il adorait depuis l'âge de dix-sept ans – était noire. Lorsqu'ils décidèrent de se marier, en 1958, les unions interraciales étaient encore illégales dans l'État de Virginie, comme dans quinze autres États américains. Le couple partit donc prononcer ses vœux à Washington. Mais de retour chez eux après leur lune de miel, les Loving furent rapidement appréhendés par la police locale, qui fit irruption dans leur chambre au beau milieu de la nuit. (Les policiers espéraient les surprendre en train de faire l'amour, ce qui leur aurait permis de les accuser du crime de relations sexuelles interraciales, mais, pas de chance, les Loving dormaient, tout bêtement.) Cependant, du fait qu'ils s'étaient mariés, les Loving étaient suffisamment coupables pour être traînés en prison. Richard et Mildred présentèrent une pétition devant la justice, réclamant le droit de faire reconnaître leur mariage contracté dans le district de Columbia. Un juge fédéral de Virginie abolit cependant leur serment en expliquant obligeamment que « Dieu tout-puissant créa les races blanche, noire, jaune, malaise et rouge, et les plaça sur des continents distincts. Le fait qu'Il séparât les races montre qu'Il n'avait pas l'intention qu'elles se mélangent ».

Bon à savoir.

Les Loving déménagèrent à Washington DC, sachant que, si jamais ils revenaient un jour en Virginie, ils s'exposeraient à une peine d'emprisonnement. Leur histoire aurait pu s'arrêter là si Mildred n'avait pas adressé, en 1963, un courrier à la NAACP[1], dans lequel elle demandait à l'association de l'aider, elle et son époux, par quelque moyen que ce soit, à retourner chez eux en Virginie, ne serait-ce que pour une courte période. « Nous savons bien que nous ne pouvons pas vivre là-bas, écrivait Mme Loving avec une grande humilité, mais nous aimerions y retourner de

---

1. National Association for the Advancement of Colored People : fondée en 1909, c'est l'une des plus influentes organisations œuvrant pour les droits civiques. (*N.d.T.*)

temps en temps pour rendre visite à nos familles et à nos amis. »

Deux avocats de l'Union américaine pour les libertés civiques s'emparèrent du dossier, qui finit par remonter en 1967 jusqu'à la Cour suprême, où les juges – après examen de toute l'histoire – se permirent de désapprouver le fait que la loi civile moderne s'appuie sur l'exégèse biblique. (À son éternel crédit, l'Église catholique romaine elle-même avait promulgué quelques mois plus tôt à peine un communiqué dans lequel elle exprimait son soutien inconditionnel au mariage interracial.) La Cour suprême, à l'unanimité des neuf juges, prononça la légalité de l'union de Richard et Mildred, avec cet arrêt retentissant : « La liberté de se marier est depuis longtemps reconnue comme l'un des droits personnels essentiels, vital à la poursuite du bonheur par l'homme libre. »

Je dois également mentionner que, à la même époque, un sondage estimait à 70 % les Américains s'opposant avec véhémence à cette décision. Permettez-moi d'insister : récemment, aux États-Unis, *sept Américains sur dix* souhaitaient encore que le mariage entre deux personnes de races différentes soit puni par la loi. Mais, sur ce sujet, les tribunaux étaient moralement en avance sur l'opinion publique. Les dernières barrières raciales furent levées de la loi matrimoniale américaine, et la vie continua ; tout le monde s'habitua à la nouvelle réalité et l'institution du mariage ne s'effondra pas pour avoir ajusté ses frontières et les avoir un tout petit peu plus agrandies. Et, bien qu'il reste des gens convaincus que le mélange des races est odieux, il faudrait être aujourd'hui profondément raciste pour nier sérieusement le droit de se marier à des adultes consentants issus de milieux ethniques différents. Plus encore, il n'y a pas un homme politique dans ce pays qui pourrait aujourd'hui remporter une élection en appuyant sa campagne sur des idées aussi méprisables.

En d'autres termes, nous avons progressé.

⁂

Vous voyez où je veux en venir, n'est-ce pas ?

Ou plutôt, vous voyez où *l'histoire* veut en venir ?

Vous ne serez donc pas surpris – n'est-ce pas ? – si j'aborde un instant le sujet du mariage entre personnes du même sexe. J'ai bien conscience que c'est un sujet sensible pour beaucoup. En 1996, alors qu'il était député de l'État du Missouri, James M. Talent parlait très certainement au nom d'une majorité de nos concitoyens lorsqu'il a déclaré : « C'est un acte d'orgueil démesuré de croire que le mariage peut être malléable à l'infini, qu'on peut le modeler et le remodeler à sa guise sans détruire sa stabilité essentielle et ce qu'il représente pour notre société. »

La faille de cet argument, c'est que, justement, le mariage, historiquement, a passé son temps à se modifier. Le mariage dans le monde occidental a changé de visage à chaque siècle, s'ajustant constamment à de nouveaux standards sociaux et à de nouvelles notions d'équité. La malléabilité de l'institution est même la seule raison qui lui a permis de subsister. Très peu de gens – y compris M. Talent, je parie – accepteraient le mariage selon ses termes du XIIIe siècle. Le mariage survit donc précisément parce qu'il évolue. (Je suppose toutefois que cet argument échouerait à convaincre ceux qui ne croient pas non plus à l'évolution.)

Pour être totalement honnête, je devrais préciser ici que je défends le droit au mariage entre personnes du même sexe. Évidemment, que je le défends ; je suis précisément le genre de personne qui milite en sa faveur. Si j'ai soulevé ce sujet, c'est parce que cela m'irrite au plus haut point de savoir que j'ai accès, par le mariage, à certains privilèges sociaux fondamentaux qui sont refusés à beaucoup de mes amis et de mes concitoyens qui paient eux aussi des impôts. Cela m'irrite encore plus de savoir que, si Felipe et moi avions été un couple homosexuel, nous nous serions heurtés à des problèmes d'une bien plus grande envergure après l'incident qui a eu lieu à l'aéroport de Dallas. Le département de la Sécurité intérieure aurait brièvement considéré notre relation et aurait expulsé mon partenaire du pays, définitivement, et sans lui laisser le moindre espoir d'une liberté conditionnelle par le mariage. Du seul fait de notre relation hétérosexuelle, donc, j'ai la possibilité de procurer à Felipe un passeport américain. Posé en de tels termes, mon futur mariage commence à évoquer une affiliation à un *country club* très fermé et inique. Jamais je ne pourrai accepter ce type de discrimination, et cela ne fait que renforcer ma méfiance naturelle à l'égard de l'institution du mariage.

Même ainsi, j'hésite à entrer dans les détails de ce débat social, ne serait-ce que parce que le mariage gay est un sujet si brûlant qu'il est presque trop tôt pour l'aborder dans un livre. Quinze jours avant que j'écrive ce paragraphe, l'État du Connecticut déclarait illégaux les mariages entre personnes du même sexe. Une semaine plus tard, l'État de Californie faisait de même. Et lorsque j'ai révisé ce paragraphe quelques mois plus tard, c'était la panique en Iowa et dans le

Vermont. Peu après ça, le New Hampshire est devenu le sixième État à légaliser le mariage homosexuel, et je commence à croire que tout ce que je pourrais écrire aujourd'hui sur le débat relatif au mariage homosexuel en Amérique sera vraisemblablement obsolète d'ici la semaine prochaine.

Ce que je peux dire sur ce sujet, cependant, c'est que le mariage légal entre personnes du même sexe arrive en Amérique. Et ce dans une large part parce que le mariage *illégal* entre personnes du même sexe est déjà là. Aujourd'hui, les couples homosexuels vivent ouvertement ensemble, que l'État dans lequel ils vivent ait officiellement reconnu leur relation ou pas. Ces couples élèvent des enfants ensemble, payent des impôts ensemble, construisent des foyers ensemble, dirigent des entreprises ensemble, créent de la richesse ensemble, et parfois même divorcent. La loi se doit d'encadrer et d'organiser, pour la bonne marche de la société, toutes ces relations et ces responsabilités. (Pour cette raison, et afin de dresser un portrait fidèle de la démographie de la nation, le recensement de la population américaine qui a lieu en 2010 enregistrera pour la première fois les couples homosexuels comme « mariés ».) Les tribunaux fédéraux finiront par jeter l'éponge, exactement comme ils l'ont fait avec les mariages interraciaux, et décideront qu'il est bien plus simple d'autoriser l'accès au mariage à tous les adultes consentants, plutôt que de régler le problème État par État, amendement par amendement, cas par cas.

Naturellement, les tenants du conservatisme social peuvent bien croire que l'objectif du mariage est de procréer, et que le mariage homosexuel est mauvais, mais des couples hétérosexuels stériles ou n'étant plus en âge de procréer se marient chaque jour sans que personne proteste. (Pour ne citer qu'un exemple, Pat Buchanan – le commentateur politique et chantre du conservatisme – et sa femme n'ont pas d'enfant, et personne ne suggère qu'on révoque leur contrat de mariage au motif qu'ils n'ont pas participé à la propagation de l'espèce.) Quant à l'idée que le mariage entre personnes du même sexe corrompra la communauté dans son ensemble, personne à ce jour n'a encore été capable de la prouver devant un tribunal. Au contraire, des centaines de scientifiques et d'organisations sociales ont publiquement apporté leur soutien à la fois au mariage homosexuel et à l'adoption homoparentale.

Cependant, le mariage homosexuel arrive en Amérique avant tout parce que le mariage est ici non pas une affaire religieuse, mais séculaire. L'opposition au mariage gay repose presque invariablement sur des principes bibliques, or personne, en Amérique, ne prononce de serments légaux qui seraient définis par l'interprétation d'un verset de la Bible – plus, du moins, depuis que la Cour suprême a statué en faveur de Richard et Mildred Loving. Une cérémonie de mariage à l'église reste une bien belle chose, mais elle est, au regard de la loi américaine, *facultative* et *non constitutive* du mariage. Ce qui constitue légalement le mariage, en Amérique, c'est ce bout de papier signé par les époux et ensuite enregistré auprès de l'État. Votre mariage peut effectivement être une affaire entre vous et Dieu, mais c'est ce papier administratif, civil et séculaire, qui officialise vos vœux sur terre. Et puisqu'il est du ressort des tribunaux d'Amérique, et non des Églises, de légiférer, c'est devant ces tribunaux que le débat sur le mariage homosexuel aura finalement lieu.

Pour être honnête, je trouve de toute façon un peu fou que les partisans du conservatisme social combattent avec autant d'acharnement ce type d'union. La société tout entière ne gagnera-t-elle pas à voir augmenter le nombre de foyers mariés ? Et rappelez-vous que c'est quelqu'un qui se méfie du mariage qui l'affirme. Le mariage légal, parce qu'il limite le papillonnage sexuel et lie fermement les gens à leurs obligations sociales, est l'une des pierres angulaires d'une communauté disciplinée. Je ne suis pas convaincue que le mariage est aussi génial qu'on le dit pour chacun des membres du couple, mais il s'agit d'une tout autre question. Sans l'ombre d'un doute – même pour mon esprit rebelle –, le mariage stabilise l'ordre social au sens large et a souvent un effet bénéfique pour les enfants[1].

---

1. Je vous prie de bien vouloir m'excuser un instant. Ce point est si important qu'il justifie une note de bas de page. Quand les sociologues affirment que « le mariage est extrêmement bénéfique pour les enfants », ils veulent dire en réalité que la *stabilité* est extrêmement bénéfique pour eux. Il a été prouvé que les enfants prospèrent dans un environnement qui ne les contraint pas à de perpétuels changements, affectivement déstabilisants – tels que, par exemple, un défilé sans fin de nouveaux conjoints. Le mariage tend à stabiliser les familles et à prévenir de telles perturbations, mais pas nécessairement. De nos jours, par exemple, un enfant né au sein d'un couple non marié en Suède (pays dans lequel le mariage légal est de plus en plus démodé, mais où les liens familiaux sont très solides) a plus de chances de vivre jusqu'à l'âge adulte avec les mêmes parents que l'enfant né d'un couple marié en Amérique (où le mariage est toujours vénéré, mais où le divorce sévit). Les enfants ont besoin de constance et de familiarité. Le mariage encourage, mais sans pouvoir la garantir, la solidité. Les couples non mariés et les parents célibataires, ou même les grands-parents, peuvent cependant créer des environnements calmes et stables dans lesquels les enfants sont susceptibles de s'épanouir, en dehors du cadre du mariage légal. Je voulais juste que cela soit bien clair. Désolée pour cette digression, et merci.

Si j'étais conservatrice – en d'autres termes, si j'accordais une grande importance à la stabilité sociale, à la prospérité économique et à la monogamie sexuelle –, je souhaiterais donc qu'un maximum de couples gays puissent se marier. Je sais que les conservateurs craignent que les homosexuels ne détruisent et corrompent l'institution du mariage, mais peut-être devraient-ils considérer la question sous un autre angle : et si les couples gays étaient, en fait, sur le point de *sauver* le mariage ? Imaginez ! Le mariage connaît un déclin partout dans le monde occidental. Les gens se marient plus tard, si tant est qu'ils se marient un jour, ou alors ils font des enfants hors mariage, ou encore, comme moi, ils abordent l'institution avec ambivalence, voire hostilité. Nous sommes un certain nombre, hétérosexuels, à ne plus faire confiance au mariage, nous ne le comprenons pas, ne sommes pas convaincus de sa nécessité. Choisir de se marier, ou de ne pas se marier n'est pas décisif, ce qui laisse ce pauvre vieux mariage ballotté dans les vents de la froide modernité.

Mais juste quand tout semble perdu pour le mariage, quand le lien matrimonial est sur le point de devenir obsolète, quand l'institution commence à se flétrir et à glisser dans l'oubli, voilà qu'arrivent les couples homosexuels, qui demandent à être de la partie ! Qui supplient d'en être, même ! Qui se battent de toutes leurs forces pour pouvoir adopter une coutume peut-être bénéfique à la société tout entière, mais que beaucoup jugent seulement étouffante, vieux jeu et non pertinente.

Cela peut sembler ironique que les homosexuels – qui ont, au cours des siècles, élevé au rang d'art leur vie bohème en marge de la société – veuillent maintenant à tout prix être partie prenante d'une tradition à ce point dominante. Ce désir d'assimilation n'est pas compris par tout le monde, pas même au sein de la communauté gay. Le réalisateur John Waters, par exemple, affirme avoir toujours pensé que les seuls avantages d'être gay étaient d'avoir échappé au service militaire et au mariage. Il n'empêche : beaucoup de couples homosexuels souhaitent être considérés comme des citoyens respectables, mariés, complètement intégrés et socialement responsables, centrés sur la famille, qui paient des impôts, participent aux réunions de parents d'élèves, servent la nation. Alors pourquoi ne pas les accueillir ? Pourquoi ne pas les recruter en masse et les laisser accourir en héros pour sauver la vieille institution essoufflée et usée du mariage de nos mains, nous, une bande de parasites apathiques hétérosexuels ?

❧ ✳ ❧

Quels que soient l'issue des débats sur le mariage gay et le moment auquel elle interviendra, je suis convaincue que les futures générations trouveront ridicule que le sujet ait pu faire polémique, tout comme il semble aujourd'hui absurde que la loi ait pu interdire autrefois à un paysan anglais d'épouser une femme qui n'était pas de sa classe, ou à un citoyen blanc américain de s'unir à un membre de la « race malaise ». Parce que, au cours des derniers siècles, le mariage en Occident a évolué – lentement mais inexorablement – vers toujours plus d'intimité, d'équité, de respect pour les deux individus concernés, et toujours plus de liberté, on ne peut plus douter que le mariage gay va être légalisé.

Le « mouvement de libération matrimoniale »,
comme on pourrait l'appeler, a débuté vers le milieu
du XVIIIe siècle. Le monde était en train de changer,
les démocraties libérales commençaient à voir le jour
et, partout en Europe occidentale et en Amérique, la
société aspirait à plus de liberté, à plus de respect de
la vie privée. Les gens revendiquaient le droit de pouvoir chercher le bonheur sans se soucier des aspirations des uns et des autres. Les hommes comme les
femmes commençaient à exprimer leur désir de faire
des *choix*. Ils voulaient choisir leurs dirigeants, leur
religion, leur destin et – oui – même leur conjoint.

En outre, avec les progrès nés de la révolution industrielle et l'augmentation des revenus, les couples
pouvaient alors se permettre d'acquérir leur maison
plutôt que de vivre éternellement sous le toit de leur
famille étendue – et on ne peut pas imaginer à quel
point cette transformation sociale a affecté le mariage.
Parce que avec tous ces nouveaux foyers a vu le jour…
l'intimité. Des pensées et des moments d'intimité qui
ont donné naissance à des idées et à des désirs personnels. Une fois refermées les portes de votre maison,
votre vie vous appartenait. Vous pouviez être le maître
de votre destin, le capitaine de votre navire. Vous pouviez rechercher votre paradis et trouver votre bonheur – non pas au ciel mais bien ici, à Pittsburgh par
exemple, avec votre adorable femme (que vous aviez
vous-même choisie, non pas car elle représentait un
choix économique avantageux, mais parce que *vous
aimiez son rire.*)

Un des couples qui fait pour moi figure de héros
du mouvement de libération matrimoniale est Lillian
Harman et Edwin Walker, deux habitants du grand
État du Kansas, autour de 1887. Lillian était une

suffragette et la fille d'un anarchiste notoire ; Edwin
était un journaliste progressiste et sympathisant de
la cause féministe. Ils étaient faits l'un pour l'autre.
Quand ils tombèrent amoureux et décidèrent de sceller leur union, ils n'allèrent voir ni pasteur ni juge,
mais conclurent ce qu'ils baptisèrent un « mariage
autonomiste ». Ils rédigèrent eux-mêmes leurs vœux
de mariage, évoquèrent pendant la cérémonie le caractère résolument privé de leur union, et convinrent
solennellement qu'Edwin ne dominerait en aucune
manière son épouse, et qu'elle ne prendrait pas son
nom. Plus encore, Lillian refusa de jurer une fidélité
éternelle à Edwin, s'abstint fermement de faire des promesses qui pourraient se révéler un jour impossibles
à tenir, et se réserva le droit de toujours agir conformément à ce que lui dictaient sa conscience et son
jugement. Il va sans dire que Lillian et Edwin furent
arrêtés pour n'avoir pas tenu compte des conventions
– lors de leur nuit de noces, pas moins. (Il est intéressant de souligner que, lorsque des gens se font arrêter dans leur lit, cela signale toujours le début d'une
nouvelle ère dans l'histoire du mariage.) Le couple fut
inculpé pour n'avoir pas conclu de contrat de mariage
ni fait de cérémonie, et un juge déclara que « l'union
entre E.C. Walker et Lillian Harman ne relève pas
d'un mariage et qu'ils méritent entièrement la puni-
tion qui leur a été infligée ».

Mais le ver était dans le fruit. Car ce que voulaient
Lillian et Edwin, c'est ce que voulaient peu ou prou
leurs contemporains : la liberté de contracter ou de
dissoudre une union, selon leurs propres termes, pour
des raisons personnelles, sans interférences de l'Église,
de la loi ou la famille. Ils souhaitaient un mariage

fondé sur la parité et l'équité, mais, surtout, la liberté de définir eux-mêmes les termes de leur relation, d'après leur interprétation personnelle de l'amour.

Naturellement, des notions aussi radicales rencontraient des résistances. Déjà dans les années 1850, des conservateurs collet monté et tatillons suggéraient que cet infléchissement vers l'individualisme dans le mariage allait marquer l'effondrement de la société. Ce que ces conservateurs prédisaient, en particulier, c'est que, en permettant aux couples de contracter des unions basées uniquement sur l'amour et les caprices du cœur, on allait sans tarder observer des taux de divorce astronomiques et une foule de foyers amers et brisés.

Ce qui semble ridicule aujourd'hui, n'est-ce pas ?

Sauf qu'ils n'avaient pas entièrement tort.

✽

Les divorces, autrefois quasi inexistants dans la société occidentale, ont progressé à partir du milieu du XIXe siècle – presque sitôt que les gens ont commencé à choisir leur partenaire pour des raisons sentimentales. Les taux n'ont fait qu'augmenter depuis que le mariage a relégué son caractère « institutionnel » (basé sur les besoins de la société au sens large) pour devenir en plus une « expression individuelle » (basée sur… *vos* besoins).

Ce qui s'est révélé quelque peu dangereux. Car entre en scène le détail le plus intéressant que j'ai appris de l'histoire du mariage : dans toutes les sociétés, partout dans le monde, toutes époques confondues, chaque fois que les mariages d'amour évincent la tradition du mariage arrangé, le taux de divorce s'envole immédiatement. C'est réglé comme du papier à musique. (C'est par exemple ce qui se passe en ce moment même en Inde.)

Cinq minutes après avoir réclamé le droit de choisir eux-mêmes leur conjoint, les gens vont réclamer celui de divorcer de ce conjoint une fois que l'amour s'en est allé. Les tribunaux vont obtempérer, au motif qu'obliger un couple où la haine a remplacé l'amour à rester ensemble relève d'une forme de cruauté gratuite. (« Condamnez le mari et l'épouse à la prison si vous désapprouvez leur conduite et voulez les punir, mais ne les condamnez pas à demeurer liés à vie », protestait George Bernard Shaw.) L'amour étant devenu la devise de l'institution matrimoniale, les juges témoignent désormais plus de sympathie aux époux malheureux – peut-être eux-mêmes savent-ils par expérience quelles douleurs peut infliger le désamour. En 1849, un tribunal du Connecticut affirma que les époux devraient pouvoir rompre légalement leur mariage non seulement pour des motifs de maltraitance, de négligence ou d'adultère, mais aussi tout simplement s'ils sont malheureux. « Tout ce qui détruit de façon permanente le bonheur du requérant va à l'encontre du but du mariage », affirmait le juge.

C'était là une déclaration radicale. Laisser entendre que le mariage a pour *but* de rendre heureux n'avait jamais été, jusque-là, un postulat. Cette idée a conduit, presque inévitablement, à l'émergence de ce que Barbara Whitehead, chercheuse spécialisée dans le mariage, a appelé les « divorces d'expression » – ces divorces qui résultent simplement de la mort du sentiment amoureux dans un couple. Dans de tels cas, rien d'autre ne va mal dans la relation. Personne n'a été battu, ni trahi, mais le *ressenti* de l'histoire d'amour a changé et le divorce devient l'expression de cette déception intime.

Je comprends très bien la notion de « divorce d'expression » – c'est précisément pour cela que j'ai mis fin à mon premier mariage. Quand une situation nous rend vraiment malheureux, il est difficile de dire qu'on est « simplement » malheureux. Qu'y a-t-il de simple, par exemple, dans le fait de pleurer pendant des mois, de se sentir enterrée vivante dans sa propre maison ? Mais oui, en toute honnêteté, je dois reconnaître que j'ai quitté mon ex-mari *simplement* parce que j'étais malheureuse avec lui.

Cette transformation de contrat d'affaires en signe d'une affection profonde a donc considérablement affaibli l'institution du mariage au fil du temps – parce que les mariages basés sur l'amour sont aussi fragiles que l'amour lui-même. Il suffit d'observer le couple que je forme avec Felipe et le fil arachnéen qui nous unit. En deux mots, je n'ai pas *besoin* de cet homme, pas dans le sens où les femmes ont eu besoin des hommes au cours des siècles. Je n'ai pas besoin de lui pour me protéger physiquement, parce que je vis dans l'une des sociétés les plus sûres de la terre. Je n'ai pas besoin de lui pour subvenir à mes besoins, puisque j'ai toujours gagné ma vie. Je n'ai pas besoin de lui pour enrichir mon cercle social, car j'ai déjà de nombreux amis, des voisins et de la famille. Je n'ai pas besoin de lui pour me fournir un statut social de femme mariée, qui pourrait ailleurs être indispensable, car ma culture respecte les femmes célibataires. Je n'ai pas besoin de lui pour devenir mère, car j'ai choisi de ne pas l'être – et, si je voulais des enfants, la médecine et la permissivité de la société libérale me permettraient d'en avoir par d'autres moyens et de les élever seule.

Alors, pourquoi ai-je besoin de cet homme ? J'ai besoin de lui non seulement parce que je l'adore, parce que sa compagnie m'apporte joie et réconfort et parce que, comme l'a dit un jour le grand-père d'une amie, « la vie est parfois trop dure pour la vivre seul, et parfois trop bonne pour la vivre seul ». C'est valable pour Felipe : il a, lui aussi, besoin de moi pour la seule compagnie que je lui offre. Ça semble beaucoup, mais ce n'est pas grand-chose ; c'est seulement de l'amour. Et un mariage basé sur l'amour n'offre pas de garantie à vie comme un mariage qui s'appuie sur le clan, ou sur des biens. De façon déroutante, ce que le cœur choisit pour de mystérieuses raisons peut être répudié ultérieurement – et là encore au nom de mystérieuses raisons. Un paradis intime partagé peut aussi se transformer rapidement en un échec infernal.

En outre, à cause des ravages souvent colossaux qui accompagnent un divorce, se marier par amour, c'est pousser le risque émotionnel à l'extrême. Le questionnaire aujourd'hui le plus utilisé par les médecins pour déterminer le niveau de stress de leurs patients a été mis au point dans les années soixante-dix par deux chercheurs, Thomas Holmes et Richard Rahe. L'échelle Holmes-Rahe place le « décès du conjoint » tout en haut de la liste des événements générateurs de stress dans une vie. Et devinez ce qui vient en seconde position sur la liste ? Le divorce. D'après ce test, le divorce génère plus d'angoisse que le décès d'un parent proche (et même celui d'un enfant, sommes-nous amenés à supposer, puisqu'il n'existe aucune mention de cet atroce événement), et il est beaucoup plus stressant qu'une « maladie grave » ou une « perte d'emploi », ou même un « séjour en prison ». Mais ce que j'ai trouvé le plus étonnant, dans l'échelle Holmes-

Rahe, c'est qu'une « réconciliation avec le conjoint » figure également dans la liste des événements générateurs de stress. Même *frôler* le divorce puis sauver son couple *in extremis* peut être émotionnellement dévastateur.

Aussi les mariages d'amour peuvent-ils conduire à une augmentation du taux de divorce, ce n'est pas une information à prendre à la légère. Un échec amoureux s'accompagne de difficultés émotionnelles, financières et physiques susceptibles de détruire des individus et des familles. Des gens vont jusqu'à traquer, blesser et tuer leur ex-conjoint. Cependant, même lorsqu'il n'atteint pas de telles extrémités, le divorce est un boulet psychologique et économique – comme peut en témoigner toute personne qui a connu, ou même failli connaître, le naufrage d'un mariage.

Ce qui rend en partie l'expérience du divorce à ce point redoutable, c'est l'ambivalence émotionnelle. Pour beaucoup de divorcés, il est difficile, sinon impossible, d'éprouver sur la durée un sentiment de pur chagrin, de pure colère ou de pur soulagement à l'égard de son ex-conjoint. Les émotions contradictoires et enchevêtrées mijotent pendant plusieurs années, dans un ragoût de contradictions à vif. Un ex-mari nous manque autant qu'il nous inspire de ressentiment. Un divorcé s'inquiète pour son ex-épouse autant qu'il éprouve des envies de meurtre. Cette ambivalence est complètement déroutante. La plupart du temps, il est difficile de faire la part des responsabilités. Dans presque tous les divorces dont j'ai été témoin, l'une et l'autre partie (sauf si l'une était sociopathe avérée) portaient la responsabilité de l'échec du mariage. Quel personnage sommes-nous, une fois que notre couple a fait naufrage ? Endossons-nous le rôle du gentil ou celui du méchant ? Ce n'est pas toujours facile à déterminer. Tout s'intrique et se mélange, comme après une explosion des morceaux de verre et d'acier (des fragments de deux cœurs) dans la chaleur incandescente. Tenter de trier ces décombres conduirait au bord de la folie.

Et que dire du spectacle insoutenable de la personne qu'on a autrefois aimée et défendue lorsqu'elle se transforme en adversaire agressif ? Un jour, au plus fort de la tourmente de mon divorce, j'ai demandé à mon avocate comment elle pouvait supporter son travail, comment elle pouvait encaisser de voir chaque jour des couples se déchirer dans les salles de tribunal. Elle m'a répondu : « Je trouve ce travail gratifiant pour une raison : parce que je sais quelque chose que vous ne savez pas. Je sais que c'est la pire expérience que vous avez jamais vécue, mais je sais aussi qu'un jour, vous tournerez la page et que vous irez *bien*. Épauler quelqu'un dans la pire expérience de sa vie est incroyablement gratifiant. »

Elle avait raison sur un point (on finira tous et toutes par aller *bien*), mais elle se trompait du tout au tout sur l'autre (on ne tourne jamais entièrement la page). En cela les divorcés ressemblent en quelque sorte au Japon du XXe siècle : nous avions une culture d'avant-guerre, et nous avons une culture d'après-guerre. Entre ces deux tranches d'histoire, se trouve un abîme rempli de décombres fumants.

Je ferais presque n'importe quoi pour ne pas revivre cette apocalypse. Je reconnais pourtant qu'un autre divorce reste possible, précisément parce que j'aime Felipe et parce qu'un mariage d'amour reste étrangement fragile. Je ne dis pas que je n'ai plus d'espoir en l'amour, attention ! J'y crois toujours. Mais peut-être est-ce là le problème. Peut-être le divorce est-il l'impôt que nous payons collectivement, culturellement, pour oser croire à l'amour – ou du moins pour oser établir un lien entre l'amour et un contrat social. Peut-être l'amour et le mariage ne vont-ils pas ensemble, après tout. Peut-être l'amour et le divorce sont-ils mieux assortis…

C'est peut-être l'aspect social qu'il faut aborder ici. D'un point de vue anthropologique, le véritable dilemme des relations sentimentales modernes est le suivant : si on veut vivre honnêtement dans une société où les gens choisissent eux-mêmes leurs partenaires sur la base de sentiments personnels, alors on doit se préparer à l'inévitable. Il y aura des cœurs brisés ; il y aura des vies brisées. Précisément parce que le cœur humain est un tel mystère (« un tel tissu de paradoxes », comme le décrivait joliment le scientifique victorien Sir Henry Finck), l'amour transforme tous nos projets et toutes nos intentions en pari gigantesque. Peut-être la seule différence entre un premier et un second mariage réside-t-elle en ce que, la deuxième fois, au moins, vous savez que vous vous lancez un pari.

Je me souviens d'une conversation que j'ai eue, il y a plusieurs années de cela, avec une jeune femme que j'avais rencontrée à New York, dans un cocktail du monde de l'édition, à un moment pénible de ma vie. La jeune femme, que j'avais déjà croisée, m'a poliment demandé où se trouvait mon mari. Je l'ai informée que mon mari ne me rejoindrait pas ce soir-là parce que nous étions en train de divorcer. Mon interlocutrice m'a dit quelques mots de sympathie qui ne semblaient pas venir du fond du cœur et elle a ajouté, avant de s'attaquer au plateau de fromages : « Pour ma part, je

suis mariée et heureuse dans mon couple depuis huit
ans déjà. Jamais je ne divorcerai. »

Que répondre, face à une telle assertion ? *Félici-*
tations pour un succès – que vous n'avez pas encore
remporté ? Je comprends maintenant que cette jeune
femme était encore d'une certaine naïveté au sujet du
mariage. À la différence d'une adolescente vénitienne
du XVIᵉ siècle, elle avait eu la chance de ne pas se voir
imposer son mari. Mais pour cette même raison – précisément parce qu'elle avait choisi son époux par
amour –, son mariage était bien plus fragile qu'elle ne
le croyait.

Les vœux que nous prononçons le jour de notre
mariage sont un noble effort pour nier cette fragilité,
pour nous convaincre – en toute sincérité – que le lien
noué par Dieu tout-puissant, nul homme ne peut le
défaire. Malheureusement, ce n'est pas Dieu tout-
puissant qui prononce ces serments ; c'est l'homme
(qui n'a rien de puissant), et l'homme peut toujours
rompre un serment. Même si cette jeune femme était
convaincue qu'elle n'abandonnerait jamais son mari,
la question n'était pas entièrement de son ressort.
Tous les amants, même les plus fidèles, peuvent un
jour être abandonnés contre leur volonté. Je le sais
parce que j'ai abandonné des gens qui ne voulaient
pas que je m'en aille, et j'ai moi-même été abandonnée
par ceux que je suppliais de rester. Consciente de tout
cela, je vais m'engager dans mon second mariage avec
beaucoup plus d'humilité que je ne me suis engagée
dans le premier. Et Felipe en fera autant. Non parce
que l'humilité seule nous protégera, mais cette fois, au
moins, nous en aurons un peu.

Il est de notoriété publique qu'un second mariage
est le triomphe de l'espoir sur l'expérience, mais je

ne suis pas tout à fait certaine que ce soit vrai. Il me semble que ce sont les premiers mariages qui ruissellent d'espoir, qui baignent dans un océan d'attentes et d'optimisme confortable. Les seconds mariages sont empreints, je pense, de quelque chose d'autre : d'un respect pour des forces qui nous dépassent, peut-être. Un respect qui se rapproche peut-être même d'un émerveillement craintif et respectueux.

Un adage polonais dit : « Avant de partir à la guerre, dis une prière. Avant de partir en mer, dis deux prières. Avant de te marier, dis-en trois. »

En ce qui me concerne, j'ai l'intention de passer l'année entière à prier.

CHAPITRE QUATRE

Mariage et engouement

❦ ✳ ❦

De l'amour sois (un peu)
plus méfiant que de tout le reste.

E.E. Cummings

Nous étions maintenant en septembre 2006.

Felipe et moi errions toujours en Asie du Sud-Est. Nous n'avions rien d'autre à faire que de tuer le temps. Notre dossier d'immigration était au point mort. Pour être honnête, ce n'était pas uniquement notre dossier qui était au point mort, mais celui de tous les couples qui demandaient des visas américains pour l'un des conjoints. Tout le système était verrouillé, gelé. Pour notre malheur à tous, cela concernait des milliers de couples, le Congrès venait de promulguer une nouvelle loi d'immigration, et, pendant au moins quatre mois, toutes les procédures seraient suspendues et condamnées aux limbes bureaucratiques. La nouvelle loi stipulait que tout citoyen américain qui souhaitait épouser un étranger devait désormais faire l'objet d'une enquête du FBI, qui rechercherait chez le requérant des preuves de crimes passés.

Oui, vous avez bien lu : tout Américain qui souhaitait épouser un étranger était désormais soumis à une enquête du FBI.

Assez étrangement, cette loi avait été votée pour protéger les femmes – les femmes étrangères et pauvres, venues de nations en voie de développement – et empêcher qu'elles ne soient envoyées aux États-Unis contre leur gré pour épouser des hommes coupables de viol, de violences conjugales, voire de meurtre. Au cours des années précédentes, c'était devenu un sinistre problème. Des Américains achetaient des épouses dans les pays de l'ancienne Union soviétique, en Asie ou en Amérique du Sud et ces femmes – une fois aux États-Unis – se retrouvaient souvent dans des conditions de vie épouvantables. Cette loi avait donc été adoptée pour sélectionner les futurs époux américains, afin de protéger des étrangères d'une union avec un monstre potentiel.

C'était une bonne loi. Une loi juste. Il était impossible de ne pas l'approuver. Le seul problème est qu'elle n'aurait pas pu tomber à un pire moment pour Felipe et moi. Le traitement de notre dossier allait être retardé d'au moins quatre mois, le temps que le FBI procède à ses contrôles. Contrôles visant à vérifier que je n'avais jamais été condamnée pour viol et que je n'étais pas une tueuse en série de malheureuses femmes, en dépit du fait que j'en avais parfaitement le profil.

J'envoyais plusieurs fois par semaine un e-mail à notre avocat à Philadelphie, pour connaître l'avancement du dossier, m'enquérir des échéances, reprendre espoir.

« Aucune nouvelle », me répondait systématiquement l'avocat. Parfois, il me rappelait, juste au cas où je l'aurais oublié : « Ne faites pas de projets. Rien n'est acquis. »

Aussi, pendant que tout cela se jouait (ou plutôt : ne se jouait pas), Felipe et moi sommes-nous allés au Laos. Depuis le nord de la Thaïlande, nous avons gagné l'ancienne cité de Luang Prabang en avion et survolé des étendues de montagnes vert émeraude, dont les sommets surgissaient de la jungle verdoyante, telles de grandes vagues vertes pétrifiées. L'aéroport de Luang Prabang ressemblait au bureau de poste d'une petite ville américaine. Un rickshaw nous a conduits jusqu'au centre-ville, un trésor magnifiquement situé à la confluence du Mékong et de la rivière Nam Kam. Luang Prabang est une ville exquise où, au fil des siècles, ont été casés quarante temples bouddhistes sur une parcelle de terrain minuscule. C'est pour cette raison que l'on y rencontre partout des moines. Leur âge s'échelonne de dix ans (pour les novices) à quelque quatre-vingt-dix ans (pour les maîtres) et des milliers d'entre eux vivent en permanence à Luang Prabang. Du coup, on a parfois l'impression que le ratio moine-simple mortel y est de cinq pour un.

Les novices sont les plus beaux jeunes garçons qu'il m'ait été donné de voir. Ils étaient vêtus de robes orange vif, avaient la tête rasée et une peau dorée. Chaque matin avant l'aube, ils sortaient des temples en longue file, un bol à la main, pour collecter leur nourriture quotidienne auprès des habitants de la ville, qui s'agenouillaient devant eux, dans les rues, pour leur offrir du riz. Felipe, qui était déjà épuisé par tous nos voyages, décrivait cette cérémonie comme « une agitation de tous les diables à cinq heures du matin ». Moi, au contraire, je l'adorais, et chaque jour je me réveillais avant l'aube pour gagner subrepticement la véranda de notre hôtel décati et observer le spectacle.

J'étais captivée par les moines. Ils offraient à mes yeux une distraction fascinante. J'ai fait une véritable fixation sur eux. Pour tout dire, ils me captivaient tellement que, après quelques journées languissantes dans cette petite ville laotienne, j'ai commencé à les espionner.

⁂

Je veux bien admettre qu'espionner des moines est une vilaine activité (puisse Bouddha me pardonner), mais il était très difficile d'y résister. Je mourais d'envie de savoir qui étaient ces jeunes garçons, ce qu'ils avaient laissé derrière eux, ce qu'ils attendaient de la vie. La quantité d'informations que je pouvais récolter ouvertement était limitée. En dépit de la barrière de la langue, les femmes ne sont pas censées regarder les moines, ni même les approcher, et encore moins leur parler. Recueillir une information personnelle d'un moine en particulier alors qu'ils se ressemblaient relevait de l'impossible. Cela n'a rien de raciste de dire qu'ils se ressemblaient tous ; c'est justement pour cette raison qu'ils ont la tête rasée et de simples robes orange toutes identiques. Cette uniformité a été instituée par leurs maîtres afin d'aider les garçons à se détacher de leur individualité, à se définir seulement comme un groupe. Ils ne sont pas censés pouvoir établir de distinction entre eux-mêmes et un autre moine.

Nous avons séjourné à Luang Prabang plusieurs semaines, et après un bon nombre d'heures de surveillance clandestine, petit à petit, j'en suis venue à reconnaître certains moines dans ces foules de robes orange et de crânes rasés interchangeables. Peu à peu, il est apparu qu'il y avait plusieurs sortes de jeunes moines. Il y avait les moines culottés et dragueurs qui grimpaient sur les épaules les uns des autres pour voir ce qui se passait par-dessus le mur du temple et me hélaient d'un « Bonjour, madame Lady ! » lorsque je passais. Il y avait les novices qui, la nuit, fumaient hors de l'enceinte du temple ; l'extrémité incandescente de leurs cigarettes brillait d'un orange aussi vif que celui de leur robe. J'ai vu un moine adolescent au corps musclé faire des pompes, et j'en ai aperçu un autre qui avait de manière totalement inattendue, tel un gangster, un couteau tatoué sur son épaule dorée. Une nuit, à l'abri des regards, j'ai écouté un petit groupe qui chantait des chansons de Bob Marley sous un arbre, dans le jardin d'un temple, à une heure à laquelle ils auraient dû être couchés depuis longtemps. J'ai même vu un essaim de novices à peine pubères échanger des volées de coups de pied et de poing – dans un esprit de compétition bon enfant qui, comme les jeux de garçons partout dans le monde, menaçait de basculer inopinément dans la véritable violence.

Mais ce qui m'a le plus surprise, c'est ce dont j'ai été témoin un après-midi dans le petit café Internet sombre où Felipe et moi passions plusieurs heures par jour à lire nos e-mails et à communiquer avec nos familles et notre avocat. Souvent, aussi, je m'y rendais seule. Quand Felipe n'était pas avec moi, j'en profitais pour consulter les sites d'agences immobilières aux États-Unis et regarder des maisons dans la région de Philadelphie. Je souffrais – plus que jamais dans ma vie, ou peut-être pour la première fois de ma vie – du mal du pays. Plus exactement, j'avais la nostalgie d'un foyer. Je me languissais d'une maison, d'une adresse, d'un lieu qui serait tout à nous. Je rêvais de libérer mes livres du garde-meuble et de les ranger par ordre alphabétique sur des étagères. Je rêvais d'adopter un animal domestique, de manger des petits plats miton-

nés à la maison, de revoir mes vieilles paires de chaussures, de vivre près de ma sœur et de sa famille.

Récemment, j'avais appelé ma nièce pour lui souhaiter un joyeux anniversaire (elle allait avoir huit ans), et
elle s'était effondrée au téléphone.

« Pourquoi est-ce que tu n'es pas là ? avait-elle
demandé d'un ton impérieux. Pourquoi est-ce que tu
ne viens pas à ma fête d'anniversaire ?

— Je ne peux pas venir, ma puce. Je suis coincée à
l'autre bout du monde.

— Mais alors pourquoi est-ce que tu ne viens pas
demain ? »

Je ne voulais pas accabler Felipe avec ces soucis.
Face à mon mal du pays, il se sentait impuissant et
responsable, en quelque sorte, de notre déracinement
dans le nord du Laos. Mais pour moi, cette quête
d'une maison était une distraction incessante. Même
si éplucher les listes de maisons à louer dans le dos de
Felipe m'inspirait un sentiment de culpabilité, comme
si j'avais surfé sur des sites pornos, cela ne m'empê-
chait pas de le faire. « Ne faites pas de projets », n'arrêtait pas de me répéter notre avocat, mais c'était plus
fort que moi. Je rêvais de projets. De plans d'aména-
gement.

Donc, par un chaud après-midi, je me trouvais seule
dans ce café Internet, devant l'écran vacillant d'un
ordinateur, sur lequel j'admirais la photo d'une mai-
sonnette en pierre sur les bords de la Delaware (flan-
quée d'une petite grange facilement aménageable en
bureau !) quand est venu s'asseoir devant l'ordinateur
voisin un novice, un adolescent mince qui a balancé
son derrière osseux sur une des chaises en bois. Depuis
plusieurs semaines déjà, je croisais des moines dans ce
café Internet, mais le décalage culturel qu'offraient

ces jeunes garçons sérieux à la tête rasée et à la robe safran surfant sur Internet continuait de me fasciner. Dévorée de curiosité, je me levais parfois de ma chaise pour me promener nonchalamment dans la salle en coulant au passage des regards vers les écrans des uns et des autres pour voir ce qu'ils faisaient exactement. En général, ils jouaient à des jeux vidéo, encore que j'en aie parfois vu certains, totalement absorbés, taper laborieusement des textes en anglais.

Ce jour-là, le jeune moine s'est assis juste à côté de moi. Il était si près que je pouvais voir le duvet discret qui recouvrait ses bras minces et ambrés. Nos postes de travail étaient si proches que je pouvais également voir ce qui s'affichait sur son écran. Au bout d'un moment, j'ai risqué un coup d'œil pour savoir sur quoi il travaillait, et je me suis aperçue que le garçon était en train de lire une lettre d'amour. Un e-mail d'amour, plutôt, écrit par une certaine Carla, et qui n'était de toute évidence pas laotienne car elle s'exprimait aisément dans un anglais qui m'était familier. Carla était donc américaine. Ou anglaise. Ou australienne. Une phrase, sur l'écran, m'a sauté aux yeux : « Tu me manques tant, mon amant. »

Cela m'a arrachée d'un coup à ma rêverie. Doux Jésus, où avais-je la tête, à lire la correspondance privée de quelqu'un ? Et par-dessus son épaule, par-dessus le marché ? J'ai détourné les yeux, honteuse. Ce n'étaient pas mes affaires. J'ai reporté mon attention sur les offres immobilières dans la Delaware Valley. Sauf que, naturellement, j'ai eu quelques difficultés à me concentrer de nouveau sur ce qui m'occupait parce que, tout de même : *qui diable était cette Carla ?*

Comment une jeune femme occidentale et un jeune moine laotien s'étaient-ils rencontrés ? Quel âge avait-elle ? Et quand elle écrivait « tu me manques tant, mon amant », le terme « amant » relevait-il d'une licence poétique ? Ou cette relation avait-elle bien été consommée, et Carla chérissait à présent le souvenir d'une passion physique partagée ? Si Carla et ce moine avaient consommé leur aventure amoureuse – eh bien, comment s'y étaient-ils pris ? Et quand ? Peut-être Carla avait-elle passé des vacances à Luang Prabang et lié conversation avec ce garçon, nonobstant le fait que les femmes ne doivent pas poser ne serait-ce que le regard sur les novices. Lui avait-il chanté « Bonjour, madame Lady ! », et les choses, de fil en aiguille, avaient-elles débouché sur une relation ? Qu'allait-il advenir d'eux, maintenant ? Ce garçon allait-il renoncer à ses vœux et partir en Australie (ou en Grande-Bretagne, ou au Canada, ou à Memphis) ? Carla viendrait-elle s'installer au Laos ? Se reverraient-ils un jour ? Serait-il défroqué, s'ils se faisaient prendre ? (Le terme « défroqué » était-il seulement utilisé dans le bouddhisme ?) Cette histoire d'amour allait-elle ruiner sa vie à lui ? Ou sa vie à elle ? Leur vie à tous deux ?

Le garçon fixait son écran en silence, captivé, et il lisait sa lettre d'amour avec une telle concentration qu'il n'avait nullement conscience que j'étais là, à côté de lui, m'inquiétant à part moi pour son avenir. Car je m'inquiétais bel et bien pour lui – j'avais peur qu'il ne se soit embourbé jusqu'au cou dans les problèmes, et que tout ça ne se termine mal.

Cela dit, le désir n'a que faire des obstacles géographiques, et tout inopportun qu'il soit parfois, on ne peut pas l'endiguer. C'est la prérogative de tout être humain de faire des choix ridicules, de tomber amoureux du partenaire le plus improbable, et de foncer au-

devant des calamités les plus prévisibles. Ainsi Carla
en pinçait pour un jeune moine – et alors ? Pouvais-je
la juger pour cela ? Au cours de ma vie, n'étais-je pas
moi aussi souvent tombée amoureuse d'hommes qui
n'étaient pas pour moi ? Et les jeunes hommes dotés
d'une « spiritualité » n'étaient-ils pas les plus séduisants de tous ?

Le moine n'a pas répondu à Carla – du moins pas
cet après-midi-là. Il a lu et relu l'e-mail avec autant
d'attention qu'il aurait étudié un texte sacré, puis il a
fermé les yeux, un long moment, comme s'il méditait,
mains posées sur les genoux. Il est finalement passé
à l'action, en imprimant l'e-mail. Il a relu une fois de
plus les mots de Carla, sur papier cette fois. Il a plié la
feuille avec tendresse, comme s'il fabriquait une grue
en origami, et il l'a glissée dans un repli de sa robe
orange. Et puis ce beau jeune homme qui n'était pas
encore tout à fait sorti de l'enfance a interrompu sa
connexion Internet et s'en est allé dans la chaleur de
plomb de cette antique cité fluviale.

Je me suis levée un instant après lui et je l'ai suivi
sans me faire remarquer. Il a remonté la rue, sans hâte,
en direction du temple central juché sur la colline, sans
regarder ni à droite ni à gauche. Assez vite, quelques
autres jeunes moines l'ont rattrapé, dépassé, et le
moine de Carla a paisiblement été absorbé dans les
rangs de ce groupe de novices menus, tel un poisson
orange qui se fond dans un banc. J'ai immédiatement
perdu sa trace dans cette foule de garçons qui se ressemblaient tous comme deux gouttes d'eau. Pourtant,
ces garçons n'étaient pas les mêmes. Un seul de ces
jeunes moines laotiens avait, dissimulée dans quelque
repli de sa robe, une lettre d'amour d'une dénommée
Carla. Aussi fou que cela paraisse, et aussi dangereux

que soit le jeu auquel il jouait, je ne pouvais m'empêcher d'être excitée pour ce gamin.

Quelle que soit l'issue de cette aventure, il était en
train de lui arriver quelque chose.

*

Bouddha enseigne que toutes les souffrances
humaines sont enracinées dans le désir. Ne savons-
nous pas tous que c'est vrai ? Chacun d'entre nous qui
a un jour désiré quelque chose sans l'obtenir (ou, pire,
qui l'a obtenu et perdu ensuite) connaît parfaitement
la souffrance dont parle Bouddha. Désirer quelqu'un
est peut-être la chose la plus risquée de toutes. Sitôt
qu'on veut quelqu'un – qu'on le veut vraiment –, notre
bonheur semble cousu à cette personne avec une
aiguille de chirurgien, tant et si bien que toute séparation sera dès lors une véritable lacération. On sait
qu'il nous faut, par n'importe quel moyen, posséder
l'objet de notre désir et ne plus jamais en être séparé.
On ne peut penser qu'à notre bien-aimé. Obsédé par
ce désir, on ne s'appartient plus vraiment. On en est
devenu l'esclave.

On comprend donc bien pourquoi Bouddha, qui
enseigne qu'un détachement serein est le chemin
vers la sagesse, n'aurait peut-être pas approuvé que
ce jeune moine se promène avec des lettres d'amour
d'une certaine Carla dissimulées dans sa robe. Il aurait
pu considérer ce rendez-vous galant comme une distraction. Une relation sentimentale enracinée dans la
clandestinité et le désir charnel ne lui aurait rien dit
qui vaille. Et ce d'autant plus que Bouddha ne pensait pas grand bien des relations charnelles ou romantiques. Souvenez-vous qu'avant de devenir le Parfait,

soucieux de se libérer de tout encombrement avant que de commencer son voyage spirituel, il avait abandonné sa famille. Un peu comme les premiers pères de la chrétienté, Bouddha enseignait que seuls le célibataire et le solitaire peuvent trouver l'illumination. Par conséquent, le bouddhisme traditionnel a toujours été quelque peu suspicieux à l'égard du mariage. Le bouddhisme est un voyage de détachement, tandis que le mariage est un état qui génère, intrinsèquement, de l'attachement – à son conjoint, à ses enfants, à son foyer. Le voyage vers l'illumination commence en quittant tout cela.

Il existe bien un rôle pour les gens mariés dans la culture bouddhiste traditionnelle mais c'est plutôt un second rôle. Bouddha désigne les gens mariés comme des « chefs de famille ». Il a même donné des instructions claires sur la façon dont chacun doit se comporter pour être un bon chef de famille : il faut être gentil avec son conjoint, honnête, fidèle, donner l'aumône aux pauvres, contracter une assurance contre les incendies et les inondations…

Je ne plaisante pas : Bouddha conseillait aux couples mariés de contracter une assurance sur le capital immobilier.

Le chemin qu'il trace là est bien peu enthousiasmant, n'est-ce pas ? Mais, selon Bouddha, l'illumination n'était tout simplement pas accessible aux chefs de famille. En ce sens, encore une fois, il se rapprochait des premiers chrétiens, qui croyaient que le lien conjugal n'était rien d'autre qu'un obstacle au paradis – ce qui nous amène à examiner ce que ces êtres illuminés reprochaient à la conjugalité. Pourquoi tant d'hostilité à l'égard d'une union sentimentale, sensuelle, ou même simplement stable ? Pourquoi tant de résistance à l'amour ? À moins que ce ne soit pas l'amour qui pose problème. Jésus et Bouddha sont les plus grands professeurs d'amour et de compassion que le monde ait jamais connus. Peut-être le danger du désir portait-il ces maîtres à s'inquiéter pour l'âme de leurs semblables, pour leur santé mentale et leur équilibre.

Le problème est que nous sommes tous pleins de désir ; c'est même la marque de fabrique de nos existences affectives, et cela peut nous conduire à la chute – chute dans laquelle nous entraînons les autres. Dans le plus célèbre traité jamais écrit sur le désir, *Le Banquet*, Platon décrit un dîner au cours duquel le dramaturge Aristophane expose le mythe qui explique pourquoi nous autres, humains, sommes rongés par le désir de nous unir, et pourquoi ces unions peuvent parfois être profondément insatisfaisantes, et même destructrices.

Jadis, rapporte Aristophane, il y avait les dieux dans le ciel et les humains sur terre. Mais nous les hommes n'avions pas du tout, en ce temps-là, l'apparence physique qui est aujourd'hui la nôtre. Nous avions alors une tête, mais à deux visages, quatre jambes et quatre bras – l'union parfaite, en d'autres termes, de deux êtres ne formant qu'un, sans couture apparente. Il existait trois variations de genre ou de sexe possibles : l'union homme/femme, l'union homme/homme, et l'union femme/femme, selon ce qui convenait le mieux à chaque créature. Chacun ayant le partenaire idéal cousu à lui-même, nous étions heureux. Créatures à deux visages et à huit membres, parfaitement comblées, nous nous déplacions sur la terre de la même façon que les planètes voyagent à travers les cieux – d'un air rêveur, en bon ordre et sans heurts.

Nous ignorions le manque ; nous n'éprouvions aucun désir qui ne soit satisfait ; nous ne désirions personne. Il n'y avait ni conflits ni chaos. Nous étions un tout.

Mais dans notre complétude, nous devînmes exagérément insolents. Notre orgueil nous poussa à négliger d'honorer les dieux. Et le tout-puissant Zeus nous punit de cette négligence : il coupa par la moitié tous les êtres à deux visages et à huit membres, parfaitement comblés. Il créa ainsi un monde de misérables créatures cruellement divisées qui n'avaient plus qu'un seul visage, deux bras et deux jambes. Par cette amputation de masse, Zeus infligea à l'humanité la plus douloureuse des conditions : éprouver en permanence une pénible sensation d'incomplétude. Nous, humains, naîtrions désormais avec le manque de notre moitié perdue, que nous aimions presque plus que nous-mêmes, et qui se trouvait quelque part, tourbillonnant dans l'univers sous la forme d'une autre personne. Nous naîtrions également persuadés que, en nous donnant la peine de la chercher inlassablement, nous pourrions peut-être un jour retrouver cette moitié perdue, cette âme sœur. En nous unissant à elle, nous retrouverions alors notre forme originelle, et ne souffririons jamais plus de la solitude.

C'est là le fantasme singulier de l'intimité humaine : imaginer que 1 + 1 plus un puisse un jour égaler 1.

Aristophane nous avertit cependant que ce rêve de complétude par l'amour est impossible. Les dommages que nous avons subis, en tant qu'espèce, sont trop importants pour qu'une simple union puisse y remédier. Et les moitiés des êtres originels à huit membres ont été par trop éparpillées pour que chacun puisse retrouver la sienne. L'union sexuelle peut pour un temps nous procurer une sensation de complétude et de satiété (Aristophane présume que Zeus nous a fait cadeau de l'orgasme par pitié, pour nous permettre d'éprouver à nouveau, temporairement, cette sensation, et nous éviter ainsi de mourir de désespoir), mais, d'une manière ou d'une autre, nous finirons seul avec nous-même. La solitude nous pousse, dans notre quête de l'union parfaite, à nous accoupler encore et toujours avec la mauvaise personne. Nous pouvons même croire par moments avoir retrouvé notre moitié, mais plus probablement avons-nous seulement rencontré quelqu'un qui cherche aussi la sienne – quelqu'un qui veut croire autant que nous qu'il a atteint cette complétude.

C'est ainsi que commence l'engouement, l'aspect le plus dangereux du désir humain. L'engouement conduit à ce que les psychologues appellent la « pensée intrusive » – ce fameux état de distraction qui nous empêche de nous concentrer sur autre chose que sur l'objet de notre obsession. Une fois que l'engouement a frappé, tout le reste – les relations aux autres, les responsabilités, la nourriture, le sommeil, le travail – est relégué, tandis que nous fantasmons sur notre bien-aimé – fantasmes qui deviennent vite répétitifs, invasifs, et dévorent tout sur leur passage. L'engouement modifie la chimie de notre cerveau comme si on l'inondait d'opiacés et de stimulants ; des scientifiques ont récemment découvert que les scanographies du cerveau et les sautes d'humeur d'un amoureux présentent de remarquables similitudes avec celles d'un cocaïnomane – ce qui n'a rien de surprenant, puisque l'engouement est une addiction produisant des effets chimiques. Comme l'a expliqué Helen Fisher, anthropologue spécialiste du comportement amoureux, ceux qui sont amoureux seront, exactement comme n'importe quel toxicomane, « prêts à des extrémités malsaines, dégradantes, voire physiquement dangereuses pour obtenir leur drogue ».

Cette drogue n'est jamais plus puissante qu'au tout début d'une relation passionnée. Helen Fisher constate qu'une surprenante quantité d'enfants sont conçus durant les six premiers mois d'une histoire d'amour, un fait que je trouve vraiment remarquable. Une obsession peut conduire à une sensation d'abandon euphorique, et rien de plus efficace que l'abandon euphorique pour tomber accidentellement enceinte. Quelques anthropologues soutiennent, d'ailleurs, que l'engouement est un outil de reproduction nécessaire à l'espèce humaine : parce qu'il génère suffisamment d'insouciance pour nous pousser à prendre le risque d'une grossesse, nous mettons en permanence de nouveaux enfants au monde. Les recherches d'Helen Fisher ont également montré que nous sommes beaucoup plus susceptibles d'engouement lorsque nous traversons une période délicate de notre vie ou un moment de vulnérabilité. L'engouement ferait presque figure de virus à l'état latent, toujours prêt à attaquer notre système immunitaire ou affectif au moindre signe de faiblesse. Les étudiants par exemple – coupés de leur famille pour la première fois de leur vie, qui manquent d'assurance et se retrouvent privés du soutien parental – sont notoirement exposés à l'engouement. Et nous savons tous qu'il n'est pas rare qu'un voyageur, en terre étrangère, tombe éperdument amoureux, du jour au lendemain, d'un parfait inconnu. À la faveur des changements perpétuels et des frissons du voyage, nos mécanismes de protection se détériorent rapidement. Quelque part, c'est merveilleux (jusqu'à la fin de mes jours, je ressentirai toujours un frisson de plaisir au souvenir du baiser que j'ai échangé avec ce type devant la gare routière de Madrid), mais il est sage, en de telles circonstances, de garder à l'esprit le conseil de la vénérable philosophe américaine Pamela Anderson : « Ne vous mariez jamais en vacances. »

N'importe qui, traversant une période difficile – à cause du décès d'un parent, peut-être, ou de la perte d'un emploi –, est également vulnérable à ces amours feux de paille. Il est bien connu que les malades, les blessés et les angoissés sont les proies rêvées du coup de foudre – ce qui explique en partie pourquoi tant de soldats amochés sur le champ de bataille épousent leur infirmière. Des époux en pleine tourmente conjugale sont également des candidats de premier ordre pour s'enticher d'un nouvel amant – je peux personnellement en témoigner, compte tenu du cirque qu'est devenu, à la fin, mon premier mariage, quand j'ai eu la judicieuse idée de mettre le nez dehors et de tomber folle amoureuse d'un autre homme, au moment même où j'étais en train de quitter mon mari. Immensément malheureuse comme je l'étais, avec une estime de soi en lambeaux, j'étais mûre pour cueillir l'engouement et, oh lala ! on peut dire que c'est moi qui ai été cueillie. Dans ma situation d'alors, j'ai cru voir une énorme pancarte SORTIE DE SECOURS suspendue au-dessus de la tête de mon nouvel objet amoureux, et j'ai foncé, sans me poser de questions, me servant de cette aventure comme d'un prétexte pour fuir mon mariage qui s'effondrait, avant de déclarer avec une certitude frôlant l'hystérie que *cette* personne était tout ce dont j'avais vraiment besoin dans la vie.

Il est sidérant de constater à quel point ça n'a pas marché.

Le problème de l'engouement, évidemment, est qu'il s'agit d'un mirage, d'une illusion d'optique – une illusion, plus exactement, de nature endocrinale. L'engouement, ce n'est pas exactement la même chose que l'amour : ce serait plutôt son cousin au second degré, un type louche qui passe son temps à emprunter de l'argent et qui est incapable de garder un job. Quand on s'entiche de quelqu'un, on ne regarde pas vraiment la personne ; on est juste captivé par notre propre reflet, enivré par un rêve de complétude que l'on a projeté sur un parfait étranger. Nous avons tendance, dans un tel état, à décréter toutes sortes de choses spectaculaires au sujet de nos amants, qui peuvent être vraies, ou pas. Nous voyons chez notre bien-aimé quelque chose qui relève presque de l'ordre du divin, même si notre famille et nos amis ne le comprennent pas. La Vénus de l'un sera une bimbo pour un autre, et quelqu'un pourra aisément ne voir en votre Adonis qu'un pauvre type complètement rasoir.

Naturellement, chaque amoureux considère – et devrait considérer – son partenaire avec générosité. C'est naturel, et même opportun, d'exagérer quelque peu les qualités de notre compagnon. Carl Jung suggérait que les six premiers mois de la plupart des histoires d'amour constituent, pour à peu près tout le monde, une période de pure projection. Mais l'engouement est une projection qui déraille. Une relation basée sur un engouement est une zone qui ne laisse pas de place à la santé mentale, où les opinions erronées peuvent se révéler sans limites et où nous n'avons plus aucun recul. Freud a défini avec concision l'engouement

comme la « surévaluation de l'objet » et Goethe a fait
encore plus fort : « Quand deux personnes se plaisent
vraiment, on peut généralement supposer qu'elles font
fausse route. » (Soit dit en passant, même ce pauvre
Goethe n'était pas immunisé contre l'engouement, en
dépit de sa sagesse et de son expérience. Ce vieil Alle-
mand ardent, à l'âge de soixante et onze ans, tomba
passionnément, et à très mauvais escient, amoureux
d'une certaine Ulrike, une beauté de dix-neuf ans
qui déclina ses propositions enflammées de mariage,
après quoi le génie vieillissant écrivit, désespéré, un
requiem à sa propre vie qu'il conclut par cette phrase :
« J'ai perdu le monde entier, je me suis perdu moi-
même. »)

Lorsqu'on est la proie d'un tel état de fébrilité, il est
impossible d'établir un vrai rapport à l'autre. L'amour
véritable, sain, mûr – le genre d'amour qui rembourse
l'hypothèque année après année et va chercher les
enfants à l'école – n'est pas basé sur l'engouement
mais sur l'affection et le respect. Le mot « respect »
entretient d'ailleurs des liens étymologiques avec
le verbe latin *respicere*, « tourner son attention vers
quelqu'un ». Il suggère qu'on *voit* vraiment la personne qui se trouve à nos côtés, chose parfaitement
impossible lorsqu'on nage dans les brumes tourbillon-
nantes d'un délire romantique. La réalité sort de
scène au moment où entre l'engouement et, très vite,
on peut faire toutes sortes de folies que jamais, sains
d'esprit, on n'aurait envisagées. Par exemple, on peut
se retrouver un jour à écrire un e-mail passionné à un
moine laotien de seize ans – ça, ou autre chose. Et
quand la poussière est retombée, des années plus tard,
il est possible qu'on se demande : « Mais où avais-je

la tête ? » La réponse est, en général : « Tu l'avais perdue. » Les psychologues appellent cet état de folie ber-
cée d'illusions « l'amour narcissique ».

Moi, je l'appelle « le printemps de ma vie ».

Je n'ai rien, fondamentalement, contre la passion.
Grand Dieu, non ! Les sensations les plus euphori-
santes, je les ai éprouvées lorsque j'étais en train de
me consumer d'obsession romantique. Ce genre
d'amour donne le sentiment d'être un superhéros, un
demi-dieu, un surhomme, une créature immortelle.
On irradie de vie ; on n'a plus besoin de dormir ; notre
bien-aimé emplit nos poumons comme de l'oxygène.
Même si ces expériences ont tourné court (pour moi,
elles se sont toujours terminées dans la douleur), je
ne peux supporter l'idée que quelqu'un puisse traverser la vie sans jamais connaître cette métamorphose
euphorique. C'est pour cela que je ressens de l'enthousiasme pour ce que vivent le jeune moine et Carla. Je
suis heureuse qu'ils goûtent à cette félicité narcotique.
Mais je suis également très, très contente de n'être pas
concernée cette fois.

Car voilà quelque chose que je sais avec certitude à
mon sujet, tandis que j'approche de mes quarante ans.
L'engouement, ce n'est plus pour moi. Ça me tue. À la
fin, il me lamine, systématiquement. Tout en sachant
qu'il existe très certainement des couples dont l'histoire d'amour a commencé par un embrasement obses-
sionnel que les années ont calmé, assagi et transformé
en braises susceptibles d'alimenter une longue et saine
relation, je n'ai personnellement jamais su comment
m'y prendre. L'engouement n'a jamais fait qu'une
seule chose : me détruire, et en général assez vite.

Dans ma jeunesse, cependant, comme j'adorais
cette euphorie de l'engouement, j'en avais fait une

manie. Par « manie », j'entends exactement la même chose que n'importe quel héroïnomane lorsqu'il parle de sa « manie » : un mot anodin pour désigner une dépendance ingérable. Je recherchais la passion partout. J'en cherchais la quintessence. Je suis devenue le genre de fille à laquelle pensait certainement l'écrivain Grace Paley lorsqu'elle créa un personnage féminin qui avait toujours besoin d'un homme dans sa vie, même quand il y en avait déjà un. Dans les dernières années de mon adolescence et les premières de ma vie de femme, j'étais devenue une éminente spécialiste du coup de foudre ; je pouvais renouveler l'expérience jusqu'à quatre fois par an. Il m'est parfois arrivé de me rendre tellement malade d'amour que j'ai englouti des morceaux entiers de ma vie. Lors d'une nouvelle rencontre, je me dissolvais dans l'abandon, mais, assez rapidement, après la rupture, je me retrouvais en train de sangloter et de vomir. Dans l'intervalle, je perdais tellement le sommeil, la raison, que certains épisodes du processus prennent des airs, avec le recul, de coma éthylique. Mais sans l'alcool.

Une telle jeune femme aurait-elle dû se marier à l'âge de vingt-cinq ans ? Sagesse et Prudence auraient suggéré que non. Mais je n'ai pas invité Sagesse et Prudence à mon mariage. (Je précise pour ma défense qu'elles n'étaient pas non plus les invitées du marié.) À l'époque, j'étais une fille étourdie, dans toutes les acceptions possibles. Un jour, j'ai lu dans un journal l'histoire d'un homme qui, tandis qu'il traversait en voiture un parc national, a provoqué un incendie de forêt parce que son pot d'échappement traînait par terre et essaimait sur son passage des étincelles dans les broussailles sèches, provoquant un nouveau petit foyer d'incendie tous les quelques mètres. Les autres automobilistes n'avaient de cesse de klaxonner et de gesticuler pour essayer d'attirer l'attention du conducteur sur les dégâts qu'il causait, mais le type écoutait gaiement la radio sans remarquer la catastrophe qu'il laissait dans son sillage.

C'était moi, dans mes folles années.

Ce n'est que lorsque j'ai abordé la trentaine, lorsque mon ex-mari et moi avons bousillé pour de bon notre mariage et une fois que ma vie (comme celle de quelques hommes très bons, de quelques autres pas si bons que ça et celle aussi d'une poignée de spectateurs innocents) a été mise complètement sens dessus dessous que j'ai finalement coupé le contact. Je suis descendue de voiture, j'ai regardé autour de moi le paysage carbonisé, j'ai battu des paupières et j'ai demandé : « Vous n'insinuez tout de même pas que j'ai quelque chose à voir avec tout ce bazar ? »

Et puis la dépression est arrivée.

Le quaker Parker Palmer a dit une fois, à propos de sa vie, que la dépression était une amie envoyée pour le sauver d'une fausse euphorie qu'il fabriquait depuis toujours. La dépression lui a remis de force les pieds sur terre, a-t-il dit, l'a ramené à un niveau qui lui permettait enfin d'arpenter le monde réel en toute sécurité. Moi aussi j'ai eu besoin qu'on me ramène vers le monde réel après des années passées à me propulser artificiellement en altitude à coups de passions irréfléchies. J'en suis venue moi aussi à considérer que ma saison de dépression avait été essentielle – en plus d'avoir été lugubre et pénible.

J'ai mis à profit cette parenthèse pour m'étudier, pour répondre sincèrement à des questions douloureuses et – avec l'aide d'un thérapeute patient – comprendre l'origine de mes comportements les plus destructeurs.

J'ai voyagé (et me suis détournée de séduisants Espagnols croisés dans les gares routières). J'ai cultivé diligemment des formes plus saines de joie de vivre. J'ai passé beaucoup de temps seule. Je n'avais jamais éprouvé la solitude auparavant, mais je l'ai explorée. J'ai appris à prier, pour expier au mieux le paysage de cendres que j'avais abandonné derrière moi. Plus que tout, cependant, j'ai pratiqué l'art original de l'autoréconfort, en résistant à toutes les tentations passagères, sentimentales ou sexuelles, en leur opposant cette question fraîchement adulte : « Ce choix sera-t-il bénéfique à qui que ce soit dans le long terme ? » En deux mots : j'ai grandi.

Emmanuel Kant croyait que nous, êtres humains, à cause de notre grande complexité affective, traversons deux pubertés dans notre existence. La première a lieu lorsque notre corps acquiert la maturité nécessaire aux relations sexuelles ; la seconde, lorsque notre esprit acquiert cette même maturité. Entre ces deux événements, il peut se passer de très nombreuses années, encore que je me demande si notre maturité émotionnelle découle uniquement des expériences et des leçons que nous pouvons tirer des échecs amoureux de notre jeunesse. Une fille de vingt ans ne peut savoir naturellement des choses que la plupart des femmes de quarante ans ont mis des décennies à comprendre. Ce serait attendre énormément de sagesse de la part d'une très jeune personne. Peut-être devons-nous tous traverser l'angoisse et les erreurs d'une première puberté avant d'être capables d'accéder à la seconde ?

En tous les cas, cela faisait un bon moment que j'expérimentais la solitude et l'autoresponsabilité lorsque j'ai rencontré Felipe. Il était gentil, loyal et attentionné, et nous avons pris notre temps. Ce n'était pas un amour adolescent. Pas plus que ce n'était un premier amour, ni un amour de dernier-jour-de-colonie-de-vacances. En surface, je le reconnais volontiers, les débuts de notre histoire paraissent affreusement romantiques : nous nous sommes rencontrés à Bali, une île des tropiques, sous les ondulations des feuilles de palmes, etc. On peut difficilement trouver cadre plus idyllique. À l'époque, je me souviens avoir décrit cette scène de rêve dans un e-mail à ma sœur aînée, qui habite dans la banlieue de Philadelphie. Avec le recul, sans doute était-ce injuste de ma part. Catherine – qui avait deux gamins en bas âge et vivait à l'époque dans une maison en travaux – s'est contentée de me répondre : « Ouais, moi aussi j'avais prévu de filer sur une île tropicale avec mon amant brésilien, ce week-end… mais il y avait trop d'embouteillages. »

Alors oui, mon histoire d'amour avec Felipe possédait un merveilleux élément de romantisme, que toujours je chérirai. Mais elle n'avait rien d'un engouement, et voilà à quoi je le sais : parce que je n'ai pas exigé de lui qu'il soit mon Grand Émancipateur ou Mon Unique Source de Vie, et parce que je n'ai pas eu l'impression qu'il devenait mon oxygène. Pendant la longue période qu'a duré notre cour, ma personnalité est demeurée intacte et je me suis autorisée à rencontrer Felipe tel qu'il était. Aux yeux l'un de l'autre, nous avions beau être éblouissants, démesurément parfaits et héroïques, jamais je n'ai perdu de vue notre réalité : j'étais une divorcée aimante mais défaite qui devait gérer avec prudence sa propension aux mélodrames sentimentaux et aux attentes déraisonnables ; Felipe était un divorcé affectueux au crâne dégarni qui devait gérer avec prudence sa consommation d'alcool et sa profonde crainte de la trahison. Nous étions deux personnes plutôt bonnes, qui portions les cicatrices d'immenses déceptions personnelles très banales, et qui cherchions simplement l'une chez l'autre la possibilité de quelque chose – d'une certaine bonté, d'une certaine attention, d'un certain désir partagé de faire confiance et d'inspirer la confiance.

À ce jour encore, je refuse de faire peser sur Felipe ce fardeau, cette épouvantable responsabilité de me compléter d'une manière ou d'une autre. Arrivée à ce point de ma vie, j'ai fini par comprendre que, même si je le voulais, il ne peut pas me compléter. J'ai suffisamment affronté mon sentiment d'incomplétude pour reconnaître qu'il n'appartient qu'à moi. Ayant appris cette vérité essentielle, je peux maintenant dire où je finis, et où l'autre commence. Ça peut sembler une évidence, mais j'ai besoin d'insister ici sur le fait qu'il m'a presque fallu trois décennies et demie pour en arriver là – pour apprendre les limites d'une saine intimité humaine, comme les a joliment définies C.S. Lewis, lorsqu'il écrivait à propos de sa femme : « Nous savions tous les deux ceci : j'avais mes souffrances, pas les siennes ; elle avait les siennes, pas les miennes. »

En d'autres termes, 1 + 1 est parfois supposé égaler 2.

❧ ✳ ❧

Mais comment puis-je être certaine que jamais plus je ne m'enflammerai pour quelqu'un d'autre ? Dans quelle mesure mon cœur est-il digne de confiance ? Jusqu'à quel point la fidélité de Felipe pour moi est-elle solide ? Comment pourrais-je savoir, sans l'ombre d'un doute, que des désirs extérieurs ne viendront pas nous tenter, nous séparer ?

Ce sont là les questions que j'ai commencé à me poser sitôt que j'ai compris que Felipe et moi étions – comme nous appelle ma sœur – des « partenaires à vie ». Très franchement, sa fidélité m'inquiétait bien moins que la mienne. Felipe a un passé amoureux beaucoup plus simple que le mien. C'est un indécrottable monogame qui choisit quelqu'un et qui ensuite s'épanouit facilement dans la fidélité. Il est fidèle à tous égards. Lorsqu'il a un restaurant préféré, il peut y dîner tous les soirs, sans jamais avoir faim d'ailleurs. Lorsqu'il aime un film, il sera ravi de le voir des dizaines de fois. S'il aime un vêtement, vous le lui verrez sur le dos pendant des années. La première fois que je lui ai acheté une paire de chaussures, il m'a dit assez gentiment : « Oh, c'est adorable de ta part, ma chérie, mais j'ai déjà une paire de chaussures. »

Le premier mariage de Felipe n'a pas capoté à cause d'une infidélité (il avait déjà une paire de chaussures, si vous voyez ce que je veux dire), mais parce que la relation de couple était écrasée par une avalanche de circonstances malheureuses qui, à exercer trop de pression sur la famille, a fini par en rompre les liens. C'est dommage, parce que Felipe, je le crois sincèrement, est homme à n'avoir qu'une partenaire. Il est même génétiquement loyal. J'entends cela, peut-être, de façon assez littérale. À en croire une théorie qui circule chez les universitaires évolutionnistes ces temps-ci, il existerait deux sortes d'hommes en ce monde : ceux qui sont faits pour engendrer des enfants, et ceux qui sont faits pour en élever. Les premiers changent sans arrêt de partenaire ; les seconds sont plus constants.

C'est la fameuse théorie des « Dads or Cads » (« papas ou goujats »). Dans les cercles évolutionnistes, cela ne relève en rien d'un jugement moral, mais plutôt d'un problème qui peut être rapporté à l'ADN. Apparemment, on observe, chez les mâles, cette petite variation chimique cruciale appelée « gène récepteur de la vasopressine ». Les hommes porteurs de ce gène auraient tendance à être des partenaires sexuels dignes de confiance et sur lesquels on peut compter, qui restent avec leur épouse des décennies durant, élèvent des enfants et dirigent des foyers stables (appelons-les « Harry Truman »). Les hommes qui n'ont pas le gène récepteur de la vasopressine seraient portés au badinage amoureux et à la déloyauté, et ont un besoin constant de variété sexuelle (appelons ces types des « John F. Kennedy »).

Une blague circule parmi les biologistes évolutionnistes de sexe féminin : la seule partie de l'anatomie d'un homme que toute partenaire devrait se soucier de mesurer, c'est la longueur de son gène récepteur de vasopressine. Tous les John Fitzgerald Kennedy de ce monde qui ont été chichement dotés en gène récepteur de vasopressine vagabondent loin et abondamment, dispersant leur semence sur la planète, perpétuant le mélange et le brouillage de l'ADN – ce qui est une bonne chose pour l'espèce, à défaut de l'être pour les femmes qu'ils aiment puis, souvent, abandonnent. Ce sont finalement les Harry Truman porteurs d'un gène de bonne longueur qui se retrouvent à élever les enfants des J.F. Kennedy.

Felipe est un Harry Truman, et lorsque je l'ai rencontré j'en avais tellement marre des JFK, j'étais si épuisée par leurs charmes et leurs caprices qui vous brisent le cœur que je n'aspirais à rien d'autre qu'à la stabilité. Mais je n'ai pas pris non plus la fidélité de Felipe pour acquise, et je ne relâche pas ma vigilance à l'égard de la mienne. L'histoire nous enseigne qu'absolument tout le monde est capable de n'importe quoi, dans le domaine de l'amour et du désir. Des circonstances surviennent dans la vie de chacun, mettant même au défi la loyauté la plus acharnée. Peut-être est-ce ce que nous redoutons le plus lorsque nous nous marions – ces « circonstances » qui, sous forme d'une passion extérieure incontrôlable, viendront un jour briser le lien.

Comment se protège-t-on de cela ?

Le seul réconfort que j'ai trouvé à ce sujet m'est venu à la lecture du travail de Shirley P. Glass, une psychologue qui a consacré le plus clair de sa carrière à étudier l'infidélité conjugale. Elle posait chaque fois cette question : « Comment cela est-il arrivé ? » Comment est-il arrivé que des gens de bien, des gens décents, et même des gens comme Harry Truman, se trouvent soudainement emportés par le désir, et détruisent des vies et des familles sans en avoir vraiment eu l'intention ? Nous ne parlons pas ici d'infidèles compulsifs mais de personnes dignes de confiance qui – tout en sachant que c'est une erreur, ou une entorse à leur code moral – s'égarent. Combien de fois avons-nous entendu quelqu'un dire : « Je ne cherchais pas l'amour ailleurs, mais ça m'est tombé dessus » ? Présenté en ces termes, l'adultère ferait presque penser à un accident de voiture, à une invisible plaque de verglas ou à un virage traître qui n'attendaient que l'automobiliste sans méfiance.

Mais Glass, dans ses recherches, a découvert que, si on creuse un peu plus profondément ces histoires d'infidélité, on comprend presque toujours comment l'aventure a commencé, bien avant le premier baiser volé. La plupart du temps, écrit Glass, tout débute lorsqu'un des conjoints noue une nouvelle amitié avec une personne du sexe opposé, et que naît une intimité d'apparence inoffensive. Sur le moment, on ne sent pas le danger, car quel mal y a-t-il dans l'amitié ? Pourquoi ne pourrions-nous pas avoir des amis du sexe opposé – ou du même sexe, d'ailleurs – tout en étant mariés ?

La réponse, comme l'explique Shirley P. Glass, c'est qu'il n'y a rien de mal à ce qu'une personne mariée cultive une amitié hors du lien matrimonial, aussi longtemps que « les murs et les fenêtres » de la relation de couple demeurent aux bonnes places. Selon la théorie de Glass, tout mariage sain comporte ces murs et ces fenêtres. Les fenêtres sont les aspects de votre relation de couple ouverts au monde – en d'autres termes, les interstices nécessaires pour entretenir des relations avec votre famille et vos amis. Les murs, eux, sont les barrières de confiance derrière lesquels vous gardez les secrets les plus intimes de votre mariage.

Or, ce qui arrive souvent, dans le cadre de ces amitiés prétendues inoffensives, c'est qu'on commence à partager avec ce(tte) nouvel(le) ami(e) des choses intimes, qui appartiennent à la part privée du couple. On révèle des secrets sur soi (nos désirs et nos frustrations les plus profondes) et, à ce stade, cette confidence nous fait du bien. On ouvre grand une fenêtre, là où devrait se trouver un épais mur porteur, et, rapidement, on se retrouve à s'épancher auprès de notre nouvel(le) ami(e). Ne voulant pas que notre conjoint en conçoive de la jalousie, on dissimule les détails de cette nouvelle amitié. Ce faisant, on a déjà créé un problème. On vient de construire un mur entre nous et notre conjoint, là où l'air et la lumière devraient circuler en toute liberté. L'entière architecture de notre intimité conjugale a, par conséquent, subi une restructuration. Chaque mur est devenu une immense baie vitrée ; chaque fenêtre est désormais condamnée, comme dans un repaire de fumeurs de crack. On vient d'établir le plan idéal de l'infidélité, sans même s'en apercevoir.

Aussi, lorsque notre ami(e) débarque un jour dans notre bureau en larmes à cause d'une mauvaise nouvelle, et que nous nous étreignons (dans le seul but de le/la réconforter !), et puis que nos lèvres se frôlent et qu'on réalise, dans un vertige, qu'on est *amoureux* de cette personne – qu'on l'a *toujours* été ! –, il est trop tard. Parce que la machine est en marche. Et, maintenant, le risque est bien réel qu'un jour (sans doute pas très lointain) on se retrouve au beau milieu du carambolage de notre vie, face à un conjoint trahi et en miettes (auquel on tient encore énormément, soit dit en passant), à essayer d'expliquer entre deux sanglots déchirants que jamais on n'a eu l'intention de blesser qui que ce soit, et *qu'on n'a rien vu venir*.

Et c'est vrai. On n'a rien vu venir. Mais on a mis la machine en branle, et on aurait pu l'arrêter en agissant plus vite. Au moment où on a commencé à partager avec ce nouveau ou cette nouvelle venu(e) des secrets qui auraient dû n'être révélés qu'à notre conjoint, il y avait, selon Shirley P. Glass, un chemin bien plus intelligent et honnête à emprunter. Glass nous aurait suggéré, en rentrant à la maison, de parler de tout ça avec notre mari ou notre épouse. Le scénario serait à peu près le suivant : « Je dois te parler de quelque chose qui m'inquiète. Je suis allée déjeuner deux fois cette semaine avec Mark et j'ai été frappée par le fait que notre conversation est rapidement devenue intime. Je me suis surprise à lui raconter des choses qu'en général je ne dis qu'à toi. Je retrouve les discussions que nous avions, toi et moi, au début de notre relation – et je les adorais –, mais je crains que nous ne les ayons perdues. Ce degré d'intimité avec toi me manque. Penses-tu qu'on pourrait faire quelque chose pour raviver la communication entre nous ? »

Il se peut, très honnêtement, que la réponse soit : « Non. »

Il se peut que rien ne soit possible pour renouer ce lien. J'ai une amie qui a eu, à quelques mots près, cette conversation avec son mari, et il lui a répondu : « Peu m'importe avec qui tu passes ton temps. » C'est un mariage, qui, sans grande surprise, s'est terminé peu après. (Et qui en avait besoin, voudrais-je ajouter.) Mais si notre conjoint est un tant soit peu réceptif au manque que notre aveu souligne, avec un peu de chance, il y réagira, peut-être même en répliquant que lui aussi il éprouve ce même manque.

Il est toujours possible que, l'un comme l'autre, on soit incapable de résoudre le problème, mais on sait qu'on aura fait un effort sincère pour protéger des effractions les murs et les fenêtres de notre couple. Savoir cela peut être réconfortant. Et, même si cela ne nous épargnera pas le divorce, cela nous évitera peut-être de tromper notre conjoint – ce qui est déjà une bonne chose, à plusieurs titres. Comme l'a fait observer une fois un de mes vieux amis avocat : « Aucun divorce dans l'histoire de l'humanité n'a été simplifié, plus généreux, plus rapide ou moins coûteux parce que l'un des conjoints était adultère. »

En tous les cas, les recherches de Shirley P. Glass sur l'infidélité m'ont remplie d'un espoir qui frisait l'euphorie. Ses idées sur l'infidélité conjugale ne sont pas spécialement complexes, mais, en ce qui me concerne, *jamais je n'avais appris ces choses-là*. Je ne suis même pas sûre d'avoir jamais compris que chacun contrôle plus ou moins ce qui se passe à l'intérieur et autour de sa relation de couple. J'ai honte de l'admettre, mais c'est vrai. J'ai autrefois cru que le désir était aussi ingérable qu'une tornade ; qu'il ne restait qu'à espérer qu'il n'avale pas notre maison et la fasse exploser dans les airs. Et ces couples qui étaient ensemble depuis des dizaines d'années, me direz-vous ? J'imaginais qu'ils avaient eu la chance folle de n'avoir jamais été frappés par la tornade ; il ne m'était jamais venu à l'idée qu'ils pouvaient, en fait, avoir construit des abris antitempête sous leur maison, où ils pouvaient se réfugier chaque fois que les vents se levaient.

Certes, le cœur humain peut être habité de désirs infinis, et, oui, le monde peut grouiller de créatures séduisantes et d'options alléchantes, mais il semble que chacun puisse faire des choix pertinents qui limitent le risque de succomber à l'engouement et le gèrent. Et si on s'inquiète de « problèmes » à venir dans notre couple, il est bon de comprendre que les problèmes ne tombent pas nécessairement du ciel. Souvent, nous les avons nous-même mis en culture, sans nous en rendre compte, dans des petites boîtes de Petri négligemment éparpillées dans toute la ville.

Cela semble-t-il si évident à tout le monde ? Pour moi, c'était tout sauf évident. Cette information aurait vraiment pu m'être utile, il y a plus de dix ans de ça, lorsque je me suis mariée pour la première fois. Parfois je suis épouvantée de réaliser que je me suis engagée dans la vie conjugale sans posséder cet ensemble de données, ou plutôt sans posséder au moins quelques-unes de ces données. Quand je repense aujourd'hui à mon premier mariage, je me souviens de ce que m'ont dit plusieurs de mes amies : le jour où elles ont ramené leur premier-né chez elles, racontent-elles, il y a ce moment où l'infirmière tend le bébé à la nouvelle mère, et où celle-ci se dit, épouvantée : « Oh, mon dieu, on me renvoie chez moi avec cette chose ? Mais je ne sais pas quoi faire ! » Bien entendu, les mères et leur bébé rentrent à la maison parce que la maternité est considérée comme instinctive et que la mère saura naturellement s'occuper de son enfant – parce que l'amour va le lui enseigner –, même si elle n'a aucune expérience ni entraînement pour mener à bien cette imposante tâche.

J'en suis venue à croire que, trop souvent, nous supposons que le mariage relève lui aussi de l'instinct. Nous croyons que, si deux personnes s'aiment, l'intimité se créera de façon intuitive et que leur couple fonctionnera pour toujours, alimenté par le pouvoir de l'affection. Parce que tout ce dont on a besoin, c'est de l'amour ! Du moins le croyais-je. Quand on est jeune, on ne s'encombre pas de stratégies, de conseils, d'outils, de perspectives. Voilà comment mon premier mari et moi avons foncé bille en tête dans le mariage, avec notre ignorance, notre immaturité et notre manque de préparation, simplement parce que nous avions envie de nous marier. Nous avons prononcé nos vœux sans posséder le moindre indice sur la façon dont il fallait procéder pour entretenir notre union et la faire prospérer.

Faut-il s'étonner de ce que, en rentrant à la maison, nous avons directement fait tomber ce bébé sur sa petite tête duveteuse ?

⚹

Une douzaine d'années plus tard, sur le point de me marier à nouveau, il me semblait donc bon de procéder à quelques préparatifs plus consciencieux. Cette longue période de fiançailles inopinée que nous offrait le département de la Sécurité intérieure avait un côté positif : Felipe et moi avions largement le temps de discuter des questions et des problèmes liés selon nous au mariage. Et donc nous en avons parlé. Nous en avons fait le tour. Isolés de nos familles, ensemble dans des coins perdus, parfois coincés dans des bus pour dix heures de trajet – nous n'avions que ça : du temps. Felipe et moi avons parlé, parlé et encore parlé, clarifiant chaque jour davantage quels seraient les termes de notre contrat de mariage.

La fidélité, naturellement, était primordiale. C'était la seule condition non négociable de notre mariage. Nous étions d'accord pour reconnaître qu'une fois la confiance entamée, la rapiécer est ardu, pénible, sinon impossible. (Comme l'a dit un jour mon père à propos de la pollution de l'eau, de son point de vue d'ingénieur en sciences de l'environnement : « Il est bien plus simple et bien meilleur marché d'éviter de contaminer la rivière que de la nettoyer une fois qu'elle a été polluée. »)

Le sujet potentiellement radioactif des corvées domestiques était également assez simple à aborder ; nous avions déjà vécu ensemble, et nous avions découvert que nous nous partagions ces tâches spon-

tanément et équitablement. Nous étions également
d'accord sur le chapitre des enfants (à savoir : merci,
mais non merci), et être d'accord sur ce sujet de taille
semblait effacer un volume entier de futur conflit
conjugal. Par chance, nous étions également compa-
tibles au lit, nous n'avions donc pas à prévoir de futurs
problèmes dans ce domaine, et je ne trouvais pas très
malin de se mettre à chercher des problèmes là où il
n'y en avait pas.

Cela ne laissait qu'un seul souci majeur susceptible de vraiment défaire un mariage : l'argent. Et il
y avait fort à dire sur ce sujet. Parce que si Felipe et
moi étions aisément d'accord sur ce qui est important dans la vie (la bonne bouffe) et ce qui n'est pas
important (le beau service en porcelaine dans lequel
servir cette bonne bouffe), nous avions des valeurs et
des convictions sérieusement divergentes concernant
l'argent. J'ai toujours été traditionaliste en matière
d'économies, prudente, prévoyante maniaque, fondamentalement incapable de contracter des dettes.
Je mets ça au crédit des leçons de parents parcimo-
nieux, qui traitaient chaque jour comme s'il était un
30 octobre 1929, et qui m'ont ouvert mon premier
compte épargne lorsque j'étais à l'école primaire.

Felipe, en revanche, a été élevé par un père qui, un
jour, a échangé une très jolie voiture contre une canne
à pêche. Là où l'épargne est la religion sponsorisée
par l'État dans ma famille, Felipe n'a pas autant de
vénération pour la frugalité. C'est un entrepreneur-né,
toujours prêt à prendre des risques, et il supporterait
bien mieux que moi de tout perdre et de recommencer à zéro. (Permettez-moi de tourner ça autrement :
je ne supporterais pas de tout perdre et de devoir
recommencer.) En outre, Felipe ne témoigne pas

autant de confiance innée que moi aux institutions
financières. Il impute cette méfiance, non sans raison, au fait d'avoir grandi dans un pays dont la monnaie connaissait des fluctuations violentes : enfant, il
a appris à compter en regardant sa mère recalculer
chaque jour ses réserves de cruzeiros en fonction de
l'inflation. L'argent liquide, par conséquent, signifie
très peu pour lui. Les comptes épargne, encore moins.
Et les relevés bancaires ne sont rien d'autre que des
zéros sur une page, qui peuvent disparaître dans la
nuit, pour des raisons qui échappent complètement
à notre contrôle. Par conséquent, m'a-t-il expliqué, il
préférait convertir sa richesse en pierres précieuses,
par exemple, ou en biens immobiliers, plutôt que la
laisser dans les banques. Et il m'a fait comprendre
sans ambiguïté que jamais il ne changerait d'avis à ce
propos.

Bon, très bien. Si c'est comme ça… Mais justement
parce c'est comme ça, j'ai tout de même demandé à
Felipe s'il serait d'accord pour me laisser gérer nos
dépenses courantes et notre compte commun. Étant
à peu près certaine que la compagnie d'électricité
n'accepterait pas de paiements mensuels en amé-
thystes, il nous faudrait ouvrir un compte joint, ne
serait-ce que pour payer les factures. Felipe ne s'est
pas opposé à cette idée, ce qui était réconfortant.

Ce qui était encore plus réconfortant, cependant,
c'est qu'il était disposé à profiter de nos mois de
voyage pour travailler, avec beaucoup d'attention
et de respect – à la faveur de ces nombreux et longs
trajets en bus – à l'élaboration des termes de notre
contrat de mariage. En fait, il y tenait, autant que moi.
Bien que cela puisse être difficile à comprendre ou à
envisager pour certains d'entre vous, je vous demande

de bien vouloir considérer notre situation. Je me suis faite toute seule, je travaille de façon indépendante, dans un domaine créatif, j'ai toujours gagné ma vie et, par le passé, j'ai souvent soutenu financièrement les hommes avec lesquels j'ai été (et je continue, hélas, à signer des chèques à mon ex-mari). Ce sujet me tenait donc très à cœur. Quant à Felipe, son divorce l'avait brisé et laissé sans un sou... cela lui tenait tout autant à cœur.

Je sais que, lorsque les médias parlent de contrats de mariage, c'est généralement parce qu'un vieux richard est sur le point d'épouser une énième jeunesse, plus belle et plus jeune encore que la précédente. Le sujet fleure toujours le sordide, avec son schéma sexe contre cash. Mais Felipe et moi n'étions pas des nababs ni des opportunistes, nous avions juste assez d'expérience pour savoir que les relations de couple ont parfois une fin ; et cela semblait délibérément puéril de prétendre qu'une telle chose ne pourrait jamais nous arriver. De toute façon, on aborde toujours les questions financières différemment quand on se marie à un certain âge. Nous apportions dans la corbeille de ce mariage des univers individuels préexistants – qui recelaient carrière, affaires, possessions, ses enfants, mes droits d'auteur, les pierres précieuses qu'il amassait prudemment depuis des années, les comptes épargne-retraite que j'alimentais depuis l'âge de vingt ans, quand je servais dans un *diner*... Toutes ces choses de valeur avaient besoin d'être considérées, pesées, discutées.

Et si, au cours des mois qui précèdent des noces, faire le brouillon d'un contrat de mariage peut sembler une occupation particulièrement peu romantique, je peux vous assurer que nous avons partagé

des moments extrêmement tendres durant ces conversations – surtout lorsque nous nous surprenions,
chacun notre tour, à défendre au mieux l'intérêt de
l'autre. Cela dit, il est arrivé aussi que ce processus
génère inconfort et tensions. Nos discussions sur
ce sujet se heurtaient à une durée limite, au-delà de
laquelle nous avions besoin de faire une pause, de parler d'autre chose, ou même de passer quelques heures
chacun de notre côté. Détail intéressant, deux ans plus
tard, lorsque Felipe et moi rédigions ensemble nos tes-
taments, nous avons rencontré exactement le même
problème – un épuisement du cœur qui ne cessait de
nous éloigner de la table. C'est une morne tâche, que
de planifier le pire. Et dans les deux cas, avec les tes-
taments comme avec le contrat de mariage, j'ai perdu
le décompte des fois où nous nous sommes exclamés :
« Que Dieu nous en garde ! »

Nous avons persévéré cependant, et abouti à un
contrat de mariage écrit en des termes qui nous ren-
daient heureux l'un et l'autre. « Heureux » n'est
peut-être pas le mot idoine lorsqu'on met en place
une stratégie de sortie de secours pour une histoire
d'amour qui commence à peine. Imaginer l'échec
de l'amour est une sinistre tâche, mais nous nous en
sommes acquittés. Et ce parce que le mariage n'est
pas simplement une histoire d'amour privée, mais
également un contrat social et économique des plus
stricts. Si ce n'était pas le cas, il n'existerait pas des
milliers de lois municipales, relatives à chaque État
ou fédérales concernant l'union matrimoniale. Nous
avons établi ce contrat parce que nous ne voulions pas
risquer un jour, dans une salle de tribunal inhospita-
lière, que de parfaits inconnus peu enclins aux sentiments en décident selon leurs propres termes. Mais,

surtout, nous avons persévéré, malgré le côté déplaisant de ces très étranges conversations financières, parce que Felipe et moi avons appris avec le temps que cette affirmation est vraie : *si vous pensez qu'il est difficile de parler d'argent quand vous êtes béatement amoureux, essayez donc d'en parler plus tard, lorsque vous êtes inconsolables, fou de rage, et que votre amour est mort.*

Dieu nous en garde !

❦

Était-ce délirant de ma part d'espérer que notre amour durerait toujours ?

Pouvais-je oser en rêver ? Durant nos mois de voyage, j'ai passé un temps fou à dresser des listes de tout ce qui pour Felipe et moi jouait en notre faveur, collectionnant nos mérites respectifs comme des cailloux porte-bonheur que j'entassais dans mes poches et caressais nerveusement, par besoin constant de me rassurer. Ma famille et mes amis n'adoraient-ils pas déjà Felipe ? N'était-ce pas une approbation significative, voire un porte-bonheur en soi ? La plus sage et la plus visionnaire de mes vieilles amies – la seule femme qui, des années plus tôt, m'avait déconseillé d'épouser mon premier mari – n'avait-elle pas reconnu en Felipe un partenaire fait pour moi ? Et mon grand-père, un homme de quatre-vingt-onze ans taillé à la serpe, ne l'avait-il pas, même lui, apprécié ? (Lorsqu'ils s'étaient rencontrés, grand-père Stanley avait passé tout le week-end à observer attentivement Felipe, avant de finalement délivrer son verdict : « Vous me plaisez, Felipe, avait-il déclaré. Vous semblez être un survivant. Et cela vaut mieux pour vous,

parce que cette fille en a déjà consumé quelques-
uns. »)

Je me cramponnais à ces adhésions non pas parce
que j'essayais de rassembler des garanties concernant
Felipe, mais parce que je tentais d'en rassembler à
mon sujet. Précisément pour les raisons énoncées si
franchement par grand-père Stanley, mon romantisme
ne rendait pas mon jugement très fiable. En matière de
partenaires, j'avais un passé haut en couleur, jalonné
de décisions regrettables. Aussi me reposais-je sur les
avis de mes proches afin de soutenir ma confiance
quant à ma décision actuelle.

Je me reposais également sur d'autres preuves
encourageantes. Je savais, grâce aux deux années
que nous avions déjà passées ensemble, que Felipe
et moi étions un de ces couples que les psychologues
taxent de « réticents au conflit ». Un raccourci pour
« personne ne va jeter des assiettes à la tête de l'autre
par-dessus la table de la cuisine ». En fait, Felipe et
moi nous disputons si rarement que cela m'a parfois
inquiétée. La sagesse traditionnelle a toujours enseigné que les couples *doivent* se disputer afin d'exprimer leurs griefs. Cela signifiait-il que nous réprimions
notre colère et nos ressentiments et que, un jour, tout
cela allait nous exploser à la figure dans une vague
brûlante de fureur et de violence ? Je n'en avais pas
l'impression. (Et évidemment que *ça n'arriverait pas* ;
n'est-ce pas la ruse insidieuse du refoulement ?)

Quand j'ai creusé le sujet, cependant, je me suis
un peu détendue. De nouvelles recherches montrent
que certains couples ont réussi à esquiver un grave
conflit pendant des décennies sans pâtir ensuite d'un
effet boomerang. De tels couples élèvent au rang d'art
quelque chose appelé « comportement mutuellement

accommodant » – ils se retranchent en eux-mêmes, le temps que l'orage passe. Ce système fonctionne seulement lorsque les deux personnes concernées ont des personnalités accommodantes. Inutile de dire que la relation conjugale n'est pas très saine si l'un des époux est docile et accommodant et l'autre un monstre dominateur ou une harpie impénitente. Mais une docilité mutuelle peut contribuer au succès d'un partenariat, si les deux personnes concernées le souhaitent. Les couples ayant une aversion pour le conflit préfèrent laisser leurs griefs se dissoudre, plutôt que de batailler sur chaque détail. D'un point de vue spirituel, l'idée me séduit. Bouddha a enseigné que la plupart des problèmes – à condition de leur laisser du temps et de l'espace – finiront par s'user d'eux-mêmes. J'ai cependant déjà vécu des relations où les problèmes ne se seraient jamais usés, même pas au cours de cinq vies consécutives. Ma seule certitude est que Felipe et moi semblons bien nous entendre. Ce que je ne saurais dire, c'est *pourquoi*.

La compatibilité humaine est une affaire tellement mystérieuse ! Et pas simplement la compatibilité *humaine* ! Le naturaliste William Jordan a écrit un charmant petit ouvrage intitulé *Le Divorce chez les mouettes*, dans lequel il explique que, même chez les mouettes – une espèce ornithologique réputée s'accoupler pour la vie –, il existe un « taux de divorce » de 25 %. C'est-à-dire qu'un quart des couples de mouettes échouent dans leur relation – au point qu'ils se séparent, au motif de différences irréconciliables. Personne ne peut comprendre pourquoi ces oiseaux en particulier ne s'entendent pas, mais une chose est claire : *ils ne s'entendent pas*. Ils se chamaillent et se disputent la nourriture. Ils se querellent pour savoir qui va construire le nid. Et qui va garder les œufs. Probablement se querellent-ils également pour des questions de navigation. Au final, ils échouent à engendrer des oisillons sains. (Qu'est-ce qui a pu un jour attirer ces oiseaux chicaneurs l'un vers l'autre, et pourquoi n'ont-ils pas écouté les avertissements de leurs amis, ça, c'est un mystère – mais je suppose que je ne suis pas bon juge en la matière.) Après une ou deux saisons de conflits, ces malheureux couples de mouettes déclarent donc forfait et partent à la recherche d'un autre conjoint. Et voilà la cerise sur le gâteau : souvent, leur second mariage est parfaitement heureux et, dans la plupart des cas, dure une vie.

Imaginez cela ! Même chez des oiseaux dont le cerveau a la taille d'une batterie d'appareil photo, il existe une chose aussi fondamentale, la compatibilité et l'incompatibilité, qui semble reposer, comme l'explique Jordan, sur « des fondations de différences psychobiologiques basiques » qu'aucun scientifique n'a encore été en mesure de définir. Ces oiseaux sont soit capables de supporter l'autre pendant de nombreuses années, soit ils n'en sont pas capables. C'est aussi simple que cela, et aussi complexe que cela.

La situation est la même pour les êtres humains. Certains d'entre nous, en couple, ont l'art de se rendre fous ; d'autres pas. Peut-être existe-t-il une limite en ce domaine ? Emerson écrivait qu'« on peut difficilement nous blâmer d'un mauvais mariage », alors peut-être ne devrait-on pas nous féliciter pour un mariage réussi ? Après tout, chaque histoire d'amour commence au même endroit – à cette intersection de l'affection et du désir, où deux inconnus se rencontrent et tombent amoureux. Alors comment quelqu'un peut-il, au début d'une histoire d'amour, deviner ce que les années à venir lui réservent ? Le hasard intervient pour une part. Oui, faire durer une relation de couple exige pas mal de travail, mais je connais des couples qui ont trimé pour sauver leur mariage et ont tout de même fini par divorcer, alors que d'autres – qui ne sont pas intrinsèquement mieux que leurs voisins – chantonnent gaiement et fonctionnent sans encombre durant des années, comme des fours autonettoyants.

Un jour, j'ai lu une interview d'un juge aux affaires familiales de New York qui rapportait que, dans les tristes jours qui ont suivi le 11 Septembre, un nombre surprenant de couples sur le point de divorcer ont ajourné leur procédure. Tous ont déclaré avoir été tellement ébranlés par la tragédie qu'ils avaient décidé de ranimer la flamme de leur mariage. Ce qui fait sens. Une calamité de cette envergure met en perspective ces disputes mesquines pour savoir qui va vider le lave-vaisselle, et peut inspirer une envie, toute naturelle et compatissante, d'enterrer de vieux griefs, peut-être même de créer les conditions d'une nouvelle vie. C'était un désir noble. Mais comme l'a souligné le juge, six mois plus tard, absolument tous ces couples étaient de retour au tribunal, pour réengager leur procédure de divorce. On a beau avoir de nobles désirs, si on ne peut plus tolérer de vivre avec quelqu'un, même un attentat est impuissant à sauver notre mariage.

En ce qui concerne la compatibilité, je me demande souvent si la différence d'âge de dix-sept ans entre Felipe et moi ne joue pas en notre faveur. Felipe prétend, avec insistance, qu'il est, aujourd'hui, un bien meilleur partenaire qu'il n'aurait pu l'être vingt ans plus tôt et, à n'en pas douter, j'apprécie sa maturité (et j'en ai besoin). Il se peut aussi que cette différence d'âge, qui est un rappel permanent de la mortalité de notre couple, nous incite à redoubler de prudence l'un envers l'autre. Felipe est déjà dans la cinquantaine ; je ne l'aurai pas toujours là et je ne veux pas gâcher les années que je vais pouvoir passer à ses côtés empêtrée dans les conflits.

Je me souviens de mon grand-père, le jour où il a enterré les cendres de ma grand-mère dans la ferme familiale, il y a vingt-cinq ans. C'était en novembre, au nord de l'État de New York, par une froide soirée d'hiver. Nous, ses enfants et petits-enfants, avons traversé à sa suite les prairies familières, dans les ombres violettes du soir, jusqu'à cette plage sablonneuse, près du coude de la rivière, où il avait décidé d'inhumer son épouse. Il tenait une lanterne à la main et une pelle sur son épaule. Dans le sol enneigé, il était pénible de creuser un trou – même pour une boîte aussi petite que cette urne, même pour un homme aussi robuste que grand-père Stanley. Il a suspendu la lanterne à la branche nue d'un arbre, et a creusé sans interruption – et ensuite, tout était terminé. Ainsi vont les choses. On a quelqu'un à nos côtés pendant un petit moment, et ensuite cette personne s'en va.

C'est ce qui attend tous les couples qui restent unis dans l'amour : un jour (si nous avons eu assez de chance pour passer notre vie ensemble), l'un de nous portera la pelle et la lanterne pour l'autre. Chacun de nous partage sa maison avec le Temps, dont le tic-tac nous accompagne et nous rappelle notre ultime destination, tandis que s'écoule la vie quotidienne. Simplement, pour quelques-uns, le Temps qui s'écoule fait entendre un tic-tac particulièrement insistant.

Pourquoi est-ce que je parle de tout ça maintenant ?

Parce que je l'aime. Suis-je vraiment arrivée jusque-là dans ce livre sans l'avoir dit si clairement ? J'aime cet homme. Je l'aime pour des raisons innombrables et ridicules. J'aime ses pieds carrés et trapus qui m'évoquent ceux de Bilbo le Hobbit. J'aime qu'il chante toujours *La Vie en rose* en préparant le dîner. (Inutile de dire que j'aime qu'il prépare le dîner.) J'aime qu'il parle un anglais presque parfait mais que, après toutes ces années à parler cette langue, il se débrouille encore de temps à autre pour inventer de merveilleux barbarismes. J'aime le fait qu'il n'ait jamais tout à fait risé certaines expressions – j'adore, par exemple, qu'il dise « Ne compte pas tes œufs tant qu'ils sont encore dans le cul de la poule », encore que je sois également très fan de « Il ne faut pas vendre l'ours avant d'avoir sa peau ». J'aime qu'il soit incapable – quand bien même sa vie en dépendrait – de retenir le nom des célébrités américaines. (George Cruise et Tom Pitt en sont deux exemples de premier choix.)

Je l'aime et, par conséquent, je veux le protéger – y compris de moi, si cela a un sens. Je ne voulais brûler aucune des étapes de la préparation du mariage, ni rien laisser d'irrésolu qui puisse émerger plus tard et nous blesser – *le* blesser. Inquiète – même après toutes ces discussions, ces recherches et ces disputes – de ne pas avoir abordé un problème matrimonial important, je me suis débrouillée pour mettre la main sur une récente étude de l'université de Rutgers, intitulée « Seuls ensemble : les mutations du mariage dans l'Amérique d'aujourd'hui », et sa lecture a bien failli me rendre folle. Ce gros volume détaille les résultats d'une enquête menée sur le mariage en Amérique pendant vingt ans – il s'agit de l'étude la plus exhaustive jamais réalisée –, et je m'y suis plongée comme s'il s'agissait du Yi-ching. J'ai cherché du réconfort dans les statistiques, je me suis fait du mauvais sang en étudiant les graphiques de la « résistance conjugale », j'ai cherché à découvrir des visages de Felipe et de moi dans des colonnes d'écarts comparables.

À ce que j'ai pu comprendre de ce rapport (et je suis certaine de n'avoir pas tout compris), les chercheurs auraient découvert des tendances dans la « prédisposition au divorce », assises sur un faisceau de facteurs démographiques concrets. Certains couples ont tout simplement plus de risques d'échouer, et ce dans des proportions plus ou moins prévisibles. Certains de ces facteurs me semblaient familiers. Nous savons tous que des enfants de parents divorcés ont plus de chances de divorcer eux-mêmes un jour – comme si le divorce engendrait le divorce – et les exemples de ce phénomène se répandent d'une génération à l'autre.

D'autres étaient moins familiers, et rassurants. J'avais toujours entendu dire, par exemple, que les personnes ayant divorcé une fois avaient, statistiquement, plus de chances d'échouer dans leur second mariage, mais non – pas nécessairement. De façon encourageante, cette étude démontre que de nombreux seconds mariages durent une vie entière. (Comme les mouettes, certaines personnes font un mauvais choix la première fois, mais se débrouillent bien mieux avec le partenaire suivant.) Le problème se présente en revanche lorsque quelqu'un traîne d'un mariage à l'autre des comportements destructeurs non résolus – l'alcoolisme, la passion du jeu, la maladie mentale, la violence ou une forte propension à l'infidélité. Avec de tels bagages, peu importe finalement qui on épouse en secondes noces parce que, inévitablement, compte tenu de nos pathologies, on sabote la relation.

Il y a aussi cette histoire du fameux taux de 50 % de divorces en Amérique. Tout le monde connaît cette statistique, on nous l'agite constamment sous le nez, et Dieu sait qu'elle est sinistre. Comme l'a écrit l'anthropologue Lionel Tiger d'une plume incisive : « Il est surprenant que, au vu d'un tel chiffre, le mariage demeure permis par la loi. Si près de la moitié de n'importe quoi d'autre résultait en un désastre similaire, il y a tout à parier que le gouvernement l'interdirait immédiatement. Si la moitié des tacos servis dans les restaurants provoquaient des dysenteries, si la moitié des gens qui apprennent le karaté se brisait les mains, si ne serait-ce que 6 % des amateurs de montagnes russes s'abîmaient l'oreille moyenne, l'opinion réclamerait qu'on prenne des mesures. Et pourtant le plus intime des désastres… continue de se produire encore et encore. »

Mais ce chiffre de 50 % est bien plus compliqué qu'il n'y paraît, lorsqu'on en étudie les données démographiques. L'âge du couple au moment du mariage semble être le facteur le plus signifiant. Plus on se marie jeune, plus on est susceptible de divorcer. En fait, c'est *sidérant* de constater à quel point. Par exemple, le risque est deux à trois fois plus élevé si on se marie dans les dernières années de l'adolescence ou dans les premières années de sa vie d'adulte que si on attend la trentaine ou la quarantaine.

Et ce pour des raisons d'une évidence si aveuglante que j'hésite à les énumérer par crainte d'insulter mon lecteur, mais les voici : quand on est très jeune, on a tendance à être plus irresponsable, moins conscient de soi, plus insouciant et moins stable économiquement. C'est pour ces raisons que le taux de divorce n'atteint pas 50 %, mais près de 75 % chez les jeunes mariés de dix-huit ans. Cela fausse complètement la courbe pour tous les autres. Vingt-cinq ans semble être le point limite. Les couples qui se marient avant cet âge-là sont nettement plus exposés au divorce que des couples qui attendent vingt-six ans. Et plus les futurs conjoints avancent en âge, plus les statistiques deviennent rassurantes. Abstenez-vous de vous marier avant la cinquantaine et vos chances de finir devant un juge aux affaires familiales deviennent presque invisibles statistiquement. J'ai trouvé ça encourageant puisque – si on fait une moyenne de l'âge de Felipe et du mien, nous atteignons quarante-six ans. Question indices statistiques concernant l'âge, on assure drôlement.

Mais l'âge, naturellement, n'est pas la seule considération. D'après l'étude de Rutgers, il existe d'autres facteurs de résistance conjugale :

1. **L'éducation.** Plus notre niveau d'études est élevé, meilleur sera notre mariage, si l'on en croit les statistiques. Plus une *femme*, en particulier, possède un niveau d'études élevé, plus son mariage sera heureux. Les femmes diplômées et actives qui se sont mariées relativement tard dans leur vie sont les meilleures candidates à la longévité conjugale. C'est là une bonne nouvelle, qui nous vaut assurément quelques points supplémentaires à Felipe et à moi.

2. **Les enfants.** Les statistiques montrent que les couples ayant de jeunes enfants signalent « plus de désenchantement » dans leur mariage que les

couples dont les enfants sont déjà grands, ou les couples qui n'ont pas d'enfants. Les exigences qu'un nouveau-né fait peser sur une relation de couple sont considérables, pour des raisons que je n'ai certainement pas à détailler. J'ignore ce que cela signifie pour l'avenir du monde en général, mais, pour Felipe et moi, c'est là encore une bonne nouvelle. N'étant plus dans notre prime jeunesse, ayant des diplômes mais pas de bébé, Felipe et moi avons pas mal de chances de réussir notre vie de couple, à en croire les bookmakers de Rutgers.

3. **La cohabitation.** Ah, voilà où le vent commence à tourner pour nous ! Il apparaît que les couples qui ont cohabité avant le mariage ont un taux de divorce légèrement plus élevé que ceux qui ont attendu le mariage pour vivre ensemble. Les sociologues n'expliquent pas vraiment ce phénomène, et parient, à l'aveuglette, sur le fait qu'une cohabitation prénuptiale serait indicatrice d'une plus grande décontraction face à un engagement sincère. Quelle que soit la raison : Felipe et moi ratons ici notre première frappe.

4. **L'hétérogamie.** Ce facteur-là me déprime, mais voilà ce qu'il en est : moins de similitudes existent entre les partenaires (en termes de race, âge, religion, ethnie, milieu culturel, carrière), plus le risque de divorcer un jour augmente. Les opposés s'attirent, mais ne résistent pas toujours à l'épreuve du temps. Les sociologues pensent que cette tendance perdra du terrain au fur et à mesure que les préjugés sociaux s'amenuiseront, mais pour l'instant,

deuxième échec de la deuxième frappe pour Liz et son bien-aimé homme d'affaires sud-américain, catholique et bien plus âgé qu'elle.

5. **L'intégration sociale.** Plus un couple est intégré dans une communauté amicale et familiale, plus le mariage sera solide. Le fait que les Américains, aujourd'hui, ont tendance à ne pas connaître leurs voisins, à ne pas appartenir à des clubs et à vivre loin de leur famille a un effet déstabilisant sur le mariage, à tous niveaux. Troisième frappe loupée pour Felipe et Liz qui – à l'époque où Liz lisait cette étude – vivaient seuls et coupés de tous dans une chambre d'hôtel miteuse au nord du Laos.

6. **La religiosité.** Plus un couple est religieux, plus le mariage a des chances de tenir, encore que la foi n'offre qu'un léger avantage. Les chrétiens évangéliques d'Amérique présentent un taux de divorce inférieur de 2 % seulement à celui de leurs voisins moins pieux – peut-être parce que les couples de la *Bible Belt*[1] se marient trop jeunes ? Quoi qu'il en soit, je ne sais pas trop où cela nous amène, mon promis et moi. Si on mélange mes opinions et celles de Felipe sur le divin, on obtiendra une philosophie qu'on pourrait taxer de « vaguement spirituelle ». (Comme Felipe l'explique : « L'un de nous est spirituel ; l'autre, simplement vague. ») L'étude de Rutgers ne propose aucune donnée précise concernant la résistance des couples « vague-

---

1. Littéralement, « la ceinture biblique ». Dénomination populaire de la quinzaine d'États du Sud-Est où prévaut un fondamentalisme chrétien. *(N.d.T.)*

ment spirituels ». Nous allons devoir essuyer les plâtres.

7. **La parité.** En voilà une juteuse. Les mariages qui assignent une place traditionnelle et restrictive à la femme dans la maison tendent à être moins solides et moins heureux que ceux où l'homme et la femme sont sur un pied d'égalité, et où le mari participe à des corvées domestiques ingrates et plus traditionnellement féminines. Tout ce que je peux dire à ce sujet, c'est que j'ai entendu une fois Felipe dire à un invité qu'il avait toujours été convaincu que la place d'une femme était dans la cuisine… à siroter confortablement un verre de vin, les doigts de pied en éventail, en regardant son mari préparer le dîner. Puis-je bénéficier d'un bonus de quelques points, ici ?

Je pourrais continuer, mais toutes ces données risqueraient de me rendre dingue. Ma cousine Mary, qui est statisticienne à l'université de Stanford, m'a prévenue de ne pas accorder trop d'importance à ce genre d'étude. Apparemment, elles ne sont pas conçues pour être lues comme on chercherait à lire l'avenir dans les feuilles de thé. Mary m'a conseillé, avec insistance, de prendre avec des pincettes toute recherche qui quantifie des concepts tels que le « bonheur », puisque, scientifiquement, le bonheur n'est pas quantifiable. En outre, ce n'est pas parce qu'une étude statistique démontre un lien entre deux idées (éducation supérieure et résistance conjugale, par exemple) que l'un découle *nécessairement* de l'autre. Comme Mary me l'a fait remarquer, des études ont également prouvé que les taux de noyade en Amérique sont plus élevés dans les lieux où les ventes de crèmes glacées sont fortes. Cela ne signifie pas, évidemment, qu'acheter des crèmes glacées provoque des noyades, mais – plus vraisemblablement – que les glaces ont tendance à bien se vendre à la plage, et qu'en bord de mer les gens ont tendance à se noyer, parce qu'il y a tendance à avoir de l'eau. Lier deux notions sans rapport telles que glaces et noyades est un parfait exemple de faux raisonnement logique, et ce brouillage des pistes va en général bon train dans les études statistiques. Voilà sans doute pourquoi un soir, au Laos, tandis que je lisais l'étude de Rutgers en essayant de modéliser le couple le moins susceptible de divorcer en Amérique, j'ai accouché d'un duo digne de Frankenstein.

Premièrement, trouvez deux personnes qui ont en commun la race, l'âge, la religion, le milieu culturel et le niveau intellectuel, et dont les parents n'ont jamais divorcé. Faites en sorte que ces deux personnes attendent de fêter leurs quarante-cinq ans avant de se marier – sans les laisser cohabiter auparavant, bien sûr. Assurez-vous que tous deux sont de fervents croyants et qu'ils adhèrent sans réserve aux valeurs familiales, mais interdisez-leur d'avoir eux-mêmes des enfants. (Le mari doit également être acquis à la cause féministe.) Faites-les vivre dans la même ville que leurs familles, et veillez à ce qu'ils consacrent pas mal de temps à jouer au bowling ou aux cartes avec leurs voisins – et ce, naturellement, durant les moments de loisir que leur laissent les formidables carrières qu'ils ont bâties grâce à leur épatante éducation supérieure.

Qui *sont* ces gens ?

Où voulais-je en venir, de toute façon, dans la chaleur étouffante de cette chambre d'hôtel laotienne, en épluchant des statistiques pour essayer de concocter le mariage américain idéal ? Mon obsession commençait à me rappeler une scène dont j'avais été témoin par une belle journée d'été à Cape Cod, alors que je me baladais avec mon amie Becky. Une jeune mère promenait son fils sur une bicyclette. Non seulement le pauvre môme était harnaché de protections de la tête aux pieds — casque, genouillères, bracelets de poignet, roulettes, drapeau de signalisation orange et gilet réflecteur — mais, en plus, la mère tenait le vélo du gamin au bout d'une laisse et galopait derrière lui, veillant à ce qu'il ne soit jamais hors de portée, pas même un seul instant.

Mon amie Becky a regardé cette scène et a soupiré : « J'ai une mauvaise nouvelle pour cette dame, a-t-elle dit. Un jour, ce môme se fera piquer par une tique. »

L'imprévu qui survient sur notre route est toujours celui auquel on n'est pas préparé.

En d'autres termes, mieux vaut ne pas vendre l'ours avant d'avoir sa peau.

Mais ne pouvons-nous pas, tout de même, essayer de *minimiser* les dangers ? Existe-t-il une façon saine de procéder, sans développer de névroses ? Ne sachant trop comment sauter ce pas, j'ai continué à progresser maladroitement dans mes préparatifs nuptiaux, essayant de penser à tout, de prévoir l'ensemble des possibilités imaginables. Et en dernier lieu, dans un élan enragé d'honnêteté, je voulais m'assurer d'un point, primordial : Felipe savait-il bien ce qui l'attendait, et où il mettait les pieds, avec moi ? À aucun prix, je ne voulais rouler cet homme, le séduire par une image fallacieuse et idéalisée. La Séduction est la servante à temps plein du Désir : elle ne fait rien d'autre qu'*induire en erreur* – c'est là le descriptif de son job –, et je ne voulais pas que, pendant notre période d'essai hors les murs, elle déguise notre relation avec un costume de scène. J'étais même tellement inflexible à ce sujet qu'un jour, au Laos, j'ai obligé Felipe à s'asseoir sur la rive du Mékong : je lui ai dressé la liste de mes défauts pour être certaine qu'il avait été prévenu (appelons ça une « décharge de responsabilité prénuptiale »). Et voici à quel palmarès de mes pires défauts j'ai abouti – après l'avoir méticuleusement réduit aux cinq principaux :

1. Je tiens ma propre opinion en très haute estime. Je crois en général savoir mieux que quiconque comment chacun dans le monde devrait vivre sa vie – et Felipe, plus que tout autre, sera victime de ce travers.

2. J'ai besoin d'une quantité d'attention et de dévotion qui aurait fait rougir d'embarras Marie-Antoinette.

3. J'ai bien plus d'enthousiasme dans la vie que je n'ai d'énergie. Tout à mon excitation, j'absorbe plus que je ne peux gérer, physiquement ou émotionnellement, ce qui me conduit, de façon assez prévisible, à tomber d'épuisement avec force démonstrations dramatiques. Ce sera à Felipe qu'il incombera de ramasser les morceaux chaque fois que j'aurai présumé de mes forces. Ce sera incroyablement fastidieux. Je m'en excuse par avance.

4. Je suis orgueilleuse, je juge tout et tous à part moi, mais je me défile en cas d'affrontement. Parfois,

ces trois choses s'associent et me transforment en
menteuse éhontée.

5. Et mon défaut le plus déshonorant de tous : bien
   qu'il me faille un long moment pour en arriver là,
   dès l'instant que j'ai décidé qu'une personne est
   impardonnable, elle risque fort de ne jamais obtenir mon pardon – et d'être, bien trop souvent, répu-
   diée sans sommation, sans explication, sans avoir
   eu droit à une seconde chance.

Cette liste n'a rien d'attractif. Sa lecture m'a coûté,
et jamais jusque-là, c'est certain, je n'avais décrypté
mes défauts aussi honnêtement pour les exposer à
quelqu'un. Mais Felipe a encaissé cet inventaire de
pitoyables vices sans manifester d'inquiétude. En fait,
il a souri, et a dit : « Y a-t-il maintenant quelque chose
que tu voudrais me dire à ton sujet que je ne sache
pas déjà ?
— Est-ce que tu m'aimes encore ? ai-je demandé.
— Oui, toujours.
— *Comment ?* »
Parce que c'est là la question essentielle, n'est-
ce pas ? Une fois la folie initiale du désir assagie,
lorsqu'on se retrouve l'un en face de l'autre comme
deux pauvres mortels, où trouver la capacité d'aimer
et de pardonner à l'autre, surtout durablement ?
Felipe a mis du temps à répondre. « Quand je reve-
nais au Brésil acheter des pierres, m'a-t-il expliqué,
j'achetais souvent ce qu'on appelle un "paquet".
Un paquet, c'est un lot de pierres que le mineur, le
grossiste ou le type, quel qu'il soit, qui t'arnaque, a
constitué. Un paquet contient en général, je ne sais
pas, peut-être vingt ou trente aigues-marines. Tu fais

paraît-il une meilleure affaire comme ça – en les ache-
tant ensemble –, mais tu dois être attentif parce que,
évidemment, le type essaie de te rouler. Il tente de te
refourguer ses mauvaises pierres en te les vendant
avec quelques-unes qui ont vraiment de la valeur.

« Donc, quand j'ai commencé dans la joaillerie, a
poursuivi Felipe, j'ai souvent eu des problèmes parce
que je m'étais trop emballé pour une ou deux aigues-
marines superbes qui se trouvaient dans le paquet,
sans faire attention à toutes celles qui n'avaient
aucune valeur. Au bout d'un moment, je me suis enfin
assagi et j'ai appris ceci : tu dois ignorer les pierres
parfaites. Tu ne dois même pas les regarder à deux
fois, parce qu'elles t'aveuglent. Tu dois les écarter et
examiner très attentivement les vilaines pierres. Puis
te demander, honnêtement : "Est-ce que je peux travailler avec ça ? Est-ce que je peux en tirer quelque
chose ?" Sinon, tu as juste dépensé un fric fou pour
une superbe aigue-marine noyée dans un tas de trucs
qui ne valent pas un clou.

« Selon moi, c'est la même chose pour les relations amoureuses. On tombe toujours amoureux des
aspects les plus parfaits de la personnalité de l'autre.
C'est normal, non ? N'importe qui peut aimer ce qu'il
y a de plus merveilleux chez l'autre. Mais ce n'est pas
malin. Le truc vraiment malin, c'est de se poser cette
question : acceptes-tu ses défauts ? Tu dois considérer
honnêtement les défauts de ton partenaire et te dire :
"Est-ce que je peux tirer quelque chose de ça ?" Parce
que les qualités seront toujours là, toujours aussi
séduisantes et brillantes, mais ce sont les défauts qui
peuvent tout foutre en l'air.

— Es-tu en train de dire que tu es assez intelligent
pour tirer quelque chose de ce qu'il y a de nul en moi ?

— Ce que j'essaie de dire, ma chérie, c'est que ça fait déjà un long moment que je t'observe attentivement, et je crois que je peux tirer quelque chose du paquet tout entier.

— Merci, ai-je répondu, du fond du cœur, et avec tous mes défauts.

— Et toi, voudrais-tu découvrir mes pires défauts ? » a demandé Felipe.

Je dois reconnaître que j'ai pensé, à part moi, *je les connais déjà, tes pires défauts, cher monsieur*. Mais, avant que j'aie pu dire un mot, Felipe s'est lancé dans son propre inventaire, sans prendre de gants, comme seul un homme qui n'ignore rien de lui-même peut vraiment le faire.

« J'ai toujours été doué pour faire de l'argent, a-t-il dit, mais je n'ai jamais appris comment en économiser. Je bois trop de vin. Je suis excessivement protecteur à l'égard de mes enfants, et je le serai probablement autant avec toi. Je suis paranoïaque – c'est ma nature brésilienne qui m'a fait ainsi –, donc, quand je ne comprends pas ce qui se passe autour de moi, j'imagine toujours le pire. J'ai perdu des amis à cause de ça, et je le regrette, mais je n'y peux rien, je suis comme ça. Je peux être asocial, caractériel et sur la défensive. Je suis un homme d'habitudes, ce qui veut dire que je suis rasoir. J'ai très peu de patience avec les imbéciles. » Il a souri et a essayé d'alléger l'atmosphère. « Et puis aussi, je ne peux pas te regarder sans avoir envie de te sauter dessus.

— Ça, je peux m'en débrouiller », ai-je répondu.

Il n'existe guère plus beau cadeau que d'accepter quelqu'un dans son entier, de l'aimer presque en dépit de lui-même. Dresser la liste de nos défauts si franchement n'avait rien d'une astuce mièvre, mais il s'agissait d'un effort sincère pour révéler les parts d'ombre de nos caractères. Ce ne sont pas des motifs de rigolade, ces défauts. Ils peuvent blesser. Ils peuvent détruire. Mon narcissisme, si je n'y prends pas garde, recèle tout autant de potentiel pour saboter un couple que la témérité financière de Felipe, ou sa précipitation à imaginer le pire dans des moments d'incertitude. Si nous en avons conscience, nous trimons pour contrôler les facettes de notre personnalité qui présentent le plus de risques, mais elles ne disparaissent pas pour autant. Autre point qu'il est bon de souligner : si Felipe a des défauts qu'il ne peut pas réformer, il serait bien peu judicieux de ma part de croire que je le pourrai à sa place. Et le contraire est vrai, naturellement. Quelques-uns de ces défauts auxquels nous ne pouvons remédier ne sont pas beaux à voir. Aussi, lorsque quelqu'un vous voit tel(le) que vous êtes, et vous aime malgré tout, c'est un cadeau presque miraculeux.

Avec tout le respect que je dois à Bouddha et aux premiers chrétiens célibataires, je me demande parfois si ces enseignements qui prônent le détachement et l'importance spirituelle de la solitude ne nous priveraient pas de quelque chose de vital. Renoncer à l'intimité, ne serait-ce pas se priver de recevoir ce cadeau très terre à terre, domestiqué et qui laisse parfois de la crasse sous les ongles qu'est l'indulgence manifestée jour après jour, année après année ? « Tous les êtres humains ont des défauts », écrivait Eleanor Roosevelt – et ayant connu un mariage fort compliqué, parfois malheureux mais au final épique, elle savait de quoi elle parlait. « Tous les êtres humains éprouvent des besoins, des tentations, des tensions. Les hommes et les femmes qui partagent leur vie depuis de longues

années ont appris à connaître leurs défauts réci-
proques ; mais ils ont également appris à connaître
ce qui mérite respect et admiration tant chez l'autre
qu'en eux-mêmes. »

Créer, dans notre conscience, un lieu assez spacieux
pour y accueillir les contradictions de quelqu'un
d'autre (et même ses bêtises) est peut-être une
forme d'acte divin. Peut-être la transcendance ne se
rencontre-t-elle pas uniquement au sommet d'une
montagne ou dans un monastère, mais également à la
table de notre cuisine, et dans l'acceptation, chaque
jour, des défauts les plus épuisants et les plus irritants
de notre partenaire ?

Je ne suis pas en train de suggérer que tout le monde
devrait apprendre à « tolérer » les mauvais traitements,
la négligence, l'irrespect, l'alcoolisme, l'infidélité chronique ou le mépris, et je ne pense certainement pas
que les couples dont le mariage n'est plus qu'une
tombe pestilentielle de chagrins devraient simplement
se secouer et faire avec. « Je ne savais pas combien de
couches de peinture je pouvais encore passer sur mon
cœur », m'a confié une amie, en larmes, après avoir
quitté son mari. Qui, ayant un brin de conscience, lui
reprocherait d'avoir plaqué son malheur ? Certains
mariages pourrissent tout simplement avec le temps,
et, parfois, certains doivent finir. Vouloir mettre un
terme à un mariage dégradé n'est donc pas une faillite
morale, et parfois, cela peut être le contraire d'une
démission : le commencement de l'espoir.

Quand je parle de « tolérance », je n'entends donc
pas par là qu'il faut apprendre à encaisser de pures
horreurs. Mais à adapter notre vie aussi bien que possible pour un être humain globalement bon qui peut,
de temps à autre, devenir une véritable épine dans le

pied. À cet égard, la cuisine conjugale peut se transformer en une sorte de petit temple où nous sommes appelés, chaque jour, à pardonner comme nous aimerions nous-mêmes être pardonnés. C'est peut-être terre à terre, oui. On est loin, c'est certain, du panache des extases divines. Mais de tels minuscules actes de tolérance domestique n'en sont-ils pas moins, dans leur discrétion, miraculeux, et tout aussi incommensurables ?

Sans même parler de nos défauts respectifs, il y a quelques différences simples entre Felipe et moi que nous devrons apprendre à accepter. Il ne m'accompagnera jamais – je peux vous le promettre – à un cours de yoga, quels que soient mes efforts pour le convaincre que ça lui plairait. (Ça ne lui plairait d'ailleurs absolument pas.) Nous ne partirons jamais méditer ensemble, pour un week-end de retraite spirituelle. Je ne le convaincrai jamais de réduire sa consommation de viande rouge, ni de faire un de ces jeûnes de purification à la mode, même juste pour rire. Je ne l'amènerai jamais à adoucir son tempérament ardent, et parfois épuisant. Il ne se passionnera jamais pour des hobbies auxquels nous pourrions nous consacrer ensemble, j'en suis certaine. Nous n'irons pas faire le marché bio main dans la main, ni ne partirons en randonnée pour herboriser. Et s'il m'écoutera de bonne grâce le bassiner avec mon admiration pour Henry James, jamais il ne lira ses œuvres complètes – donc ce plaisir qui m'est cher est voué à demeurer personnel.

Felipe a lui aussi des plaisirs que je ne partagerai jamais. Nous avons grandi à des périodes et dans deux hémisphères différents ; parfois, ses références culturelles et ses plaisanteries me passent au-dessus de la tête – et à une altitude assez élevée, devrais-je ajouter.

Nous n'élèverons jamais d'enfants ensemble, Felipe
ne pourra donc pas passer des heures à évoquer avec
moi l'enfance de Zo et d'Erica, comme il aurait pu le
faire s'il était resté marié à leur mère pendant trente
ans. Quand Felipe savoure un bon vin, il est proche
de l'extase, moi en revanche, je ne connais rien au bon
vin. Il adore parler français ; je ne comprends pas le
français. Il préférerait paresser au lit avec moi toute la
matinée, mais, aux premières lueurs de l'aube, si je ne
suis pas réveillée et déjà occupée à une tâche produc-
tive, en bonne Yankee, je commence à être prise de
convulsions. En outre, Felipe n'aura jamais avec moi
une vie aussi tranquille qu'il pourrait le souhaiter. Il
est solitaire ; je ne le suis pas. Tel un chien, j'ai besoin
d'une meute ; comme un chat, il préfère une maison
plus calme. Aussi longtemps qu'il sera marié avec moi,
sa maison ne sera jamais calme.

Puis-je me permettre d'ajouter que ce n'est là qu'un
bref aperçu d'une longue liste ?

Certaines de ces différences sont lourdes de conséquences, d'autres le sont moins, mais toutes sont inal-
térables. Il me semble finalement que l'indulgence
est peut-être, en amour, le seul antidote réaliste pour
combattre les inéluctables déceptions de l'intimité.
Nous autres humains sommes arrivés en ce monde –
comme Aristophane l'a si merveilleusement expliqué – avec l'impression d'avoir été coupés en deux,
et animés du profond désir de trouver celui ou celle
qui nous reconnaîtra et nous réparera. Le désir, c'est
l'ombilic tranché qui nous suit partout, qui continue à
saigner, et à aspirer à une union parfaite. L'indulgence
est l'infirmière consciente que ces fusions exemplaires
sont impossibles, mais consciente aussi qu'on peut
tout de même vieillir ensemble, si on a la courtoisie,

la bonté et la prudence de ne pas répandre trop de sang.

Il y a des moments où je *vois* presque l'espace qui sépare Felipe de moi – et qui nous séparera toujours – en dépit de mon puissant désir de trouver la complétude grâce à l'amour, en dépit de tous mes efforts, au cours des années, pour trouver le compagnon qui serait parfait pour moi et qui, en retour, me permettrait de devenir une sorte d'être parfait. Nos dissemblances et nos défauts flottent pourtant toujours entre nous, telle une vague aux contours mouvants qui se brise et revient constamment. Mais parfois, du coin de l'œil, j'aperçois un éclat de l'Intimité elle-même, posé en équilibre précaire sur cette vague de différences – qui se dresse entre nous et qui pourtant (que le ciel nous vienne en aide) peut aussi nous rapprocher.

CHAPITRE CINQ

Le mariage et les femmes

❧ ✳ ❧

Aujourd'hui, le problème qui n'a pas de nom
est de jongler entre le travail, l'amour, le foyer et les enfants.
Betty Friedan, *The Second Stage*

Au cours de notre dernière semaine à Luang Prabang, nous avons rencontré un jeune homme, Keo.

Keo est un ami de Khamsy, qui tient le petit hôtel au bord du Mékong où Felipe et moi résidions depuis quelque temps déjà. Après avoir exploré Luang Prabang à pied et à bicyclette, m'être épuisée à espionner les moines, j'ai fini par connaître comme ma poche chaque rue et chaque temple de cette petite ville, et j'ai demandé à Khamsy s'il n'aurait pas, par hasard, un ami anglophone et en possession d'une voiture, qui pourrait nous emmener en excursion dans les montagnes qui encerclent la ville.

Khamsy nous a donc généreusement présenté Keo, venu avec l'automobile de son oncle – et nous voilà partis.

Keo est un jeune homme de vingt et un ans qui s'intéresse à des tas de choses dans la vie. J'en suis sûre parce qu'il me l'a annoncé d'emblée : « Je suis un jeune homme de vingt et un ans qui s'intéresse à des tas de choses dans la vie. » Keo m'a également expliqué qu'il est né très pauvre – le dernier de sept enfants d'une famille pauvre du pays le plus pauvre de l'Asie du Sud-Est –, mais qu'il avait toujours été le premier à l'école grâce à son impressionnante mémoire. Chaque année, un seul élève était élu « Meilleur élève en anglais » et ce « Meilleur élève en anglais » était invariablement Keo. Les professeurs, en classe, aimaient bien interroger Keo : parce qu'il connaissait toujours la bonne réponse. Keo m'a assuré qu'il était très calé en cuisine. Non seulement en cuisine laotienne, mais aussi en cuisine française, car il avait autrefois servi dans un restaurant français, et il serait par conséquent heureux de me faire partager ses connaissances sur ces sujets. Keo avait aussi travaillé un petit moment dans un parc d'éléphants destiné aux touristes, il était donc également incollable sur les éléphants.

Pour me prouver à quel point il s'y connaissait, Keo m'a demandé, immédiatement après m'avoir rencontrée :

« Devine combien un éléphant a d'ongles sur les pieds avant ? »

Au hasard, j'ai dit trois.

« Tu te trompes, a répondu Keo. Tu peux deviner, essaye encore une fois. »

J'ai hasardé cinq.

« Malheureusement, tu te trompes encore, je vais donc te donner la réponse. Un éléphant a quatre ongles sur les pieds avant. Bon, et maintenant, combien sur les pieds arrière ?

— Quatre ? ai-je avancé.

— Malheureusement, tu te trompes. Tu peux deviner une fois de plus.

— Trois ?

— Tu te trompes encore. Un éléphant a cinq ongles sur les pieds arrière. Maintenant, devine combien de litres d'eau peut contenir la trompe d'un éléphant. »

Je n'en avais aucune idée. Je n'étais même pas capable de l'*imaginer*. Mais Keo, lui, le savait : huit litres. Et il savait également, j'en ai bien peur, des centaines d'autres choses sur les éléphants. Passer une journée en voiture à travers les montagnes laotiennes avec Keo, c'était comme faire des études en sciences du pachyderme ! Mais Keo savait plein d'autres choses sur plein d'autres sujets. Comme il me l'a expliqué : « Je ne vais pas seulement te donner des faits et des explications sur les éléphants. Je sais également des tas de choses sur les poissons combattants. »

Voilà quelle sorte de jeune homme de vingt et un ans était Keo. Et voilà pourquoi Felipe a préféré ne pas m'accompagner dans mes excursions autour de Luang Prabang – parce qu'un des autres défauts de Felipe (qu'il avait omis dans sa liste) est qu'il a un seuil de tolérance très bas en ce qui concerne les jeunes hommes de vingt et un ans d'un sérieux inébranlable qui n'ont de cesse de tester vos connaissances à propos des ongles des éléphants.

Moi, j'aimais bien Keo. J'ai une affection innée pour tous les Keo du monde. Keo était naturellement curieux et enthousiaste, et il accueillait avec patience ma curiosité et mes enthousiasmes. Quelles que soient les questions que je lui posais, aussi incongrues fussent-elles, il était toujours disposé à essayer d'y répondre. Parfois, ses réponses montraient la connaissance étendue qu'il avait de l'histoire laotienne ; à d'autres moments, elles étaient plus réductives. Un après-midi par exemple, nous traversions un village de montagne extrêmement pauvre, où le sol des maisons était en terre battue, où il n'y avait pas de porte, et où les fenêtres étaient de grossières découpes dans des plaques de tôle ondulée. Pourtant, comme dans tant d'autres endroits que j'avais vus dans la campagne laotienne, nombre de ces cahutes avaient une coûteuse antenne parabolique plantée sur leur toit. Je me suis demandé pourquoi on décidait d'investir dans une antenne parabolique plutôt que dans une porte. J'ai finalement posé la question à Keo : « Pourquoi est-il si important pour ces gens d'avoir une antenne satellite ? » Il a haussé les épaules et répondu : « Parce que la réception de la télé est très mauvaise dans le coin. »

Mais la plupart des questions que je posais à Keo concernaient le mariage, évidemment, puisque c'était pour moi le thème de l'année. Keo était ravi de m'expliquer comment on se marie au Laos. Le mariage, m'a-t-il dit, est l'événement le plus important dans la vie d'un Laotien. Seules la naissance et la mort ont une importance presque aussi capitale, et, comme c'est parfois difficile d'organiser une fête à l'occasion d'une naissance ou d'un décès, le mariage est l'occasion de donner de très grandes fêtes. Lui-même, m'a-t-il informé, avait invité sept cents personnes à ses noces, pas plus tard que l'année précédente. C'est la norme, m'a-t-il assuré. Comme la plupart de ses compatriotes, Keo a, il l'a reconnu, « beaucoup trop de cousins, beaucoup trop d'amis. Et on doit tous les inviter ».

« Et les sept cents invités sont venus à ton mariage ? ai-je demandé.

— Oh, non. Il y en avait plus de mille ! »

Lors d'un mariage laotien, chaque cousin et chaque ami invite de son côté tous ses cousins et amis (et les invités des invités arrivent eux aussi, parfois, avec des invités de leur cru), et comme l'hôte ne refoule personne, les choses peuvent déraper assez vite.

« Tu aimerais que je te donne des informations sur les cadeaux de mariage que l'on reçoit lors un mariage traditionnel laotien ? » a demandé Keo.

L'offre était alléchante, lui ai-je répondu ; Keo m'a alors expliqué ce qu'il en était. Lorsqu'un couple de Laotiens est sur le point de se marier, ils envoient un faire-part à chaque invité. Les invités plient ce faire-part (qui porte mention de leur nom et de leur adresse) en forme d'enveloppe, dans laquelle ils glissent de l'argent, et qu'ils mettent, le jour de la noce, dans une énorme boîte en bois prévue à cet effet. Avec ces dons, le couple va pouvoir commencer sa nouvelle vie. Voilà pourquoi Keo et son épouse ont invité tant de gens à leur mariage : pour garantir un afflux d'argent aussi important que possible.

Plus tard, quand la fête est terminée, le marié et la mariée passent la nuit à compter l'argent. Pendant que le marié compte les billets, la mariée note dans un carnet le montant exact donné par chaque invité. Non pour être en mesure d'écrire des petits mots de remerciement détaillés (comme, en bonne Wasp, je le suppose immédiatement) mais pour graver ces comptes pour ainsi dire dans le marbre. Ce carnet – qui est en réalité un grand livre de comptes – sera conservé en lieu sûr, et consulté à maintes reprises au cours des années. Le jour où votre cousin de Ventiane se marie, vous consulterez le vieux carnet pour connaître la somme précise qu'il vous a offerte le jour de votre mariage, et vous lui donnerez à votre tour exactement le même montant. Vous lui donnerez même un tout petit peu plus, à titre d'intérêts.

« L'ajustement pour l'inflation ! » comme l'a expliqué Keo avec fierté.

L'argent qu'on reçoit lors de son mariage n'est donc pas vraiment un cadeau. C'est un prêt, dûment enregistré, qui circule de famille en famille chaque fois qu'un nouveau couple se forme. Les jeunes mariés utilisent cet argent pour se lancer dans la vie, pour acheter un bien foncier ou fonder une petite entreprise, et ensuite, une fois leur prospérité assurée, ils remboursent la somme lentement, au fil des années, mariage après mariage.

Ce système fait parfaitement sens dans un pays où règnent pauvreté extrême et chaos économique. Le Laos a souffert pendant des décennies derrière le « rideau de bambou » communiste le plus restrictif de toute l'Asie. Les gouvernements successifs, incompétents, pratiquaient, en matière de finances, la tactique de la terre brûlée, et laissaient les banques nationales dépérir entre des mains corrompues et incapables. En réponse, les citoyens ont rassemblé leur argent et transformé les cérémonies de mariage en un système bancaire efficace – le seul vraiment digne de confiance de la nation. Tout le contrat social repose sur cette compréhension collective : l'argent qu'ont reçu les jeunes mariés lors de leurs noces ne leur appartient pas ; il appartient à la communauté, et ils doivent le rembourser. Avec des intérêts. Dans une certaine mesure, cela signifie que leur mariage ne leur appartient pas complètement non plus ; il appartient lui aussi à la communauté, qui attend un dividende de cette union. Le mariage, de fait, devient une entreprise, dont chacun détient une part.

Les enjeux du système sont devenus plus clairs à mes yeux un après-midi où Keo m'a emmenée au cœur des montagnes autour de Luang Prabang, dans un hameau perdu appelé Ban Phanom, peuplé par une minorité ethnique, les Leu. Quelques siècles plus tôt, ce peuple avait fui la Chine, les préjugés et les persécutions, et s'était réfugié au Laos, avec pour seuls bagages ses vers à soie et ses compétences agricoles. Une des camarades de fac de Keo vivait dans le village et travaillait comme tisseuse, exactement comme toutes les autres femmes de la communauté. Cette fille et sa mère avaient accepté de me rencontrer et de me parler du mariage, et Keo s'était proposé pour jouer les interprètes.

La famille vivait dans une maison en bambou bien tenue, avec un sol en béton, et dépourvue de fenêtres, afin de se protéger du soleil. Une fois à l'intérieur, on avait plus ou moins l'impression de se trouver dans une panière à ouvrage géante en rotin – image qui collait bien à ce peuple de tisserands particulièrement doués. Les femmes m'ont apporté un minuscule tabouret et un verre d'eau. Il n'y avait presque aucun meuble dans la maison mais, dans le salon, étaient exposés les biens les plus précieux de la famille, alignés par ordre d'importance : un métier à tisser flambant neuf, une Mobylette flambant neuve, une télévision flambant neuve.

L'amie de Keo s'appelait Joy, et sa mère – une séduisante femme potelée d'une quarantaine d'années – Ting. Tandis que sa fille cousait en silence l'ourlet d'une étoffe de soie, la mère babillait avec enthousiasme, aussi est-ce à elle que j'ai posé mes questions sur les traditions nuptiales de son village. C'est très simple, m'a répondu Ting. Si une fille plaît à un garçon, et réciproquement, les parents se rencontrent pour discuter d'un projet de mariage. Si tout se passe bien, les deux familles iront trouver un moine spécial, qui consultera le calendrier bouddhiste afin de fixer une date de bon augure pour le mariage. Ensuite, les jeunes gens se marieront et tous les membres de la communauté leur prêteront de l'argent. Et ce mariage durera à vie, a insisté Ting, parce que, à Ban Phanom, le divorce n'existe pas.

J'avais déjà entendu des remarques comme celle-ci au cours de mes précédents voyages. Je ne les avais jamais prises au pied de la lettre parce que, partout par le monde, on vous dira que « le divorce n'existe pas ». Si on creuse un peu, on finit cependant toujours par déterrer une histoire de mariage qui a mal tourné. Partout. Croyez-moi. Tout cela me rappelle un passage du roman d'Edith Warthon, *Chez les Bienheureux du monde*, où une cancanière de la bonne société observe : « Il y a un divorce et un cas d'appendicite dans chaque famille que l'on connaît. » (Je précise au passage que le « cas d'appendicite » était dans, le code de la société edwardienne, le terme bienséant pour « avortement » – ça aussi, ça arrive partout, et parfois dans les milieux les plus inattendus.)

Mais oui, il existe des sociétés où le divorce est extrêmement rare.

C'était donc le cas dans le clan de Ting. Sur mon insistance, elle a fini par avouer qu'une de ses amies d'enfance avait été obligée de partir s'installer dans la capitale parce que son mari l'avait abandonnée, mais c'était le seul cas de séparation qu'elle connaissait au cours des cinq années précédentes. De toute façon, a-t-elle dit, il existe des systèmes pour aider les familles à demeurer unies. On l'imagine, dans un hameau aussi pauvre que celui-là, où chaque vie dépend tant des autres (ne serait-ce que d'un point de vue économique), des mesures d'urgence s'imposent dès lors qu'une famille bat de l'aile. Quand des problèmes surviennent dans un couple, comme l'a expliqué Ting, la communauté procède en quatre étapes pour trouver des solutions. Tout d'abord, on encourage l'épouse du couple en crise à se plier autant que possible à la volonté de son mari pour ne pas envenimer la situation. « Un couple fonctionne mieux quand il n'y a qu'un seul capitaine, dit Ting. Et c'est plus simple si le mari en est le capitaine. »

J'ai hoché poliment la tête, jugeant qu'il valait mieux laisser la conversation glisser aussi rapidement que possible à la deuxième étape.

Mais parfois, a poursuivi Ting, même une absolue soumission échoue à résoudre tous les conflits domestiques, et c'est là qu'il faut externaliser le problème. Le niveau suivant d'intervention consiste à impliquer à la fois les parents du mari et de l'épouse. Ils s'entretiennent avec le couple, se consultent entre eux, et tout le monde y met du sien pour essayer de résoudre la crise.

Si l'intercession parentale ne porte pas de fruits, le couple se tourne vers l'association des anciens du village – ceux-là mêmes qui les ont mariés. Les anciens débattront du problème lors d'un conseil public. Les échecs conjugaux relèvent donc de l'agenda civique, au même titre que les graffitis ou les frais de scolarité, et tout le monde doit unir ses forces pour tenter de résoudre le problème. Les voisins lanceront des idées et proposeront des solutions, voire leur aide – comme, par exemple, accueillir les enfants pendant une semaine, le temps que le couple résolve ses soucis en toute tranquillité.

Ce n'est qu'au niveau quatre – si le reste a échoué – qu'on reconnaît que la situation est sans espoir. Si la famille ne peut résoudre le conflit, et si la communauté n'y parvient pas davantage (ce qui est rare), alors, et seulement à ce moment-là, le couple partira en ville engager une procédure de divorce.

En écoutant Ting m'expliquer tout cela, j'ai repensé à l'échec de mon premier mariage. Mon ex-mari et moi aurions-nous pu sauver notre couple si nous avions interrompu notre chute libre plus tôt, avant que la situation ne s'envenime vraiment ? Que se serait-il passé si nous avions réuni un conseil d'urgence composé d'amis, de parents et de voisins, pour nous donner un coup de main ? Peut-être une intervention à point nommé aurait-elle pu nous remettre sur les rails, épousseter notre couple, et nous rapprocher ? Nous avons bien consulté un conseiller conjugal pendant six mois, mais – comme beaucoup de thérapeutes le déplorent – nous avons trop tardé à faire appel à une aide extérieure, et nous n'avons fourni que trop peu d'efforts. Une consultation hebdomadaire d'une heure ne pouvait suffire à nous sortir de l'impasse dans laquelle nous avions déjà conduit notre voyage nuptial. Lorsque nous avons emmené notre couple qui périclitait chez le bon docteur, il ne pouvait plus faire grand-chose, à part nous délivrer un rapport post-mortem. Peut-être, en agissant plus tôt, ou avec plus de confiance… ? Ou peut-être en lançant un appel à l'aide à notre famille et à notre entourage… ?

Ça n'aurait cependant peut-être rien changé.

Trop de choses allaient mal, dans ce mariage. Même si tout Manhattan avait œuvré pour nous, je ne suis pas certaine que nous aurions pu rester ensemble. D'autant qu'une intervention de la famille ou de l'entourage ne correspondait pour nous à aucun modèle culturel. Américains modernes, indépendants, nous vivions à des centaines de kilomètres de notre famille. Convoquer nos parents et nos voisins en une réunion de conseil tribal sur des sujets que nous avions délibérément gardés dans la sphère privée pendant des années aurait été une idée complètement saugrenue, artificielle. Autant sacrifier un poulet au nom de l'harmonie conjugale en espérant que ça va tout arranger.

De toute façon, il faut une limite à de telles rêveries. Mieux vaut éviter de repenser à l'échec de son mariage, même si ces anxieuses contorsions mentales sont, il faut en convenir, difficiles à contrôler. Pour cette raison, je suis convaincue que le protecteur suprême de tous les divorcés devrait être Épiméthée, l'un des Titans de la mythologie grecque, qui avait reçu le don – un véritable cadeau empoisonné – de la vision rétroactive. Cet Épiméthée était un type assez sympa, mais il ne pouvait voir clair dans une situation qu'après coup. Dans le monde réel, ce n'est pas très utile. (Détail intéressant, Épiméthée était marié, encore que, avec son sens aigu du recul, il aurait probablement préféré choisir une autre fille : son épouse était Pandore, une petite soupe au lait. Drôle de couple.) En tous les cas, à un moment donné dans notre vie, on doit arrêter de se flageller pour des bourdes passées – même celles dont on se dit, rétrospectivement, qu'elles auraient facilement pu être évitées – et aller de l'avant. Ou, comme l'a observé une fois Felipe, à sa façon inimitable : « Ne nous appesantissons pas sur les erreurs du passé, ma chérie. Concentrons-nous plutôt sur celles à venir. »

Dans cette même veine, cet après-midi-là au Laos, il m'est apparu que Ting et sa communauté avaient peut-être mis le doigt sur quelque chose, concernant le mariage. Je ne parle pas de sa réflexion qui place le mari dans le rôle de capitaine, naturellement, mais de l'idée qu'une communauté, à certains moments et pour préserver sa cohésion, doit peut-être non seulement partager de l'argent et des ressources, mais aussi une responsabilité collective. Peut-être faut-il, pour qu'ils durent, que nos mariages soient reliés les uns aux autres, de quelque manière que ce soit, brodés sur un métier à tisser social plus large. C'est pourquoi ce jour-là j'ai noté quelque chose dans un petit coin de ma tête : *Ne privatise pas ton mariage avec Felipe au point de le priver d'oxygène, de l'isoler, et de le rendre vulnérable.*

J'étais tentée de demander à ma nouvelle amie Ting si elle était déjà intervenue dans le mariage de voisins, au titre d'ancienne du village. Mais, avant que je puisse poser ma question, elle m'a interrompue : ne pourrais-je pas trouver un bon mari, en Amérique, pour sa fille Joy ? Celle avec des diplômes universitaires ? Ting m'a ensuite fait admirer un beau tissage en soie de sa fille – une tapisserie représentant des éléphants dorés, sur un fond cramoisi. Peut-être un homme, en Amérique, aimerait-il épouser une fille capable de réaliser de ses propres mains une si belle chose ?

De tout le temps que Ting et moi discutions, Joy, assise à côté de nous, cousait en silence, vêtue d'un jean et d'un tee-shirt, les cheveux retenus en queue-de-cheval par une pince. Sa réaction alternait entre une attention polie aux propos de sa mère, et à d'autres moments – réaction typique de fille –, elle levait les yeux au ciel, embarrassée par les propos maternels.

« N'y a-t-il pas des hommes cultivés en Amérique qui pourraient vouloir épouser une gentille Leu ? » a insisté Ting.

Ting ne plaisantait pas, et la tension, dans sa voix, était le signe d'une crise. J'ai demandé à Keo s'il pouvait sonder en douceur le problème, et Ting ne s'est guère fait prier pour l'exposer. Il y avait depuis peu un gros souci, dans le village, a-t-elle expliqué. Les jeunes femmes commençaient à gagner plus d'argent que les hommes, et elles faisaient des études supérieures. Les femmes de cette minorité ethnique sont des tisseuses exceptionnellement douées, et maintenant que le Laos s'ouvre au tourisme occidental, les étrangers s'intéressent à leurs textiles. Les jeunes filles du coin peuvent donc gagner de coquettes sommes d'argent, qu'elles économisent dès leur plus jeune âge. Quelques-unes – comme Joy, la fille de Ting – utilisent cet argent pour financer leurs études universitaires, en plus d'acheter des équipements pour leur famille, tels que Mobylette, téléviseurs et nouveaux métiers à tisser. Les garçons, eux, restent des fermiers qui tirent le diable par la queue.

La pauvreté n'était pas un problème social tant que *personne* ne gagnait d'argent, mais depuis que l'un des sexes – les jeunes femmes – prospérait, tout était déséquilibré. Ting a expliqué que les jeunes femmes de son village s'accoutumaient de plus en plus à l'idée de subvenir seules à leurs besoins, et que certaines d'entre elles repoussaient la date du mariage. Mais ce n'était même pas là le principal problème ! Le plus grave est que, quand les jeunes gens se mariaient enfin, ils s'habituaient rapidement à dépenser l'argent de leur épouse, et ne travaillaient plus aussi dur. Les jeunes hommes, parce qu'ils n'avaient aucune notion de leur propre valeur, se laissaient aller à l'alcoolisme et au jeu. Les jeunes filles, observant le tour que prenait la situation, ne voyaient pas ça d'un bon œil. Par conséquent, nombre d'entre elles avait résolu de ne pas se marier du tout, et cette décision chamboulait l'ensemble du système social de ce hameau, créant toutes sortes de tensions et de complications. Voilà pourquoi Ting redoutait que sa fille ne se marie jamais (à moins qu'elle n'arrive à dénicher un Américain lui aussi diplômé ?). Car sans mariage, qu'adviendrait-il de la lignée ? Que deviendraient les garçons du village dont les filles se désintéressaient ? Et quel sort connaîtrait le complexe réseau social du village ?

Ting m'a dit que, pour elle, il s'agissait d'un « problème de style occidental », ce qui signifiait qu'elle lisait les journaux. C'est en fait un problème *complètement* occidental -- nous le voyons à l'œuvre en Occident depuis plusieurs générations maintenant, depuis le jour où les femmes ont eu accès aux avenues de la prospérité. Dans toutes les sociétés, lorsque les femmes gagnent leur vie, l'un des premiers changements concerne la nature même du mariage. Cette tendance s'observe dans toutes les nations, et chez tous les peuples. Plus une femme conquiert d'autonomie financière, plus elle se mariera tard, si tant est qu'elle se marie un jour.

Certains voient là le vecteur de l'Effondrement de la Société, et laissent entendre que l'indépendance économique des femmes détruit toute possibilité de bonheur conjugal. Les traditionalistes qui se complaisent dans la nostalgie du bel autrefois, quand les femmes restaient à la maison et s'occupaient de leur famille, et que les taux de divorce étaient bien plus bas qu'aujourd'hui, devraient pourtant garder à l'esprit que beaucoup de femmes, au cours des siècles, ont enduré le malheur conjugal, ne pouvant se permettre de claquer la porte. Encore aujourd'hui, les revenus de la divorcée américaine moyenne chutent de 30 % lorsque son mariage prend fin – et c'était bien pire par le passé. Un vieil adage mettait en garde, avec assez d'à-propos : « Toute femme est à un divorce de la faillite. » Quel *avenir* une femme aurait-elle eu exactement, avec des enfants en bas âge, sans diplôme ni moyen de subvenir à ses besoins ? On a tendance à idéaliser des cultures dans lesquelles les couples demeurent unis jusqu'à la tombe, mais on ne doit pas supposer que cette endurance est toujours le signe d'une satisfaction conjugale.

Pendant la Grande Dépression, par exemple, le taux de divorce en Amérique a dégringolé. Les journalistes de l'époque aimaient attribuer ce déclin à l'idée romantique que les coups durs rapprochent les conjoints. Ils peignaient un tableau enjoué de familles vaillantes qui s'asseyaient autour d'un unique bol poussiéreux pour partager leur maigre repas. Ces mêmes commentateurs disaient volontiers que plus d'une famille avait perdu sa voiture mais trouvé son âme. La réalité cependant, et n'importe quel conseiller conjugal vous le dirait, est que de gros soucis financiers infligent des pressions énormes à un mariage. Mis à part l'infidélité ou de pures et simples maltraitances, rien ne ronge plus vite une relation sentimentale que la pauvreté, la faillite et les dettes. Lorsque les historiens contemporains ont examiné de plus près cette baisse des taux de divorce pendant la Grande Dépression, ils ont découvert que bien des couples américains étaient restés ensemble parce qu'ils ne pouvaient pas se permettre, financièrement, de se séparer. Il était déjà assez difficile d'entretenir un foyer, alors deux… Dans de nombreuses familles, mari et femme prirent le parti de traverser la Grande Dépression en tendant un drap au milieu de leur salon – ce qui est, pour le coup, une image complètement déprimante. D'autres couples se sont bel et bien séparés, mais n'ont jamais eu les moyens de payer une procédure de divorce. Dans les années trente, l'abandon était une véritable épidémie.

Des légions d'Américains ruinés ont quitté femme et enfants pour ne jamais plus réapparaître (d'où, selon vous, sortaient tous ces vagabonds ?). Et très peu de femmes se sont préoccupées de signaler la disparition de leur mari auprès des agents du recensement. Elles avaient bien d'autres soucis, trouver à manger, par exemple.

L'extrême pauvreté engendre une extrême tension ; cela ne devrait surprendre personne. Partout en Amérique, c'est parmi les adultes qui n'ont ni diplômes ni sécurité financière qu'on trouve les taux les plus élevés de divorce. L'argent apporte ses problèmes, évidemment – mais il offre aussi des options. Avec de l'argent, on peut payer la crèche, s'offrir deux salles de bains séparées, des vacances, éviter les disputes concernant des factures – toutes sortes de choses qui stabilisent un mariage. Et lorsque les femmes gagnent elles-mêmes leur vie, que la survie économique est éliminée des motivations du mariage, tout change. En 2004, les femmes célibataires étaient devenues le groupe démographique qui se développait le plus rapidement aux États-Unis. Trois fois plus d'Américaines de trente ans étaient susceptibles d'être célibataires en 2004 que dans les années soixante-dix. Elles étaient nettement moins nombreuses à être mères, aussi. Le nombre de foyers américains sans enfants a atteint son point culminant en 2008.

Naturellement, la société n'accueille pas toujours très bien ce changement. Aujourd'hui, au Japon, où vivent les femmes les mieux payées du monde industriel (avec, sans coïncidence aucune, le plus bas taux de natalité sur terre), les journalistes sociaux conservateurs appellent les jeunes femmes refusant de se marier et d'avoir des enfants des « célibataires parasites »

– sous-entendant qu'elles profitent égoïstement de tous les bénéfices de leur citoyenneté (par exemple, la prospérité de la nation) sans rien offrir en retour (par exemple, des bébés). Même dans des sociétés aussi répressives que l'Iran contemporain, de plus en plus de jeunes femmes choisissent de retarder la date du mariage et de l'enfantement pour se consacrer à leurs études et à leur carrière. Bien entendu, les conservateurs dénoncent cette tendance, et un membre du gouvernement iranien a qualifié ces femmes ayant choisi de ne pas se marier d'« aussi dangereuses que les bombes et les missiles de l'ennemi ».

En tant que mère et membre d'une communauté rurale en développement, Ting nourrissait tout un tas de sentiments complexes à l'égard de sa fille. D'un côté, elle était fière de l'éducation de Joy et de ses talents de tisseuse, qui avaient payé le métier à tisser, la télévision et la Mobylette flambant neufs. D'un autre côté, Ting ne pouvait pas appréhender grand-chose de ce nouveau monde qui attendait sa fille, un monde d'apprentissage, d'argent et d'indépendance. Quand elle songeait à l'avenir de Joy, elle ne voyait qu'une kyrielle déroutante de questions inédites. Une jeune femme à ce point cultivée, financièrement indépendante et effroyablement contemporaine, c'était sans précédent dans la société traditionnelle leu. Que *fait*-on d'elle, alors ? Comment pourra-t-elle se trouver sur un pied d'égalité avec les jeunes fermiers sans éducation du voisinage ? Certes, on peut garer une Mobylette dans son salon, on peut planter une antenne parabolique sur le toit de sa cabane, mais où diable gare-t-on une fille comme celle-là ?

Laissez-moi vous préciser l'intérêt que Joy elle-même a manifesté à cette discussion : au milieu de ma conversation avec sa mère, elle s'est levée, elle est sortie de la maison, et je ne l'ai plus revue. Je n'ai pas réussi à lui dire un mot au sujet du mariage. À n'en pas douter, cela ne lui tenait pas particulièrement à cœur, mais elle ne semblait pas vouloir en discuter avec sa mère et moi. Elle a préféré occuper son temps à autre chose. Elle était peut-être allée acheter des cigarettes à l'épicerie du coin, puis voir un film avec des amis. Sauf que, dans ce village, il n'y avait ni épicerie, ni cigarettes, ni cinéma – seulement des poules qui gloussaient le long d'un chemin de terre.

Où cette fille pouvait-elle donc bien aller ?

Là est toute la question, n'est-ce pas ?

✳

Au fait, ai-je mentionné que la femme de Keo était enceinte ? Pour tout dire, la naissance était attendue la semaine même où j'ai rencontré Keo et l'ai embauché comme interprète et guide. J'ai appris la grossesse de sa femme lorsqu'il a mentionné que ce revenu supplémentaire que je lui proposais était une aubaine, compte tenu de l'arrivée imminente du bébé. Keo était extrêmement fier d'avoir un enfant, et, pour notre dernière soirée à Lunag Prabang, il nous a invités, Felipe et moi, à dîner chez lui – pour nous montrer comment il vivait, et nous présenter Noi, la jeune future maman.

« On s'est rencontrés à l'école, m'avait dit Keo. Je l'ai toujours bien aimée. Elle est un peu plus jeune que moi – elle n'a que dix-neuf ans. Elle est très jolie. Mais c'est bizarre pour moi, qu'elle attende un bébé. Elle était si menue, elle ne pesait rien du tout ! Mais elle a pris tous ses kilos d'un coup ! »

Nous nous sommes donc rendus chez Keo – en voiture avec son ami Khamsy, l'hôtelier – et nous ne sommes pas arrivés les mains vides. Felipe apportait plusieurs bouteilles de Beerlao, la bière nationale, et j'avais acheté au marché deux ravissants ensembles de naissance unisexe que je voulais offrir à l'épouse de Keo.

La maison se trouvait au bout d'une route de terre toute défoncée, à la sortie de Luang Prabang. C'était la dernière construction le long de cette route bordée de maisons identiques, avant que la jungle n'envahisse les lieux. La moitié du terrain était occupée par des bacs en béton dans lesquels Keo élevait les grenouilles et les poissons combattants grâce auxquels il complétait ses revenus d'instituteur et de guide touristique occasionnel. Les grenouilles sont destinées à une consommation alimentaire. Comme Keo nous l'a expliqué avec fierté, elles se vendent autour de 25 000 kips le kilo (soit 2,50 dollars), et vu que ces bestioles sont assez costauds, un kilo correspond en moyenne à trois ou quatre grenouilles. C'est un bon complément de revenus. Il élève aussi des poissons combattants, qui valent 5 000 kips pièce (50 cents) et se reproduisent allégrement. Il vend les poissons combattants à des types du coin qui organisent des paris sur les batailles aquatiques. Keo a expliqué qu'il avait commencé à élever des poissons combattants du temps où il était petit, lorsqu'il cherchait déjà une façon de gagner un peu de sous afin de ne pas être un fardeau pour ses parents. Bien que Keo n'aime pas se vanter, il n'a pas pu résister à l'envie de nous révéler qu'il était peut-être le meilleur éleveur de poissons combattants de tout Luang Prabang.

La maison occupait le reste du terrain – c'est-à-dire tout ce qui n'était pas envahi par les bacs à grenouilles et à poissons – ce qui signifie qu'elle était grande comme un mouchoir de poche. La structure était en bambou et en contreplaqué, et elle était coiffée d'un toit en tôle ondulée. Son unique pièce venait d'être divisée en deux, pour séparer l'espace à vivre du coin chambre. La cloison consistait en un panneau de contreplaqué que Keo avait tapissé avec soin de pages de journaux en langue anglaise tels que le *Bangkok Post* et le *Herald Tribune*. (Felipe m'a dit plus tard qu'il soupçonnait Keo, lorsqu'il était couché, de lire son papier peint, travaillant inlassablement pour améliorer son anglais.) Une ampoule électrique pendait du plafond du salon. Il y avait également une minuscule salle de bains en ciment, avec des toilettes à la turque et un bassin pour se laver. Le soir de notre visite, cependant, le bassin était rempli de grenouilles, car il n'y avait plus de place dans les bacs extérieurs. (Voici l'un des bénéfices secondaires, quand on élève des centaines de grenouilles, comme nous l'a expliqué Keo : « De tous nos voisins, nous sommes les seuls à ne pas avoir de moustiques. ») La cuisine se trouvait à l'extérieur, sous un petit auvent, et le sol en terre battue était soigneusement balayé.

« Un jour, on investira dans un vrai sol de cuisine, a dit Keo avec le ton d'un banlieusard qui prévoit de construire un jardin d'hiver pour agrandir son salon. Mais il faut d'abord que je gagne plus d'argent. »

Il n'y avait ni table ni chaises dans cette maison. Un petit banc se trouvait à l'extérieur, à côté de la cuisine. Dessous dormait la petite chienne de la maison, qui avait mis bas quelques jours plus tôt. Les chiots n'étaient guère plus gros que des gerbilles. La seule gêne que Keo a exprimée devant moi quant à la modestie de son mode de vie concernait la taille de sa chienne. Comme s'il jugeait mesquin de présenter à ses honorables invités un animal aussi riquiqui – comme s'il y avait un décalage entre la taille de son chien et son propre rang social ou, du moins, ses ambitions.

« On se moque toujours d'elle à cause de sa taille. Je suis désolé qu'elle ne soit pas plus grosse, s'est-il excusé. Mais elle est vraiment très gentille. »

Et puis il y avait aussi une poule. Elle vivait dans la zone porche/cuisine, et était attachée au mur par un bout de ficelle, de telle sorte qu'elle puisse faire quelques pas, mais pas s'échapper. À côté d'elle se trouvait un petit carton, dans lequel elle pondait chaque jour un œuf. Quand Keo nous a montré sa poule et son carton, c'était à la façon d'un gentleman-farmer, bras tendu avec fierté : « Et voici notre poule ! »

À ce moment-là j'ai coulé discrètement un regard vers Felipe et j'ai vu toute une série d'émotions défiler sur son visage : de la tendresse, de la pitié, de la nostalgie, de l'admiration, et un brin de tristesse. Felipe a connu une enfance pauvre au sud du Brésil, et – comme Keo – il a toujours été quelqu'un de fier. En fait, Felipe est fier au point qu'il aime bien dire qu'il est né « fauché » et non pas « pauvre » – véhiculant par conséquent le message qu'il a toujours considéré sa pauvreté comme un état temporaire (comme si d'une certaine façon, en venant au monde, il s'était trouvé un peu à court de liquidités, et sans moyens pour remédier à la situation). De la même façon que Keo, Felipe a toujours eu un esprit d'entreprise débridé, qui s'est exprimé dès le plus jeune âge. Felipe a eu sa première grande idée de business à neuf ans, quand il a remarqué que les voitures s'embourbaient systématiquement dans une profonde ornière, au pied d'une colline de Porto Alegre. Il a enrôlé un ami pour l'aider : ensemble, ils attendaient toute la journée au pied de cette colline et poussaient les voitures embourbées. Les conducteurs leur donnaient en échange de leur aide de la petite monnaie, qui a servi à acheter de nombreuses bandes dessinées américaines. À dix ans, Felipe était entré dans le monde des ferrailleurs, il écumait sa ville pour récupérer des bouts de fer, de laiton et de cuivre qu'il revendait. À treize ans, il approvisionnait en os d'animaux (récupérés dans les poubelles des abattoirs) un fabricant de colle, et c'est en partie avec cet argent qu'il a acheté son premier billet de bateau pour quitter le Brésil. S'il avait entendu parler de la viande de grenouille et des poissons combattants, croyez-moi, ce ne serait pas tombé dans l'oreille d'un sourd.

Jusqu'à ce soir-là, Felipe n'avait pas eu de temps à consacrer à Keo. Le caractère trop empressé de mon guide, en fait, l'agaçait souverainement. Mais quelque chose a changé sitôt qu'il a vu sa maison – la tapisserie en papier journal, la terre battue soigneusement balayée, les grenouilles dans la salle de bains, la poule dans son carton et l'humble petit chien. Et lorsqu'il a rencontré Noi, la femme de Keo, si menue en dépit de sa grossesse avancée, trimant pour nous préparer à dîner sur un seul brûleur à gaz, j'ai vu l'émotion faire briller les yeux de Felipe, même s'il était trop poli pour exprimer autre chose envers Noi qu'un intérêt amical pour sa cuisine. Elle a accepté avec gêne ses éloges. (« Elle comprend l'anglais, a dit Keo. Mais elle est trop timide pour parler. »)

Et quand Felipe a rencontré la mère de Noi – une dame drapée dans un sarong bleu élimé, minuscule et pourtant régalienne, qu'on nous a présentée simplement comme « Grand-mère » –, mon futur époux a suivi un profond instinct personnel et s'est incliné devant ce petit bout de femme. À ce geste majestueux, Grand-mère a souri imperceptiblement (un simple plissement des yeux) et a répondu avec un léger hochement de tête, télégraphiant subtilement : « J'ai apprécié votre salut, monsieur. »

À cet instant, j'ai aimé Felipe follement, peut-être plus que je ne l'avais jamais aimé.

Je dois préciser que, même si Keo et Noi n'avaient pas de meubles, ils possédaient néanmoins trois objets de luxe : une télévision avec chaîne stéréo et lecteur de DVD intégrés, un minuscule réfrigérateur et un ventilateur électrique. Lorsque nous sommes arrivés, Keo avait mis en marche ces trois appareils, à leur puissance maximale, pour nous accueillir. Le ventilateur tournait ; le réfrigérateur ronronnait tout en fabriquant de la glace pour nos bières ; la télévision diffusait des dessins animés, le son poussé à fond.

« Vous préférez écouter de la musique ou regarder la télévision pendant le dîner ? » s'est enquis Keo.

Je lui ai répondu que nous préférions écouter de la musique.

« Vous préféreriez écouter du hard rock occidental ? Ou de la musique douce laotienne ? »

Je l'ai remercié pour son attention et j'ai répondu que la musique douce laotienne serait parfaite.

Keo a dit : « Ça ne me pose pas de problème. J'ai de la musique douce laotienne que vous allez aimer. » Il a mis des chansons d'amour laotiennes, mais en poussant le volume très fort – pour nous prouver la qualité de son appareil. Pour cette même raison, il a dirigé le ventilateur droit sur nos visages. Il possédait des outils de confort fastueux, et comptait bien nous en faire profiter au mieux.

C'était donc une soirée assez bruyante, mais ce n'est pas la pire chose au monde, parce que ce bruit signalait une ambiance festive, et nous avons dûment suivi ce signal. Très vite, nous nous sommes retrouvés à raconter des histoires et à rire en buvant des Beerlao. Ou, du moins, Felipe, Keo, Khamsy et moi buvions et riions ; Noi, arrivée presque au terme de sa grossesse, semblait souffrir de la chaleur et ne buvait pas de bière ; elle était assise paisiblement à l'extérieur, à même le sol, et changeait de temps en temps de position, en quête de confort.

En ce qui concerne Grand-mère, elle buvait mais ne participait pas à la liesse générale. Elle se contentait de nous regarder d'un air de calme contentement. Grand-mère était une cultivatrice de riz, avons-nous appris, qui venait du nord, près de la frontière chinoise. Elle descendait d'une longue lignée de paysans, et elle avait donné naissance à dix enfants (Noi étant la cadette), qu'elle avait tous mis au monde chez elle. Elle nous expliqua cela uniquement parce que je lui avais demandé de nous raconter son histoire. Par l'intermédiaire de Keo qui traduisait, elle nous a confié que son mariage – à l'âge de seize ans – avait été plus ou moins « accidentel ». Elle avait épousé un homme de passage au village. Sa famille avait hébergé l'étranger pour la nuit et elle était tombée amoureuse de lui. Quelques jours plus tard, ils étaient mariés. J'ai essayé de poser à Grand-mère quelques questions supplémentaires sur les pensées que lui inspirait son mariage, mais elle n'a rien révélé d'autre que cela :

cultivatrice de riz, mariage accidentel, dix enfants. Je mourais d'envie de savoir de quoi l'expression « mariage accidentel » pouvait être le code (de nombreuses femmes dans ma famille, également, avaient dû se marier à cause d'« accidents »), mais je n'ai obtenu aucune autre information.

« Elle n'est pas habituée à ce qu'on s'intéresse à sa vie », a expliqué Keo. J'ai donc laissé tomber le sujet.

Tout au long de la soirée, cependant, j'ai continué à regarder Grand-mère à la dérobée, et il m'a semblé qu'elle nous observait depuis un lieu très lointain. Elle exsudait un détachement qui semblait scintiller, et elle était si silencieuse, si réservée que, par moments, on aurait cru qu'elle s'éclipsait. Elle avait beau être assise juste en face de moi, je n'aurais pas pu la toucher aisément en tendant la main, car elle semblait résider ailleurs, loin, très haut, sur la lune peut-être, d'où elle nous contemplait depuis son trône de bienveillance.

La maison de Keo – quoique minuscule – était si propre qu'on pouvait manger à même le sol, et c'est précisément ce que nous avons fait. Nous nous sommes assis sur une natte en bambou et nous avons partagé le repas, en roulant le riz entre nos doigts. Conformément à la coutume laotienne, nous avons tous bu dans le même verre en le faisant circuler entre convives, du plus vieux au plus jeune. Et voici ce que nous avons mangé : une soupe au poisson-chat merveilleusement épicée, de la salade de papaye verte accompagnée d'une sauce au poisson fumé, du riz gluant et – naturellement – des grenouilles. Les grenouilles étaient le plat principal, présenté avec fierté, et, puisqu'elles provenaient de l'élevage de Keo, nous étions obligés d'y goûter. J'avais déjà mangé des grenouilles par le passé (enfin, des *cuisses* de grenouilles), mais là, c'était

différent. Il s'agissait de grenouilles géantes – des grenouilles taureaux énormes, costauds, charnues – débi-
tées en gros morceaux, comme un sauté de poulet, puis
bouillies – avec la peau, et tout le reste. C'est d'ailleurs
de la peau dont il était le plus difficile de venir à bout,
parce qu'elle restait, même après la cuisson, et sans
ambiguïté possible, une peau de batracien : tachetée,
caoutchouteuse, imperméable.

Noi nous observait attentivement. Elle n'a pas dit
grand-chose de tout le repas, sauf pour nous rappeler :
« Ne mangez pas que le riz, mangez aussi la viande »,
parce que la viande est une denrée précieuse et que
nous étions des hôtes de marque. Nous avons donc
mangé ces morceaux de chair caoutchouteuse, avec la
peau et un bout d'os de temps à autre, et avons masti-
qué le tout sans une plainte. Felipe n'a pas demandé
s'il pouvait se resservir une fois, mais deux, ce qui
a fait rougir Noi, et elle a souri vers son gros ventre
avec une joie impossible à contenir. À cet instant, je
savais très bien que Felipe aurait préféré manger un
ragoût de ses propres chaussures plutôt que d'avaler
un autre morceau de grenouille taureau bouillie, mais
son immense bonté m'a, une fois plus, bouleversée.

Tu peux emmener cet homme n'importe où, ai-je songé
avec orgueil, *il saura toujours comment se comporter*.

Après le dîner, Keo a passé des vidéos de danses
traditionnelles de mariage, pour nous divertir et nous
instruire. On y voyait un groupe de femmes raides et
cérémonieuses, avec des maquillages fantaisie et des
sarongs brillants, évoluer sur une piste de discothèque,
un sourire cimenté sur le visage. La danse elle-même
consistait en pas mal de poses immobiles et de mouvements de mains. Nous avons regardé ce spectacle une
bonne demi-heure dans un silence attentif.

« Elles sont toutes d'excellentes danseuses professionnelles, nous a finalement informés Keo en brisant notre étrange rêverie. Le chanteur dont on entend la voix est très célèbre au Laos – exactement comme votre Michael Jackson en Amérique. Et je l'ai moi-même rencontré. »

Il y avait chez Keo une innocence qui était presque déchirante. En fait, toute sa famille semblait pure dans une mesure incroyable. En dépit de la télévision, du Frigidaire et du ventilateur, la modernité, ou du moins, sa superficialité, ne les avait pas atteints. Voici simplement quelques éléments qui manquaient dans la conversation avec Keo et sa famille : l'ironie, le cynisme, le sarcasme et la présomption. Je connais des petits Américains de cinq ans qui sont plus malins que cette famille. En fait, *tous* les petits Américains de cinq ans que je connais sont plus malins que cette famille. J'avais envie d'envelopper leur maison dans une sorte de gaze protectrice pour les défendre du monde – tentative qui, compte tenu de la taille de la maison, n'aurait pas demandé beaucoup de matériel.

Une fois le spectacle de danse terminé, Keo a éteint la télévision et réorienté la conversation vers les rêves et les projets qu'il nourrissait, avec Noi, pour leur vie commune. Lorsque le bébé serait né, ils auraient à l'évidence besoin de plus d'argent et c'est pour cette raison que Keo projetait de développer son affaire de viande de grenouille. Il a expliqué qu'il aimerait un jour inventer une maison pour les grenouilles, avec un environnement contrôlé qui imiterait, tout au long de l'année, les conditions estivales idéales pour l'élevage. Ce bidule, si j'ai bien compris, ressemblerait à une sorte de serre, et inclurait des technologies telles que

« de la fausse pluie et du faux soleil ». Ces conditions climatiques empêcheraient les animaux de remarquer que l'hiver était arrivé. Cela serait une bonne chose, car l'hiver est une période difficile pour les éleveurs de grenouilles. Chaque année à cette époque, les grenouilles de Keo hibernent (ou, comme il le dit, « entrent en méditation »). Durant cette période, elles ne se nourrissent pas et perdent par conséquent du poids, ce qui rend la vente au kilo peu rentable. Mais si Keo pouvait élever des grenouilles toute l'année et s'il était la seule personne à Luang Prabang capable de le faire, son affaire connaîtrait un succès retentissant et toute la famille prospérerait.

« C'est génial, Keo, a approuvé Felipe.

— C'est Noi qui a eu l'idée, a répondu Keo, et nous avons tous reporté notre attention sur la jolie Noi, dix-neuf ans seulement, le visage moite à cause de la chaleur, agenouillée inconfortablement par terre avec son gros ventre.

— Tu es un génie, Noi ! s'est exclamé Felipe.

— C'est un génie ! » a renchéri Keo.

Noi a tellement rougi du compliment que j'ai cru qu'elle allait tomber en pâmoison. Elle était incapable de croiser notre regard, mais on voyait qu'elle était sensible à l'éloge, même si cela l'embarrassait. On voyait aussi qu'elle savait tout le bien que son mari pensait d'elle. Le beau, jeune et inventif Keo tenait sa femme en si haute estime qu'il ne pouvait s'empêcher de vanter ses mérites devant ses honorables invités ! Devant une telle déclaration publique de sa propre importance, la timide Noi a semblé enfler et doubler de volume (et elle avait déjà doublé de taille, avec ce bébé dont l'arrivée était imminente). Franchement, pendant un instant sublime, la future mère a semblé si gonflée de joie que j'ai craint qu'elle ne se mette à flotter et n'aille rejoindre sa mère, là-haut sur la lune.

❧ ✳ ❧

Tandis que nous regagnions notre hôtel ce soir-là, je songeai à ma grand-mère et à son mariage.

Ma grand-mère Maude – qui a fêté cette année ses quatre-vingt-dix-sept ans – descend d'une lignée de gens qui ont connu toute leur vie un confort domestique qui était bien plus proche de celui de Keo et de Noi que du mien. Ses parents étaient des immigrants du nord de l'Angleterre, qui avaient gagné le centre du Minnesota dans des chariots bâchés et vécu les premiers hivers à la dure, dans des maisons rudimentaires en mottes d'herbe. En se crevant à la tâche, ils acquirent de la terre, construisirent de petites cabanes en bois, puis des demeures plus grandes et, peu à peu, ils agrandirent leurs troupeaux et prospérèrent.

Ma grand-mère est née en janvier 1913, pendant l'un de ces hivers rigoureux de la plaine, à la maison. Elle est arrivée dans ce monde avec une malformation qui pouvait mettre sa vie en péril – un palais et une lèvre supérieure fendus. Son père dut attendre le mois d'avril, que les voies ferrées dégèlent, pour emmener le bébé à Rochester, où Maude subit sa première intervention chirurgicale, rudimentaire. Comment les parents s'étaient-ils débrouillés pour garder jusque-là ce nourrisson en vie, en dépit du fait qu'il ne pouvait pas téter ? Ma grand-mère n'en sait toujours rien, mais elle pense que son père avait dû emprunter un morceau de tube en caoutchouc dans une ferme laitière. Elle m'a récemment confié qu'elle regrette aujourd'hui de n'avoir pas demandé à sa mère de plus amples informations sur ces premiers mois difficiles de sa vie, mais sa famille n'était pas de celles où les gens s'appesantissent sur des souvenirs tristes, ou encouragent des conversations pénibles, donc le sujet n'avait jamais été abordé.

Même si ma grand-mère n'est pas femme à se plaindre, sa vie a été un défi à tous points de vue. Certes, la vie de tout le monde était alors un défi, mais Maude portait le poids supplémentaire des séquelles qu'avait laissées son bec-de-lièvre : des problèmes d'élocution et une cicatrice au milieu du visage. Détail qui n'avait rien d'étonnant, elle était terriblement timide. Pour toutes ces raisons, il était presque acquis qu'elle ne se marierait jamais. Personne n'avait jamais évoqué cette hypothèse à voix haute ; mais tout le monde le savait, c'est tout.

Or, même les plus sombres destinées peuvent parfois apporter leur lot de surprises. Dans le cas de ma grand-mère, la bonne surprise fut la suivante : elle fut le seul membre de la fratrie qui reçut une éducation digne de ce nom. Maude fut autorisée à se consacrer à ses études parce que cette éducation lui serait indispensable, un jour, pour subvenir à ses besoins de femme célibataire. Aussi, alors que les garçons étaient retirés de l'école vers treize ou quatorze ans et expédiés aux champs, que les filles ne terminaient que rarement le lycée (elles étaient souvent mariées et mères avant la fin de leur scolarité), Maude fut-elle envoyée en ville, en pension dans une famille, et devint une élève studieuse. Elle excellait à l'école. Elle avait une attirance particulière pour l'histoire et l'anglais et elle espérait un jour devenir professeur ; elle fit des ménages afin d'économiser l'argent nécessaire pour entrer à l'université. Et puis la Grande Dépression frappa, et les frais d'université devinrent hors de sa portée. Maude continua à travailler et ses économies firent d'elle l'une des créatures les plus rares à cette époque dans le centre du Minnesota : une jeune femme active et financièrement autonome.

Les débuts de la vie de ma grand-mère m'ont toujours fascinée. Ils ne ressemblent en rien à ceux que connurent ses proches. Plutôt que de se caser et de fonder une famille, Maude fit des *expériences* et découvrit le monde. Sa propre mère ne quittait que rarement la ferme familiale : une fois par mois (sauf l'hiver), elle se rendait en ville faire le plein de denrées ou encore de cotonnades à carreaux. Son baccalauréat en poche, Maude partit dans le Montana, seule, et travailla dans un restaurant où elle servait des tourtes et du café aux cow-boys. C'était en 1931. Elle fit des choses inhabituelles, qu'aucune femme de sa famille n'aurait jamais imaginé faire. Elle dépensa *deux* dollars pour une coupe de cheveux et une permanente à la mode chez un *vrai* coiffeur, dans une *vraie* gare de chemin de fer. Elle s'acheta une robe jaune, près du corps, sexy, dans un *vrai* magasin. Elle fréquenta les cinémas. Elle lut des livres. Lorsqu'elle quitta le Montana, elle se débrouilla pour regagner le Minnesota à l'arrière de la camionnette d'immigrants russes qui avaient un fils, un beau jeune homme de son âge.

De retour à la maison après ses aventures dans le Montana, elle trouva un emploi de gouvernante et de secrétaire auprès d'une dame fortunée d'un certain âge, Mme Parker, une bonne vivante qui aimait boire, fumer et rire. Mme Parker, me raconte ma grand-mère, « ne craignait même pas de jurer », et elle donnait chez elle des soirées si extravagantes (où l'on servait les meilleurs biftecks, le meilleur beurre, avec de l'alcool et des cigarettes à gogo) qu'on n'aurait jamais pu imaginer qu'une crise économique faisait rage à l'extérieur. En outre, Mme Parker était une femme généreuse et large d'esprit. Elle donnait souvent de beaux vêtements à ma grand-mère qui, étant moitié plus mince que la vieille dame, ne pouvait malheureusement pas toujours profiter de ces largesses au sens littéral.

Ma grand-mère travaillait dur et économisait. Il me faut insister sur ce point : *elle avait des économies qui n'appartenaient qu'à elle.* Je crois que vous pourriez éplucher sur plusieurs siècles la généalogie de Maude sans y trouver une seule femme qui ait réussi avant elle à économiser de l'argent en propre. Elle se constituait même un petit pécule pour payer une opération qui rendrait la cicatrice de sa lèvre moins visible. À mes yeux, un symbole illustre parfaitement son indépendance juvénile : un sublime manteau couleur lie-de-vin avec un col en véritable fourrure qu'elle s'est acheté pour vingt dollars, au début des années trente. C'était une extravagance sans précédent pour une femme de sa famille. Sa mère était restée sans voix à l'idée qu'on puisse gaspiller une somme aussi astronomique pour… un manteau. Une fois de plus, je crois que vous pourriez passer mon arbre généalogique au peigne fin sans y trouver une femme qui, avant Maude, se soit offert quelque chose de si beau et de si cher.

Aujourd'hui encore, quand on parle à ma grand-mère de cet achat, elle bat des cils de délectation. Ce manteau lie-de-vin avec son col en fourrure était la plus belle chose que Maude avait jamais possédée – de fait, ce sera la plus belle chose qu'elle possédera jamais – et elle se souvient encore de la caresse sensuelle de la fourrure sur son cou et son menton.

Plus tard cette année-là, et sans doute un jour où elle portait son ravissant manteau, Maude rencontra un jeune fermier du nom de Carl Olson, dont le frère courtisait sa sœur, et Carl tomba amoureux d'elle. Carl – mon grand-père – n'était pas un homme romantique, il n'était pas versé dans la poésie et il n'était assurément pas riche. (Le petit compte épargne de ma grand-mère éclipsait ses biens.) Mais c'était un homme d'une beauté stupéfiante, et dur à la tâche. Tous les frères Olson avaient la réputation d'être beaux et travailleurs. Ma grand-mère s'éprit de lui. Assez rapidement et à la surprise générale, Maude Edna Morcomb était mariée.

La conclusion que j'avais toujours tirée de cette histoire est que son mariage avait marqué la fin de toute autonomie pour Maude Edna Morcomb. Car, après ça, sa vie n'a plus été que privations et labeur, sans relâche jusqu'au milieu des années soixante-dix. Le travail ne lui faisait pas peur, mais, très vite, la vie est devenue plus rude. Elle a quitté la belle demeure de Mme Parker (fini, les steaks, les soirées et *l'eau courante*) pour s'installer dans la ferme familiale de mon grand-père. Carl venait d'une famille d'austères immigrants suédois, et le jeune couple dut vivre sous le même toit que le père et le jeune frère de mon grand-père. Maude était la seule femme de la ferme. Elle entretenait la maison et cuisinait pour les trois hommes, et, souvent, elle nourrissait également les journaliers. Lorsque enfin l'électricité arriva jusqu'en ville grâce au programme d'électrification des zones rurales de l'administration Roosevelt, son beau-père ne délia sa bourse que pour acheter les ampoules les moins puissantes, et elles étaient rarement allumées.

Maude a élevé ses cinq premiers enfants – sur sept – dans cette maison. Ma mère y est née. Les trois premiers enfants ont grandi dans une seule pièce, sous une unique ampoule, exactement comme va grandir l'enfant de Keo et de Noi. (Le beau-père et le beau-frère de ma grand-mère disposaient chacun d'une chambre.) Lorsque naquit leur premier-né, Lee, Maude et Carl payèrent le médecin avec un veau. Il n'y avait pas d'argent. Il n'y avait jamais d'argent. La ferme avait depuis longtemps englouti les économies de Maude – l'argent qu'elle avait mis de côté pour sa chirurgie réparatrice. Et à la naissance de ma tante Marie, ma grand-mère a découpé son manteau lie-de-vin avec le col en véritable fourrure pour coudre une tenue de Noël à sa première petite fille.

Pour moi, c'est là la métaphore clé des conséquences du mariage sur ma famille. Et par « famille », j'entends les *femmes* de ma famille, et plus particulièrement les femmes du côté maternel, mon héritage et mon patrimoine. Parce que ce que ma grand-mère a fait avec son beau manteau, c'est ce qu'ont fait toutes les femmes de cette génération (et des générations précédentes) pour leur famille, leur mari et leurs enfants. Elles ont taillé en pièces les plus belles et les plus fières parts d'elles-mêmes pour les leur donner. Elles ont remodelé ce qui leur appartenait pour l'adapter et l'offrir aux autres. Elles se sont privées de tout. Elles étaient les dernières à dîner, et, tous les matins, elles étaient les premières debout, pour faire du feu à la cuisine et passer une nouvelle journée à prendre soin de tout le monde. C'est la seule chose qu'elles savaient faire. Un verbe guidait et définissait leur vie : *donner*.

L'histoire du manteau lie-de-vin avec le col en véritable fourrure m'a toujours fait pleurer. Et si je vous disais que cette histoire n'a pas irrémédiablement modelé mes sentiments à l'égard du mariage, ou qu'elle n'a pas forgé, quelque part en moi, une vision quelque peu douloureuse de ce que l'institution matrimoniale peut prendre aux femmes de bien, je vous mentirais.

Mais je vous mentirais également – ou, du moins, je passerais sous silence une information capitale – si j'omettais de révéler la chute inattendue de cette histoire : quelques mois avant que Felipe et moi ne soyons condamnés au mariage par le département de la Sécurité intérieure, je suis allée voir ma grand-mère, dans le Minnesota. Je me suis assise à ses côtés pendant qu'elle cousait un patchwork et elle m'a raconté des histoires. Je lui ai alors posé une question pour la première fois : « Quelle a été la période la plus heureuse de ta vie ? » En mon for intérieur, j'étais convaincue de connaître déjà la réponse : au début des années trente, quand elle vivait avec Mme Parker, qu'elle se promenait en robe jaune et manteau lie-de-vin, avec une mise en plis réalisée par un véritable coiffeur. C'était forcément *la* réponse, pas vrai ? Mais le problème, avec les grands-mères, c'est qu'en plus de donner sans compter aux autres elles veulent aussi avoir leur propre idée de leur vie. Car voilà ce que m'a répondu grand-mère Maude : « L'époque la plus heureuse de ma vie, c'étaient mes premières années de mariage, quand nous habitions tous ensemble dans la ferme des Olson. »

Laissez-moi vous rappeler une chose : ils n'avaient *rien*. Maude était quasiment l'esclave domestique de trois hommes (des fermiers suédois bourrus, rien de moins, qui avaient souvent du mal à se supporter les uns les autres) et elle devait entasser ses bébés et ses lessives de couches dans une seule pièce glaciale et chichement éclairée. À chaque nouvelle grossesse, ses forces s'amenuisaient. La dépression faisait rage à leur porte. Son beau-père refusait de faire équiper la maison d'un système de plomberie. Et ainsi de suite.

« Grand-mère, ai-je dit en prenant ses mains roides d'arthrose dans les miennes. Comment cette époque-là a-t-elle pu être la plus heureuse de ta vie ?

— C'est pourtant le cas, a-t-elle répondu. J'étais heureuse parce que j'avais une famille. J'avais un mari. J'avais des enfants. Jamais je n'avais osé rêver de tout cela. »

Malgré ma surprise, je l'ai crue. Sans la comprendre pour autant. En fait, je n'ai rien compris à cette réponse avant ce soir-là, au Laos, pendant ce dîner chez Keo et Noi. En observant Noi se dandiner inconfortablement, encombrée par son gros ventre, j'avais naturellement commencé à formuler toutes sortes d'hypothèses sur la vie de cette jeune femme. J'avais pitié d'elle, parce qu'elle s'était mariée si jeune, et je me faisais du souci pour elle – comment allait-elle élever son enfant dans une maison déjà envahie par un troupeau de grenouilles taureaux ? Mais lorsque Keo a vanté l'intelligence de sa jeune épouse (qui avait eu l'idée géniale des serres) et quand j'ai vu la joie illuminer le visage de Noi (une jeune femme si timide), j'ai soudain rencontré ma grand-mère. J'ai soudain *connu* ma grand-mère, comme je ne l'avais jamais vue auparavant, comme si Noi me renvoyait son image. J'ai su à quoi devait ressembler la jeune femme et la jeune mère qu'elle avait été : une jeune femme fière, dont le rôle était essentiel, apprécié. Pourquoi Maude était-elle aussi heureuse en 1936 ? Pour la même raison que Noi l'était en 2006 – parce qu'elle se savait indispensable à quelqu'un d'autre. Elle était heureuse parce qu'elle avait un compagnon, parce qu'ils construi-saient ensemble un projet auquel elle croyait de toute son âme, et qu'elle était subjuguée d'être associée à une telle aventure.

Je me refuse catégoriquement à insulter ma grand-mère, ou Noi, en insinuant qu'elles auraient dû viser quelque objectif plus élevé (et se rapprocher davan-tage, peut-être, de mes aspirations et de mes idéaux). Je me refuse également à laisser entendre que ce désir d'être au centre de la vie de leur mari reflète, chez ces femmes, une pathologie. Je pars du principe que Noi et ma grand-mère sont bonnes juges de leur bon-heur, et je m'incline respectueusement devant leur expérience. Ce qu'elles ont eu semble précisément ce qu'elles avaient toujours voulu.

Donc c'est réglé.

Mais est-ce bien certain ?

Parce que – juste pour semer un peu plus la confu-sion – je dois rapporter ce que ma grand-mère m'a éga-lement dit ce jour-là, à la fin de notre conversation. Elle savait que je venais de tomber amoureuse de Felipe, et elle avait entendu dire que ça devenait sérieux entre nous. Maude n'est pas une femme intrusive (à la dif-férence de sa petite-fille), mais nous venions d'avoir une conversation intime, et c'est sans doute la raison pour laquelle elle s'est sentie libre de me demander : « Quels sont tes projets avec cet homme ? »

Je lui ai répondu que je n'en savais trop rien, que je savais seulement que je voulais rester avec lui parce qu'il était gentil, d'un grand soutien, aimant, et parce qu'il me rendait heureuse.

« Mais est-ce que tu vas… ? » Elle a laissé sa phrase en suspens.

Et je ne l'ai pas terminée à sa place. Je voyais bien ce qu'elle cherchait à savoir mais, à ce stade de ma vie, je n'avais encore aucune intention de me remarier, aussi n'ai-je rien dit.

Après un petit silence, elle est revenue à l'attaque : « Est-ce que vous projetez d'avoir… ? »

Une fois de plus, je ne lui ai pas répondu. Je ne cherchais pas à être grossière, ou évasive. Simplement, je savais que je n'aurais jamais d'enfant, et je ne voulais pas la décevoir.

Mais c'est là que cette femme presque centenaire m'a choquée. Ma grand-mère a levé les mains au ciel et a dit : « Oh, autant te le demander sans y aller par quatre chemins ! Maintenant que tu as rencontré ce charmant monsieur, tu ne vas pas te marier, faire des enfants et arrêter d'écrire des livres, n'est-ce pas ? »

❧ ✳ ❧

Comment puis-je m'y prendre pour concilier tout cela ?

Que conclure de l'aveu de ma grand-mère, disant que son plus grand bonheur s'est réalisé lorsqu'elle a renoncé à tout pour son mari et ses enfants, mais déclarant aussitôt après souhaiter que je ne fasse pas le même choix ? Je ne sais que faire de cette apparente contradiction, sinon me dire que, d'une certaine façon, ces deux affirmations sont vraies et sincères. Une femme qui a vécu si longtemps peut se permettre d'abriter en elle des contradictions énigmatiques. Comme la plupart d'entre nous, cette femme est une foule de femmes à elle seule. En outre, dès lors qu'il s'agit des femmes et du mariage, il est difficile de parvenir à des conclusions simples, et la route est jonchée d'énigmes, dans quelque direction qu'on regarde.

Pour y voir plus clair sur ce sujet – les femmes et le mariage –, il nous faut partir du constat, glaçant et monstrueux, que nous tirons moins de bénéfices de l'institution matrimoniale que les hommes. Je n'invente rien, et ça ne me fait pas plaisir de le rapporter, mais, l'une après l'autre, toutes les études confirment cette triste vérité. En revanche, le mariage a toujours été largement bénéfique aux hommes. Si vous êtes un homme, disent les statistiques, la décision la plus intelligente que vous puissiez prendre – en supposant que vous aimeriez jouir d'une existence longue, heureuse, saine et prospère – est de vous marier. Les hommes mariés se débrouillent incroyablement mieux dans la vie que les célibataires : ils vivent plus longtemps, accumulent plus de richesses, excellent dans leur carrière, risquent moins une mort violente. Ils sont plus heureux, et souffrent moins d'alcoolisme, d'addiction aux drogues ou de dépression.

« Il aurait été difficile de concevoir un système plus consciencieusement hostile au bonheur humain que le mariage », écrivait en 1813 Percy Bysshe Shelley, mais il se trompait du tout au tout, du moins en ce qui concerne le bonheur masculin. Statistiquement, un homme a tout à gagner à se marier.

L'élément décourageant est que l'inverse n'est pas vrai. Les femmes mariées de notre époque ne réussissent pas mieux dans la vie que leurs homologues célibataires. En Amérique, les femmes mariées ne vivent pas plus longtemps que les célibataires ; elles n'accumulent pas autant de richesses que les célibataires (en moyenne, en se faisant passer la bague au doigt, une femme perd 7 % de salaire) ; elles réussissent moins bien, professionnellement ; elles ont une santé plus fragile, courent plus de risques de souffrir de dépression ou de mourir de mort violente – et ce en général de la main de leur mari, ce qui fait apparaître une réalité sinistre : selon les statistiques, la personne qui constitue la plus grande menace pour la vie d'une femme mariée n'est autre que l'homme qui partage sa vie.

Tout cela se résume à ce que des sociologues perplexes appellent le « déséquilibre du bénéfice conjugal », une expression dépourvue d'ambiguïté pour une conclusion aussi triste qu'anormale : lors de l'échange de serments nuptiaux, les femmes sont souvent perdantes, alors que les hommes gagnent gros.

Maintenant, avant que nous nous cachions toutes sous notre bureau pour pleurer – ce que cette conclusion me donne envie de faire –, je me dois de nous rassurer : la situation est en train de s'améliorer. De plus en plus de femmes deviennent autonomes et le déséquilibre du bénéfice conjugal se résorbe. Voici quelques-uns des facteurs qui peuvent réduire considérablement cette iniquité : plus une femme mariée a de diplômes, plus elle gagne d'argent, plus elle se marie tard, moins elle fait d'enfants, plus son mari l'aide dans les corvées domestiques, meilleure sera la qualité de sa vie conjugale. Donc, si, dans l'histoire occidentale, il y a eu un moment favorable pour qu'une femme embrasse la condition d'épouse, c'est probablement aujourd'hui. Si vous devez donner des conseils à votre fille sur son avenir, et si vous voulez qu'un jour elle soit une adulte heureuse, alors sans doute aurez-vous envie de l'encourager à terminer ses études, retarder son mariage au maximum, gagner sa vie par elle-même, limiter le nombre d'enfants qu'elle aura et trouver un homme qui briquera la baignoire sans rechigner. Ces conditions réunies, votre fille aura peut-être une chance de jouir d'une vie presque aussi saine, prospère et heureuse que celle de son futur époux.

Presque.

Car même si le fossé s'est rétréci, le déséquilibre du bénéfice conjugal persiste. Aussi devons-nous réfléchir un instant à cette question : pourquoi – quand il a été montré et démontré que le mariage est désavantageux pour elles (et ce de façon disproportionnée) –, tant de femmes veulent-elles encore se marier coûte que coûte ? On pourrait argumenter qu'elles n'ont tout bêtement pas lu les statistiques, mais la réponse, à mon avis, n'est pas si simple. Quelque chose d'autre est à l'œuvre entre les femmes et le mariage – quelque chose de plus profond, de plus affectif. Quelque chose qu'une simple campagne d'information publique (NE VOUS MARIEZ PAS AVANT D'AVOIR AU MOINS TRENTE ANS ET UNE BONNE SITUATION ÉCONOMIQUE !) a peu de chances de changer.

Échouant à comprendre ce paradoxe, j'ai posé la question par e-mail à quelques amies aux États-Unis – des amies dont je savais qu'elles désiraient ardemment trouver un mari. N'ayant personnellement jamais fait l'expérience de ce pressant désir de vie conjugale, j'avais du mal à le comprendre et comptais sur leur aide.

« De quoi s'agit-il ? » ai-je demandé.

J'ai obtenu quelques réponses sérieuses, et d'autres qui étaient bizarres. Une de mes amies a rédigé une longue méditation sur son désir de trouver un homme qui puisse devenir, comme elle l'a élégamment tourné, « le cotémoin dont [elle a] toujours eu envie dans

[sa] vie ». Une autre a dit qu'elle voulait fonder une famille avec un homme « uniquement pour avoir des bébés. Je veux que mon énorme poitrine serve à ce pour quoi elle a été conçue ». Mais, de nos jours, les femmes peuvent avoir des enfants en dehors des liens du mariage, alors pourquoi ce désir spécifique d'un mariage légal ?

Quand j'ai posé à nouveau la question, une autre amie célibataire a répondu : « Si je veux me marier, c'est avant tout par désir de me sentir *choisie*. » Et bien que le concept de passer son existence avec un autre adulte soit effrayant, poursuivait-elle, un autre désir lui tenait vraiment à cœur : la cérémonie, l'événement public, « qui prouvera sans équivoque à tout le monde, et plus particulièrement à moi-même, que je suis assez précieuse pour que quelqu'un choisisse de faire sa vie avec moi ».

On pourrait dire que mon amie a subi un lavage de cerveau de la part des médias américains, qui n'ont de cesse de lui vendre ce fantasme d'éternelle perfection féminine (la belle mariée en robe blanche, auréolée de fleurs et de dentelles, entourée de demoiselles d'honneur aux petits soins), mais je ne crois pas vraiment à cette explication. Mon amie est intelligente, cultivée, réfléchie et saine. Je doute fort que les personnages de dessin animé de Walt Disney ou les feuilletons sentimentaux diffusés l'après-midi à la télé lui aient inculqué ses désirs. Je crois qu'elle a conçu ces désirs entièrement par elle-même.

Je pense aussi qu'on ne devrait pas condamner cette femme de vouloir cela, ni la juger. C'est une femme généreuse, qui a donné beaucoup d'amour, sans forcément en obtenir en retour. Du coup, elle se débat avec ses frustrations affectives, s'interroge sur sa valeur, et quelle meilleure confirmation pourrait-elle trouver qu'une cérémonie dans une belle église, où elle incarnera aux yeux de l'assistance une princesse, une vierge, un ange, un trésor plus précieux que des rubis ? Qui pourrait lui reprocher de vouloir éprouver – *rien qu'une fois* – cette sensation ?

J'espère qu'elle aura l'occasion de vivre cette expérience – avec la bonne personne. Par chance, mon amie est assez équilibrée pour éviter d'épouser dans la précipitation un homme qui ne lui conviendrait pas, uniquement pour donner vie à son fantasme du mariage. Mais sans doute y a-t-il d'autres femmes qui ont risqué cet échange – troquant leur futur bien-être (ainsi que 7 % de leurs revenus et, ne l'oublions pas, quelques années de vie) – pour, l'espace d'un après-midi, offrir à la vue de tous la preuve irréfutable de leur valeur. Je le répète : je ne tournerai pas une telle aspiration en ridicule. Moi aussi j'ai toujours aspiré à être considérée comme un être précieux et j'ai souvent fait des choses inconsidérées, alors, *je comprends*. Je comprends également que nous, les femmes, devons travailler très dur pour établir une démarcation bien nette entre nos fantasmes et la réalité de notre vie. Parfois, parvenir à ce degré de discernement et de mesure peut exiger des années d'efforts.

Je pense à mon amie Christine qui a pris conscience – à la veille de son quarantième anniversaire – que, à force d'attendre le jour de ses noces pour se considérer comme une adulte, elle avait toujours remis sa vraie vie à plus tard. N'ayant jamais revêtu la robe blanche et le voile, elle non plus ne s'était jamais sentie *choisie*. Pendant deux décennies, elle a fait machinalement ce qu'il fallait – le boulot, le sport, manger, dormir –, et durant tout ce temps, en secret, elle attendait. Mais à l'approche de ses quarante ans, alors qu'aucun homme ne s'était présenté pour la couronner et la déclarer princesse, elle s'est aperçue combien cette attente était ridicule. Non, elle était même au-delà du ridicule : c'était un emprisonnement. Mon amie était otage d'une idée qu'elle avait baptisée « la tyrannie de la mariée », et elle a décidé qu'elle devait rompre le sortilège.

Alors voilà ce qu'elle a fait : le matin de son quarantième anniversaire, par une journée froide et couverte qui n'avait rien de bien romantique, mon amie Christine est descendue à l'aube jusqu'à l'océan Pacifique, avec un petit bateau en bois qu'elle avait construit de ses propres mains. Elle a rempli ce bateau de pétales de roses et de riz – les artefacts d'un mariage symbolique –, elle s'est avancée dans l'eau glacée, jusqu'à la poitrine, et elle a mis le feu au bateau. Et puis elle l'a laissé partir – larguant avec lui ses fantasmes de mariage les plus tenaces. C'était un acte de sauvetage personnel. Christine m'a dit plus tard que, tandis que la mer emportait définitivement la Tyrannie de la Mariée (qui brûlait toujours), elle s'était sentie transcendante et puissante, comme si elle venait de s'obliger, physiquement, à franchir un seuil critique. Elle avait finalement épousé sa propre vie, juste à temps.

C'est là une façon de procéder.

Pour être honnête, cependant, aucune femme de ma famille ne m'a montré qu'on pouvait, courageusement, volontairement, *se* choisir. En grandissant, je n'ai jamais rien vu qui ressemblait au bateau de Christine. Je n'ai jamais vu aucune femme épouser sérieusement sa propre vie. Celles qui ont eu le plus d'influence sur moi (mère, grands-mères, tantes) étaient toutes des épouses au sens le plus traditionnel, et toutes, je ne peux que le reconnaître, ont laissé des plumes dans cet échange. Je n'ai pas besoin que des sociologues viennent me parler du déséquilibre du bénéfice conjugal ; je l'ai constaté, de mes propres yeux, depuis l'enfance.

Je n'ai d'ailleurs pas besoin d'aller chercher très loin les explications de ce déséquilibre. Dans ma famille, du moins, le sacrifice de soi, poussé à un degré disproportionné, que les femmes ont consenti pour ceux qu'elles aiment a toujours engendré un énorme déséquilibre entre conjoints. Comme l'a écrit la psychologue Carol Gilligan : « Chez les femmes, le sens de l'intégrité semble s'entrelacer à une morale du soin et de l'attention, si bien que, se voir en tant que femme, c'est se projeter dans une relation de lien. » Cet entrelacement instinctif, féroce, a souvent poussé les femmes de ma famille à opérer des choix néfastes – négliger sans cesse leur santé, par exemple, renoncer à leur propre temps ou à leurs centres d'intérêts, au profit de ce qu'elles considèrent comme un intérêt supérieur – peut-être afin de renforcer constamment cet impérieux besoin de se sentir unique, choisie, liée.

Il en va sans doute ainsi dans beaucoup d'autres familles. Je vous assure qu'il existe des exceptions et des anomalies. Dans certains foyers, le mari renonce à plus de choses que l'épouse, s'implique davantage dans l'éducation des enfants et les tâches ménagères, ou assume même le rôle, plus traditionnellement féminin, d'éducateur – mais je peux compter ces familles sur les doigts d'une main. (Une main que je lève pour saluer ces hommes, et leur témoigner mon immense admiration et mon immense respect.) Mais les statistiques du dernier recensement aux États-Unis racontent la véritable histoire : en 2000, il y avait environ 5,3 millions de mères au foyer, contre seulement 140 000 pères. Le taux de pères au foyer est donc de seulement 2,6 % pour l'ensemble des parents au foyer. Au moment où j'écris ces lignes, cette enquête remonte à plus de dix ans déjà, alors espérons que le ratio évolue. Il ne peut cependant pas évoluer assez vite à mon goût. Cette créature rarissime – le père qui materne – est un personnage introuvable dans ma famille.

Je ne comprends pas bien pourquoi les femmes auxquelles je suis liée par le sang abandonnent tant d'elles-mêmes pour les autres, ou pourquoi j'ai moi-même à ce point hérité de ce penchant – celui qui me porte à toujours vouloir raccommoder, entretenir et tisser des filets sophistiqués pour veiller au bien-être des autres, parfois au détriment du mien. Est-ce un comportement acquis ? Inné ? Attendu ? Biologiquement prédéterminé ? La sagesse traditionnelle n'offre que deux explications à cette tendance féminine au sacrifice de soi, et aucune ne me satisfait. On nous dit soit que les femmes sont génétiquement programmées pour être les gardiennes du foyer, soit qu'elles sont les dupes d'un monde patriarcal injuste qui leur fait *croire* qu'elles sont génétiquement programmées pour être les gardiennes du foyer. Dans un cas, on glorifie leur altruisme, dans l'autre, on le présente comme une pathologie. Les femmes qui renoncent à tout pour les autres sont soit des modèles, soit des bonnes poires – des saintes ou des idiotes. J'ai vraiment du mal avec ces explications parce que nulle part je n'y reconnais le visage de mes parentes. Je refuse que l'histoire des femmes manque à ce point de nuances.

Si on songe à ma mère, par exemple. Et, croyez-moi, j'ai beaucoup songé à elle, chaque jour sans exception, depuis que je sais que je vais me remarier, car je suis convaincue qu'il nous faudrait comprendre le mariage de notre propre mère avant de s'embarquer dans l'aventure. Lorsqu'on cherche à démêler le legs émotionnel d'une histoire familiale, les psychologues suggèrent que nous devrions, dans notre quête d'indices, remonter au moins à trois générations. Nous devrions presque examiner cette histoire en 3D, et considérer que chacune des trois dimensions révèle une génération.

Ma grand-mère a été une épouse de fermier typique de la Grande Dépression, alors que ma mère a appartenu à cette génération de femmes que j'appelle les « féministes charnières ». Dans les années soixante-dix, elle était un poil trop âgée pour s'engager activement dans le mouvement de libération des femmes. Son éducation lui avait appris qu'une dame devait se marier et avoir des enfants, exactement comme une dame doit toujours assortir son sac à main à ses chaussures : parce que cela se faisait. Ma mère était une adolescente des années cinquante, après tout, une époque où un médecin de famille populaire, Paul Landes, prêchait que tous les adultes d'Amérique, absolument tous, devraient se marier, « à l'exception des malades, de ceux souffrant d'un sérieux handicap, d'une malformation, d'une déficience ou d'un déséquilibre mentaux ».

En essayant de me projeter à cette époque, et de comprendre plus clairement ce que ma mère a pu attendre du mariage en raison de son éducation, j'ai

commandé en ligne un film de propagande matrimoniale datant de 1950, intitulé *Marriage for Moderns*.
Le film, produit par McGraw-Hill, était basé sur les
recherches d'un certain professeur Henry A. Bowman,
président du Département de la vie familiale, section
éducation conjugale, de Stephens College, dans le
Missouri. Lorsque je suis tombée sur cette relique,
j'ai songé « Seigneur, ça va être quelque chose ! »,
et je me suis préparée à bien rigoler. Je m'attendais
à entendre un ramassis de sornettes grossières et
kitsch vantant le caractère sacré du foyer, et à voir
des acteurs et actrices aux coiffures impeccables, avec
collier de perles et cravate, imbus de la perfection de
leurs enfants.

Mais le film m'a surprise. Il s'ouvre sur un jeune
couple tout à fait ordinaire, modestement vêtu, qui
discute avec un sérieux paisible sur un banc de jardin
public. La voix *off* d'un homme plein d'assurance
explique combien, pour un jeune couple, « dans
l'Amérique d'aujourd'hui », où la vie est devenue si
difficile, la seule perspective du mariage peut être
pénible et terrifiante. Nos villes sont hantées par « un
fléau social appelé quartiers déshérités », explique-
t-il, « et nous vivons dans une époque où dominent
l'éphémère, l'agitation et la confusion, et où plane en
permanence la menace de la guerre. L'économie est
perturbée, et le coût de la vie augmente alors que le
pouvoir d'achat faiblit ». (Là, nous voyons un jeune
homme dépasser d'un air abattu un immeuble de
bureaux, sur lequel une affichette annonce : « PAS
D'EMBAUCHE. NE PAS DÉPOSER DE CANDI-
DATURE ».) Et dans le même temps « un mariage sur
quatre se termine par un divorce ». Rien d'étonnant,
donc, à ce que les couples aient du mal à s'engager

dans le mariage. « Ce n'est pas la lâcheté qui les fait hésiter, explique le narrateur, mais la dure réalité. »

Je n'en croyais pas mes oreilles. La « dure réalité » n'était pas ce que je m'attendais à entendre. Cette décennie n'avait-elle pas été notre âge d'or – notre petit éden matrimonial, une époque où la famille, le travail et le mariage étaient des idéaux simples et sacrés ? Mais comme ce film le suggérait, pour quelques couples au moins, le mariage soulevait des questions qui n'étaient pas plus simples en 1950 qu'en d'autres époques.

Le film s'attachait particulièrement à l'histoire de Phyllis et de Chad, un tout jeune couple qui essayait de joindre les deux bouts. La première fois que nous rencontrons Phyllis, elle est dans sa cuisine, en train de faire la vaisselle. Mais la voix *off* nous apprend que, quelques années plus tôt à peine, cette même jeune femme « coloriait des préparations microscopiques dans le laboratoire de pathologie, à l'université. Elle gagnait sa vie et la vivait comme bon lui semblait ». Phyllis avait été une jeune femme ambitieuse, diplômée, qui adorait son travail. (« Être une jeune femme célibataire n'est plus un déshonneur social, comme cela pouvait l'être du temps de nos parents, quand on les appelait "vieilles filles". ») Tandis que la caméra suit Phyllis faisant ses courses, le narrateur explique que « Phyllis ne s'est pas mariée par *obligation*. Elle avait le choix. Pour les jeunes gens modernes comme elle, le mariage est un état librement consenti. Ils ont eu la liberté de choisir – c'est un privilège et une responsabilité modernes ». Phyllis, nous dit-on, a choisi de se marier parce qu'elle a décidé qu'elle voulait fonder une famille, plus qu'elle ne désirait faire carrière. Cette décision n'a appartenu qu'à elle, et elle s'y conforme, même si son sacrifice est loin d'être sans conséquences.

Assez rapidement, cependant, nous voyons apparaître des signes de tension.

Phyllis et Chad se sont rencontrés en cours de maths à l'université, où « elle avait de meilleures notes que lui. Mais aujourd'hui, lui est ingénieur et elle, femme au foyer ». On nous montre Phyllis repassant consciencieusement les chemises de son mari, un après-midi, à la maison. Notre héroïne se laisse cependant distraire lorsqu'elle tombe sur les plans que son mari dessine pour un important concours d'architecture. Elle sort sa règle à calcul et commence à vérifier les opérations, sachant que Chad voudrait qu'elle le fasse. (« Ils savent l'un et l'autre qu'elle est meilleure que lui en calcul. ») Phyllis perd la notion du temps, et se laisse tellement absorber qu'elle ne termine pas le repassage ; et puis brusquement, elle réalise qu'elle est en retard au centre médical, où elle a rendez-vous pour sa (première) grossesse. Occupée comme elle l'était à ses calculs, elle avait complètement oublié ce bébé qui grandit en elle.

Juste ciel ! ai-je songé. Quel genre de femme au foyer des années cinquante est-ce là ?

« La femme au foyer typique des années cinquante, m'informe le narrateur comme s'il avait entendu ma question. La femme au foyer moderne. »

Notre histoire continue. Plus tard ce soir-là, dans leur minuscule appartement, Phyllis la future maman douée en maths et son beau mari Chad planchent ensemble sur les plans tout en fumant des cigarettes. (Ah, ces grossesses des années cinquante au bon goût de nicotine !) Le téléphone sonne. C'est un ami de Chad ; il veut aller au cinéma. Chad regarde Phyllis, quêtant son approbation. Mais Phyllis lui explique pourquoi il ne doit pas y aller. Le projet pour le concours doit être rendu la semaine suivante et les plans ne sont pas terminés. Ils se sont donné tellement de mal tous les deux pour ce concours ! Mais Chad veut vraiment voir ce film. Phyllis ne lâche pas prise : c'est tout leur avenir qui repose sur ce travail ! Chad manifeste une déception presque puérile. Il finit cependant par abdiquer, en boudant un peu, et se laisse littéralement pousser devant la table à dessin.

Notre narrateur omniscient, analysant cette scène, approuve. Phyllis, explique-t-il, n'est pas une rabat-joie. Elle a entièrement raison d'exiger de Chad qu'il reste à la maison pour achever un projet qui pourrait les faire considérablement avancer l'un et l'autre dans la vie.

« Elle a renoncé à sa carrière pour lui, dit notre narrateur grandiloquent, et elle veut que ce renoncement porte des fruits. »

En regardant ce film, j'ai éprouvé une étrange combinaison de gêne et d'émotion. J'étais gênée de n'avoir jamais jusque-là imaginé ce genre de conversation dans un couple américain des années cinquante. Pourquoi avais-je gobé, sans me poser de questions, cette nostalgie traditionnelle dans notre culture, selon laquelle cette époque a été « plus simple » ? Quelle époque a été « plus simple » pour ceux qui l'ont vécue ? J'étais également touchée par les réalisateurs qui prenaient timidement la défense de Phyllis et tentaient de faire passer à tous les futurs jeunes mariés d'Amérique ce message capital : « Votre future épouse, belle et intelligente, vient de tout abandonner pour vous, les gars – alors vous feriez mieux d'honorer son sacrifice en travaillant dur pour lui offrir prospérité et sécurité. »

J'ai en outre été émue que cette réponse sympathique et inattendue aux sacrifices d'une femme émane
d'un homme tel que ce docteur Henry A. Bowman –
un homme manifestement viril et autoritaire.

Cela dit, je n'ai pu m'empêcher de me demander ce
qu'il était advenu de Phyllis et Chad après vingt ans de
vie commune – une fois les enfants devenus adultes,
la prospérité atteinte, Phyllis n'ayant plus d'autre vie
que domestique, et Chad commençant à se demander
pourquoi, pendant toutes ces années, il a renoncé à
tant de plaisirs personnels pour être un bon et fidèle
pourvoyeur, et n'être récompensé, au final, que par
une épouse frustrée, des adolescents en rébellion, un
corps qui s'affaisse et une carrière ennuyeuse. Car est-
ce que ce ne sont pas précisément les questions qui
ont explosé dans nombre de familles américaines à
la fin des années soixante-dix, et fait dérailler tant de
mariages ?

Le Dr Bowman – ou n'importe qui d'autre, d'ailleurs,
à l'époque – aurait-il pu prévoir l'ouragan culturel qui
arrivait ?

Oh, bonne chance, Chad et Phyllis !

Bonne chance, tout le monde !

Bonne chance, papa et maman !

Car même si ma mère aurait pu se définir comme
une épouse des années cinquante (bien qu'elle se
soit mariée en 1966, ses idées reçues sur le mariage
dataient de Mamie Eisenhower), l'histoire lui a imposé
de devenir une épouse des années soixante-dix. Elle
était mariée depuis cinq ans seulement et ses filles sortaient à peine des langes quand la grande vague de
turbulences féministes a frappé l'Amérique et ébranlé
tous les postulats qu'on lui avait toujours enseignés
sur le mariage et le sacrifice de soi.

Attention – le féminisme n'a pas débarqué un beau jour de nulle part, comme on en a parfois l'impression. Ce n'est pas comme si un matin, sous le gouvernement Nixon, les femmes, aux quatre coins du monde occidental, s'étaient réveillées en décidant qu'elles en avaient marre et étaient descendues manifester dans la rue. Les idées féministes circulaient à travers l'Europe et l'Amérique du Nord depuis des décennies, avant même la naissance de ma mère, mais il aura fallu – de façon assez ironique – la prospérité économique sans précédent des années cinquante pour déclencher le remue-ménage qui définit les années soixante-dix. Une fois la survie de leur famille largement assurée, les femmes ont pu consacrer leur attention à des questions bien plus pointues, telles que l'injustice sociale, ou même leurs propres désirs. Plus encore, voilà soudain qu'il existait en Amérique une importante classe moyenne (dont ma mère était l'une des nouvelles recrues, elle qui avait grandi dans la pauvreté mais fait des études d'infirmière et épousé un ingénieur chimiste) qui avait accès à des innovations (machines à laver, réfrigérateurs, alimentation industrielle, prêt-à-porter, eau chaude courante – éléments de confort dont ma grand-mère Maude n'avait pu que rêver dans les années trente) facilitant le travail domestique et permettant aux femmes, pour la première fois, de libérer un peu de leur temps.

En outre, grâce aux *mass media*, une femme n'avait plus besoin de vivre dans une grande ville pour être informée d'idées révolutionnaires ; avec les journaux, la télévision et la radio, les concepts sociaux dernier cri arrivaient directement dans votre cuisine de l'Iowa. Une foule de femmes ordinaires avaient désormais le temps (en plus d'une santé et d'une éducation meilleures et de moyens de communications) de se poser des questions telles que : « Hé, minute ! Qu'est-ce que j'attends vraiment de ma vie ? Qu'est-ce que je veux pour mes filles ? Pourquoi est-ce que je continue à servir à dîner chaque soir à cet homme ? Et si moi aussi je veux travailler ailleurs qu'à la maison ? Est-il acceptable que je fasse des études même si mon mari n'en a pas fait ? Et pourquoi, au fait, ne puis-je pas ouvrir de compte bancaire à mon nom ? Et suis-je obligée d'avoir tant d'enfants ? »

Cette dernière question est la plus importante, la plus révolutionnaire de toutes. Car si, effectivement, des formes limitées de contrôle des naissances étaient accessibles en Amérique depuis les années vingt (accessibles, en tous les cas, aux femmes mariées, non catholiques et riches), ce n'est que dans la seconde moitié du XXe siècle, avec l'invention et la diffusion de la pilule que tout le discours social sur les naissances et le mariage a enfin pu changer. Comme l'a écrit l'historienne Stephanie Coontz, « avant d'avoir accès à une contraception efficace et sans danger qui leur permette de contrôler quand avoir des enfants et combien en avoir, les femmes ne pouvaient pas faire grand-chose pour réorganiser leur vie conjugale, et leur vie tout court ».

Alors que ma grand-mère a mis au monde sept enfants, ma mère n'en a eu que deux. C'est une énorme différence en l'espace d'une seule génération. Et comme ma mère disposait d'un aspirateur et d'une installation sanitaire, sa vie s'en trouvait un peu simplifiée. Cela lui laissait un peu de temps pour penser à des sujets autres que domestiques et, à partir des années soixante-dix, les sujets de réflexion étaient nombreux. Ma mère ne s'est jamais identifiée aux féministes – je

tiens à ce que cela soit bien clair. Mais cette révolution lui parlait. Observatrice, issue d'une grande fratrie dans laquelle elle occupait une place médiane, ma
mère a toujours aimé écouter – et, croyez-moi, elle
a écouté très attentivement tout ce qui se disait sur
les droits des femmes, et la plupart de ces propos faisaient sens pour elle. Pour la première fois, elle entendait débattre ouvertement d'idées sur lesquelles elle
réfléchissait dans son coin depuis un moment.

Au premier chef, le débat concernait le corps des
femmes, leur hygiène sexuelle, et toutes les hypo-
crisies qui allaient de pair avec ces questions. Dans
le petit village agricole du Minnesota où elle avait
grandi, ma mère a assisté sans cesse au drame particulièrement déplaisant qui se rejouait dans un foyer
après l'autre : une jeune fille tombait enceinte et il
« fallait la marier ». En fait, c'était l'origine de la plupart des mariages. Mais chaque fois – *sans exception* –,
cela suscitait un énorme scandale dans la famille de
la jeune fille, et cette dernière subissait une véritable
humiliation publique. Chaque fois, la communauté
réagissait comme si cet événement était une première –
alors qu'il se produisait au moins cinq fois par an,
dans toutes les familles, tous milieux confondus.

Pourtant, la disgrâce était épargnée au jeune
homme. En général, il faisait figure d'innocent, voire
de victime – il avait été séduit, poussé au crime. S'il
épousait la fille, on jugeait que celle-ci avait de la
chance. C'était presque, à son endroit, un acte de charité. S'il ne l'épousait pas, on éloignait la fille le temps
de sa grossesse, tandis que le garçon restait à l'école,
ou à la ferme, et vivait comme si rien ne s'était passé.
Comme si, dans l'esprit de la population, le garçon

n'avait pas participé. Son rôle dans la conception était curieusement, presque bibliquement, immaculé.

Ma mère avait observé ce drame tout au long de sa jeunesse et elle était parvenue très tôt à une conclusion plutôt sophistiquée : si, dans une société donnée, la morale sexuelle féminine signifie *tout*, et si la morale sexuelle masculine ne signifie *rien*, alors cette société est tendancieuse et moralement douteuse. Jamais ma mère n'avait associé de mots aussi spécifiques à ses sentiments, mais lorsque, au début des années soixante-dix, les femmes ont commencé à parler sans détour, elle a enfin entendu ces idées exprimées à voix haute. Et de tous les problèmes inscrits à l'ordre du jour des féministes – l'égalité à l'embauche, l'égalité dans l'accès aux études, l'égalité des droits civiques, plus de parité entre les conjoints –, celui qui a vraiment touché ma mère est l'inégalité sexuelle établie par la société.

Renforcée dans ses convictions, elle a trouvé un travail au planning familial de Torrington, Connecticut. Elle a pris cet emploi à une époque où ma sœur et moi étions encore assez jeunes. Et si elle doit à ses compétences d'infirmière d'avoir obtenu ce travail, c'est son talent managérial qui lui a valu un rôle clé. Très vite, elle a coordonné l'ensemble de l'équipe du planning familial, qui avait vu le jour dans un salon, chez un particulier, mais s'est vite transformé en un véritable centre de santé. C'était une époque grisante, une époque où celles qui discutaient ouvertement de contraception ou – que Dieu nous en garde ! – d'avortement faisaient encore figure de rebelles. Lorsque j'ai été conçue, les préservatifs étaient toujours illégaux dans l'État du Connecticut, et un évêque du coin venait de déclarer devant le corps législatif que, si l'on abrogeait les restrictions sur les contraceptifs, l'État serait « un tas de ruines fumantes » d'ici vingt-cinq ans.

Ma mère adorait son travail. Elle œuvrait en première ligne d'une véritable révolution des services de santé, brisant toutes les règles, parlant sans tabou de sexualité ; elle bataillait pour faire ouvrir un planning familial dans chaque comté, pour pousser les jeunes femmes à décider elles-mêmes ce qu'elles voulaient faire de leur corps, pour discréditer mythes et rumeurs sur la grossesse et les maladies vénériennes, combattre des lois pudibondes et – surtout – pour montrer à des mères fatiguées (et à des pères qui l'étaient tout autant, d'ailleurs) de nouvelles options totalement inédites. Par son travail, elle avait en quelque sorte trouvé un moyen de dédommager toutes ses cousines, tantes, amies et voisines des souffrances endurées lorsque le choix n'était pas possible. Ma mère a travaillé dur toute sa vie, mais son travail – sa *carrière* – est devenu sa façon d'exister, et elle a en adoré chaque minute.

Pourtant, en 1976, elle a démissionné.

Elle a pris sa décision la semaine où elle devait assister à une importante conférence à Hartford, et où ma sœur et moi avions la varicelle. Âgées à l'époque de dix et sept ans, nous étions naturellement confinées à la maison. Ma mère a demandé à mon père s'il pouvait prendre deux jours de congé pour nous garder, afin qu'elle assiste à sa conférence. Il ne l'a pas fait.

Ne croyez pas que je veuille ici punir mon père. J'aime cet homme de tout mon cœur et je dois dire pour sa défense : *il s'est excusé depuis*. Mais tout comme ma mère avait été une mariée des années cinquante, mon père était un marié des années cinquante. Il n'avait jamais demandé, ni ne s'était attendu, à épou-

ser une femme active. Il n'avait pas demandé aux mouvements féministes d'arriver pendant son quart, et les
histoires de prévention en matière de sexualité ne le
passionnaient pas particulièrement. Pour tout dire, le
travail de ma mère ne l'enchantait guère. Ce qu'elle
voyait comme une carrière, lui le considérait comme
un passe-temps. Il n'avait rien contre le fait qu'elle ait
un passe-temps – du moment que celui-ci n'interférait
en aucune façon avec sa vie. Ma mère pouvait donc
conserver son boulot, tant qu'elle continuait à s'occuper de tout le reste à la maison. Et il y avait fort à faire
chez nous, parce que, en plus d'élever une famille, mes
parents exploitaient également une petite ferme. Pourtant, jusqu'à l'épisode de la varicelle, ma mère s'était
toujours débrouillée pour tout mener de front : son
travail à temps plein, l'entretien du potager, les tâches
ménagères, la préparation des repas, l'éducation des
enfants, la traite des chèvres, tout en restant entièrement disponible pour mon père lorsqu'il rentrait à la
maison le soir, à cinq heures et demie. Mais lorsque la
varicelle a frappé et que mon père a refusé de renoncer à deux jours de sa vie pour l'aider et s'occuper de
ses gamines, soudain, la coupe a été pleine.

Ma mère a pris sa décision, a démissionné et décidé
de rester à la maison avec ma sœur et moi. Certes, elle a
retravaillé par la suite (quand nous étions enfants, elle
avait toujours un mi-temps ici ou là), mais sa *carrière* ?
C'en était terminé. Comme elle me l'a expliqué plus
tard, elle avait dû faire un choix : elle pouvait avoir
soit une famille, soit une vocation, mais elle ne pouvait
mener les deux de front sans le soutien et les encouragements de son mari. Donc, elle a démissionné.

Inutile de dire que ça a été un creux de la vague
dans son mariage. Pour une autre qu'elle, cet incident

aurait pu en signer la fin. En 1976, dans son cercle d'amies, nombre de femmes divorçaient, et pour ce type de raisons. Mais ma mère n'est pas du genre à prendre des décisions sur un coup de tête. Elle a attentivement observé ces mères actives et divorcées pour déterminer si leur vie s'était améliorée. Et, franchement, ce n'était pas toujours concluant. Du temps où elles étaient mariées, ces femmes étaient fatiguées et dans une situation conflictuelle. Une fois divorcées, rien ne semblait avoir changé. Ma mère avait l'impression qu'elles avaient seulement remplacé leurs vieux soucis par une nouvelle panoplie – au nombre desquels un nouveau petit ami ou un nouveau mari ; et elles n'avaient pas forcément gagné au change. Au-delà de toutes ces considérations, cependant, ma mère était (et elle est toujours) une conservatrice dans l'âme. Elle croit au caractère sacré du mariage. Plus encore, elle aimait toujours mon père, même si elle était en colère contre lui, et même s'il l'avait profondément déçue.

Elle s'est donc accrochée au serment qu'elle avait prononcé, et voici comment elle a formulé cette décision : « J'ai choisi ma famille. »

Est-ce que j'enfonce ici une porte ouverte en disant que de nombreuses, de très nombreuses femmes ont été confrontées à ce choix ? Allez savoir pourquoi, je pense ici à la femme de Johnny Cash : « J'aurais pu enregistrer plus de disques, a déclaré June, mais je voulais me marier. » Des histoires comme celle-ci, on peut en trouver à l'infini. J'appelle ça le « syndrome des cimetières de la Nouvelle-Angleterre ». Visitez n'importe quel cimetière de Nouvelle-Angleterre qui abrite deux ou trois siècles d'histoire, et vous y trouverez des groupements de tombes – souvent alignées impeccablement – dans lesquelles une même famille, hiver après hiver, parfois pendant des années et des années, a enterré ses nouveau-nés. Les bébés mouraient. Des foules entières de bébés mouraient. Et les mères faisaient ce qu'il fallait : elles les portaient en terre, faisaient leur deuil et allaient de l'avant pour survivre à un nouvel hiver.

Aujourd'hui, les femmes, à la différence de tant de nos ancêtres, n'ont plus à affronter des deuils aussi amers – plus aussi couramment, du moins, aussi littéralement, aussi *annuellement*. C'est une bénédiction. Mais ne nous laissons pas duper. N'allons pas en déduire que la vie des femmes est aujourd'hui facile, qu'elle leur épargne désormais pertes et deuils. Je crois que beaucoup de nos contemporaines, y compris ma mère, portent en elles, secrètement, tout un cimetière de Nouvelle-Angleterre dans lequel elles ont paisiblement enfoui – en rangs bien nets – les rêves personnels auxquels elles ont renoncé pour leur famille. Les chansons que n'a jamais enregistrées June Carter Cash, par exemple, reposent dans le silence de ce cimetière, aux côtés de la carrière de ma mère, une carrière modeste mais éminemment louable.

Ces femmes s'adaptent donc à leur nouvelle réalité. Elles font leur deuil à leur façon – souvent invisible – et avancent. Les femmes de ma famille, en tout cas, sont douées pour ravaler leurs déceptions et avancer. Elles semblent avoir un don de métamorphose leur permettant de se couler dans les besoins de leur partenaire, de leurs enfants, ou des réalités quotidiennes. Elles s'ajustent, elles s'adaptent, elles glissent, elles acceptent. Leur malléabilité les rend puissantes, elle leur confère presque un pouvoir surhumain. J'ai grandi en regardant une mère qui chaque jour s'adaptait à ce que la journée allait exiger d'elle : quand elle avait besoin de branchies, elle développait des branchies, et quand les branchies devenaient obsolètes, elle se faisait pousser des ailes; elle fonçait à toute berzingue quand il le fallait, et pouvait faire preuve d'une patience infinie en des circonstances qui exigeait plus de subtilité.

Mon père ne possédait pas une telle élasticité. C'était un homme, un ingénieur, ancré dans la stabilité. Il était toujours le même. Il était papa. Il était le rocher dans le lit du torrent. Nous tournions toutes dans son orbite, mais ma mère plus que quiconque. Elle était le mercure, la marée. Grâce à son extraordinaire adaptabilité, elle a créé le meilleur monde possible au sein de son foyer. Elle a pris la décision de quitter son travail et de rester à la maison parce qu'elle croyait que ce choix serait bénéfique à sa famille et je dois reconnaître que les bénéfices ont été grands pour nous. Du jour où elle a démissionné, tout, dans notre vie (dans notre vie sauf dans la sienne, je veux dire) est devenu plus agréable. Mon père retrouvait une épouse à plein-temps, et Catherine et moi, une maman à plein-temps. Pour être franche, ma sœur et moi n'avions guère apprécié l'époque où notre mère travaillait au planning familial. À ce moment-là, il n'y avait pas de bonne garderie dans notre ville, aussi, après l'école, devions-nous souvent aller chez différents voisins. Mis à part la joie d'avoir accès aux téléviseurs du voisinage (nous ne jouissions pas, à la maison, du luxe prodigieux d'une télévision), Catherine et moi haïssions ces arrangements de garde. Honnêtement, quand notre mère a renoncé à ses rêves pour s'occuper de nous, nous avons été ravies.

Mais surtout, je crois que ma sœur et moi avons tiré un bénéfice incalculable que ma mère restent mariée avec notre père. Pour les enfants, le divorce est une plaie susceptible de laisser des cicatrices psychologiques durables. Tout cela nous a été épargné. Nous avions une mère attentive qui restait à la maison et venait nous chercher à l'école, une mère qui supervisait nos vies quotidiennes, et servait à dîner lorsque notre père rentrait du travail. À la différence de tant de mes ami(e)s issu(e)s de foyers déchirés, je n'ai jamais eu à rencontrer l'horrible nouvelle petite copine de mon père ; Noël avait toujours lieu au même endroit ; cette stabilité m'a permis de me concentrer sur mes devoirs plutôt que sur les histoires de cœur de ma famille... et, par conséquent, je me suis épanouie.

Mais je veux dire ici – pour que ça reste écrit noir sur blanc, ne serait-ce que pour rendre hommage à ma mère – que quantité des avantages dont j'ai bénéficié enfant reposaient sur son sacrifice personnel. Car un fait est certain : si notre famille a profité du renoncement de ma mère, on ne peut pas en dire autant de sa vie personnelle. Ma mère a finalement fait la même chose que ses aînées : elle a cousu des manteaux pour ses enfants avec les chutes de ses désirs les plus discrets.

Voilà pourquoi je râle lorsque j'entends des conservateurs rabâcher que nul environnement n'est plus épanouissant pour un enfant qu'un foyer constitué des deux parents, dont une mère à la cuisine. Si moi – qui ai précisément bénéficié de ce milieu –, j'accepte de reconnaître que cette structure familiale a effectivement enrichi ma vie, les traditionalistes pourraient-ils, reconnaître (pour une fois !) que cet arrangement a toujours accablé les femmes d'un très lourd fardeau ? Construire un foyer exemplaire exige de la mère un altruisme qui la condamne presque à l'invisibilité. Et ces mêmes conservateurs pourraient-ils (au lieu de se contenter de porter aux nues le caractère « sacré » et « noble » de la maternité) accepter de débattre un jour de la façon dont nous pourrions ensemble, à l'échelle de la société, construire un monde où il sera possible d'élever des enfants épanouis et de faire prospérer des familles sans que les femmes soient obligées de décaper leur âme ?

Excusez-moi pour cette diatribe.

Mais c'est un sujet qui me tient très, très à cœur.

❧✻❧

Peut-être est-ce précisément parce que j'ai constaté ce que la maternité a coûté à des femmes que j'aime et que j'admire que je n'éprouve, à presque quarante ans, aucun désir d'enfant.

C'est une question sur laquelle il importe évidemment de se pencher lorsqu'on est sur le point de se marier. Je dois donc l'aborder, car culturellement et spirituellement, le mariage est indissociable de la procréation. Nous connaissons toutes et tous le refrain, n'est-ce pas ? D'abord vient l'amour, puis le mariage, et ensuite, le bébé dans la poussette. Même le mot « matrimonial » tire sa racine du latin *mater*, la « mère ». On n'emploie pas l'adjectif « patrimonial », à propos du mariage. L'institution matrimoniale porte en elle l'hypothèse intrinsèque de la maternité, comme si les enfants entérinaient le mariage. De fait, c'est souvent le cas : dans l'histoire, non seulement de nombreux couples ont été contraints de se marier à cause d'une grossesse non programmée, mais parfois les couples attendaient que la femme tombe enceinte pour conclure le mariage, afin d'être certains qu'ils n'auraient pas, plus tard, de problème de fertilité. Quoi de mieux, pour s'assurer que votre futur conjoint sera en mesure de procréer, que de tester la machine ? C'était une pratique répandue chez les premiers colons américains : comme l'a découvert l'historienne Nancy Cott, beaucoup de petites communautés considéraient la grossesse comme le signal, non stigmatisant et socialement accepté, que l'heure avait sonné pour un jeune couple d'officialiser leur union.

Avec la modernité et le contrôle des naissances, la question de la procréation s'est cependant nuancée, devenant aussi plus épineuse. Aujourd'hui, l'équation n'est plus « grossesse engendre mariage », ni même nécessairement « mariage engendre grossesse » et tout se résume à trois questions cruciales : quand, comment et si. Si jamais vous et votre conjoint êtes en désaccord sur l'un de ces trois points, votre vie conjugale peut devenir extrêmement compliquée car, souvent, nos sentiments en la matière se révèlent non négociables.

Je le sais par expérience – et elle fut douloureuse –, puisque mon premier mariage s'est brisé, en grande partie, sur l'écueil des enfants. Celui qui était à l'époque mon mari tenait pour acquis que nous en aurions un jour. Et il avait toutes les raisons de le croire puisque moi-même je le tenais pour acquis, sans trop savoir cependant quand je voudrais en avoir. Le jour de mon mariage, la perspective d'une éventuelle grossesse et de la maternité m'avait semblé confortablement distante. C'était un événement qui arriverait un jour « dans le futur », « au bon moment » et « lorsque nous serions tous les deux prêts ». Mais parfois, le futur nous rattrape plus vite que nous ne le pensons, et le bon moment ne s'annonce pas toujours avec clarté. Au vu de nos problèmes de couple, j'ai vite douté que cet homme et moi serions un jour prêts, réellement, à supporter un défi tel qu'élever des enfants.

En outre, si la vague idée de la maternité m'avait toujours semblé naturelle, sa réalité – en se rapprochant – ne m'inspirait que crainte et douleur. En vieillissant, je découvrais que rien en moi ne réclamait à cor et à cri un enfant. Mon ventre ne semblait pas équipé de la fameuse horloge biologique. À la différence de beaucoup d'amies, la vue d'un nouveau-né ne déclenchait chez moi aucune envie impérieuse (contrairement à ce qui se passe chaque fois que je vois la vitrine d'un bon bouquiniste). Chaque matin, je procédais à une sorte de scanner mental, je cherchais en moi un désir de maternité, sans jamais le trouver. Il n'existait nul impératif, or je crois que la décision de mettre au monde un enfant, vu l'importance de l'entreprise, doit découler d'un impératif, être pilotée par un désir, et même par le sens de la destinée. J'ai observé ce désir chez d'autres femmes ; je sais à quoi il ressemble. Mais je ne l'ai jamais éprouvé.

En vieillissant, j'ai aussi découvert que j'adorais mon métier d'écrivain, que je l'aimais de plus en plus et que je ne voulais pas renoncer ne serait-ce qu'à une heure de cette communion. Comme Jinny, dans *Les Vagues* de Virginia Woolf, je sentais parfois « un millier de capacités » jaillir en moi, et je voulais les capturer et leur donner, à toutes sans exception, l'occasion de se manifester. La romancière Katherine Mansfield a écrit dans son journal de jeunesse, « Je veux *travailler* ! » – et son insistance, sa passion dûment soulignée traverse les décennies pour venir me chiffonner le cœur.

Moi aussi, je voulais *travailler*. Sans être interrompue. Et avec allégresse.

Mais comment faire, avec un bébé ? De plus en plus paniquée par cette question, et parfaitement consciente de l'impatience grandissante de celui qui était alors mon mari, j'ai passé deux années frénétiques à interroger toutes les femmes que je croisais – mariées, célibataires, sans enfants, artistes, mères exemplaires – sur leurs choix et leurs conséquences. J'espérais que leurs réponses pourraient résoudre mes dilemmes, mais ces réponses couvraient une gamme tellement large d'expériences que je me suis finalement retrouvée plus perdue que jamais.

Par exemple, j'ai rencontré une femme (une artiste qui travaille chez elle) qui m'a dit : « Moi aussi j'avais des doutes, mais à la minute où mon bébé est né, tout le reste s'est évanoui dans ma vie. Aujourd'hui, rien n'est plus important que mon fils. »

Mais une autre (que je définirais comme l'une des meilleures mères que j'aie jamais rencontrées et dont les enfants, aujourd'hui adultes, sont formidables et ont réussi dans la vie) a reconnu devant moi, en privé, et d'un air presque choqué : « Quand je regarde aujourd'hui derrière moi, je ne suis pas du tout convaincue que le choix d'avoir des enfants a amélioré ma vie. J'ai renoncé à trop de choses et je le regrette. Ce n'est pas que je n'aime pas mes gamins, je les adore, mais franchement, parfois j'aimerais bien pouvoir récupérer toutes ces années perdues. »

En revanche, une femme d'affaires élégante et charismatique de la côte Ouest m'a confié : « Il y a une chose qu'on ne m'avait jamais dite, lorsque j'ai commencé à avoir des gosses : prépare-toi à vivre les années les plus heureuses de ta vie. Je n'ai rien vu venir. Et ça a été des avalanches de joie. »

Mais une mère célibataire épuisée (qui est également une romancière douée) m'a dit aussi : « Élever un enfant est la définition même de l'ambivalence. Parfois, c'est bouleversant de voir à quel point quelque chose peut être tout à la fois épouvantable et gratifiant. »

Une autre de mes amies créatrices m'a dit : « Oui, tu perds beaucoup de tes libertés. Mais en tant que mère, tu gagnes un nouveau genre de liberté aussi – la liberté d'aimer un autre être humain inconditionnellement, et de tout ton cœur. Cette liberté-là, ça vaut le coup d'en faire l'expérience. »

Pourtant une autre amie qui a abandonné sa carrière d'assistante d'édition pour rester à la maison avec ses trois enfants m'a prévenue : « Réfléchis bien avant de prendre ta décision, Liz. C'est déjà difficile d'être une mère quand tu sais que c'est ce que tu veux vraiment. Ne songe même pas à mettre un enfant au monde avant d'être absolument sûre de toi. »

Une autre femme cependant, qui a réussi à faire une belle carrière en dépit de ses trois gamins, qu'elle embarque parfois avec elle en voyage d'affaires à l'étranger, m'a dit : « Jette-toi à l'eau. Ce n'est pas si difficile. Tu dois juste barrer la route à toutes les forces qui te signalent ce que tu ne peux plus faire quand tu es mère. »

La rencontre d'une photographe réputée, qui a maintenant une soixantaine d'années, m'a profondément touchée. À propos des enfants, elle a fait ce simple commentaire : « J'en ai jamais eu, ma belle. Et ils ne m'ont jamais manqué. »

Voyez-vous se dessiner un schéma, ici ?

Parce que moi, je n'en ai discerné aucun.

Et pour cause : il n'y en avait pas. Il n'y avait rien d'autre qu'un groupe de femmes intelligentes qui tentaient de faire fonctionner les choses selon leurs propres termes, naviguant à l'instinct. De toute évidence, aucune ne pouvait dire s'il me fallait, ou pas, devenir mère. J'allais devoir faire ce choix moi-même, et l'enjeu était, en ce qui me concernait, colossal. Déclarer que je ne voulais pas avoir d'enfant, c'était déclarer la fin de mon mariage. Ce n'est pas pour cette seule raison que j'ai quitté mon mari (certains aspects de notre relation étaient franchement grotesques), mais la question des enfants a été le coup de grâce. Là-dessus, il n'y avait pas de compromis possible.

Il est devenu enragé ; j'ai pleuré ; nous avons divorcé.

Mais ça, c'est un autre livre.

Compte tenu de cette histoire, on ne devrait pas s'étonner que, après quelques années de célibat, je sois tombée amoureuse de Felipe – un homme d'un certain âge, père de deux beaux enfants adultes, qui ne cherchait absolument pas à récidiver dans l'expérience de la paternité. Ce n'est pas non plus par hasard si Felipe est tombé amoureux de moi – une femme sans enfant, à la fertilité déclinante, qui adorait ses grands enfants mais n'avait absolument aucune envie de devenir mère.

Le soulagement – l'immense soulagement que nous avons tous les deux ressenti lorsque nous avons découvert qu'aucun de nous deux n'allait contraindre l'autre à devenir parent – reste une agréable vibration dans notre vie commune. Je n'arrive toujours pas y croire. Pour une raison que j'ignore, jamais je n'avais envisagé que je pourrais un jour avoir un compagnon qui n'attendrait pas que je lui donne des enfants.

C'est vous dire combien l'incantation « D'abord vient l'amour, puis le mariage, et ensuite, le bébé dans la poussette » était profondément gravée dans ma conscience ; j'avais sincèrement omis de remarquer qu'on pouvait faire l'impasse sur l'option poussette et que personne – dans notre pays, du moins – ne viendrait m'arrêter pour autant. Et avoir hérité de deux merveilleux beaux-enfants adultes était un bonus à ma rencontre avec Felipe. Les enfants de Felipe ont besoin de mon amour et de mon soutien, mais ils n'ont pas besoin que je m'occupe d'eux. On s'est déjà très bien occupé d'eux avant que je n'entre en scène. Le meilleur de l'histoire cependant est que, en présentant les enfants de Felipe à ma famille, j'ai réussi l'ultime tour de magie générationnel : j'ai donné à mes parents quelques petits-enfants supplémentaires, sans avoir à les élever. Il me semble encore que tant de liberté et d'abondance confinent au miracle.

Être exemptée de maternité m'a également permis de devenir exactement la personne que, je crois, j'étais destinée à être : un écrivain et une voyageuse, oui, mais aussi – et c'est une expérience assez merveilleuse – une tante. Une tante sans enfants pour être exacte – ce qui m'introduit dans un groupe d'extrêmement bonne compagnie, car voici le fait ahurissant que j'ai découvert en marge de mes recherches sur le mariage : si on prend en compte l'ensemble des populations humaines, toutes cultures confondues, et sur tous les continents, on découvre que, de façon constante et dans n'importe quelle population donnée (même chez les procréateurs les plus enthousiastes de l'histoire, tels que les Irlandais au XIXe siècle ou les amish aujourd'hui), 10 % de femmes n'ont pas eu d'enfant. Le pourcentage ne descend jamais sous ce seuil. Dans la plupart des sociétés, ce pourcentage est même généralement supérieur – et pas uniquement dans le monde occidental, où le taux de femmes nullipares tend à tourner autour de 50 %. Dans les années vingt en Amérique par exemple, 23 % des femmes adultes – c'est énorme – n'avaient pas eu d'enfant. (Que ce chiffre soit si élevé n'est-il pas choquant, pour une époque si traditionaliste, où le contrôle légal des naissances n'existait pas ?)

Bien trop souvent, celles d'entre nous qui ont choisi de ne pas avoir d'enfants sont accusées de n'être pas féminines, d'être anormales ou égoïstes, mais l'histoire nous enseigne que, de tout temps, des femmes ont choisi de vivre leur vie sans enfanter. Nombre d'entre elles ont choisi *délibérément* de faire l'impasse sur la maternité, soit en s'abstenant de relations sexuelles avec les hommes, soit en cultivant méticuleusement ce que les dames de l'époque victorienne appelaient « les arts de la précaution ». (Les femmes ont toujours eu le don des secrets.) Pour d'autres femmes, évidemment, ne pas avoir d'enfants n'avait rien d'un choix – et résultait d'une stérilité, d'une maladie, d'un célibat prolongé, ou d'une disette de mâles fertiles, amochés par la guerre. Quelles que soient les raisons, cependant, le fait de ne pas avoir d'enfants est un phénomène bien moins contemporain que nous avons tendance à le croire.

En tous les cas, dans l'histoire (et ce *de façon constante*), on rencontre tellement de femmes qui ne sont jamais devenues mères que je commence à soupçonner, dans une certaine mesure, un phénomène d'adaptation de la race humaine. Il est parfaitement légitime de ne pas se reproduire, mais peut-être, en plus, cela n'est-il pas indispensable. Et si notre espèce avait besoin d'un gros contingent de femmes nullipares, responsables et compatissantes pour donner un coup de main à la communauté ? Mettre au monde et élever des enfants consument beaucoup d'énergie et les mères peuvent vite être avalées par une tâche aussi décourageante – si elle ne les tue pas carrément. Par conséquent, peut-être avons-nous besoin de renforts, de femmes à l'énergie intacte, qui se tiennent sur la touche, prêtes à intervenir dans la mêlée pour soutenir la tribu. Les femmes sans enfant ont toujours été essentielles à la société car ce sont souvent elles qui se chargent d'élever des enfants qui ne relèvent pas de leur responsabilité biologique – et aucun autre groupe ne s'en acquitte dans une aussi large mesure. Les femmes sans enfants ont toujours dirigé des orphelinats, des écoles et des hôpitaux. Elles sont sages-femmes, nonnes et pourvoyeuses de charité. Elles guérissent les malades, elles enseignent les arts et, souvent, deviennent indispensables sur le champ de bataille de la vie. De façon littérale, dans certains cas. (Je pense ici à Florence Nightingale.)

Ces femmes sans enfants – appelons-les « la Brigade des Tantes » –, l'histoire ne leur a jamais vraiment rendu hommage, j'en ai bien peur. On les a dites égoïstes, frigides, pathétiques. Voilà une idée reçue particulièrement déplaisante que la croyance populaire colporte à leur sujet, et qu'il me faut dissiper : on dit que ces femmes peuvent mener une vie libérée, heureuse et prospère tant qu'elles sont jeunes, mais que, leurs vieux jours arrivés, elles regretteront leur choix, et mourront seules, déprimées et rongées d'amertume. Peut-être avez-vous déjà entendu cette antienne ? Que les choses soient bien claires : il n'existe *aucune* preuve sociologique en mesure de l'étayer. Des études récentes menées dans les maisons de retraite américaines, comparant le « degré » de bonheur de femmes âgées infécondes et de femmes ayant eu des enfants, ne font apparaître aucun schéma particulier de tristesse ou de joie dans un groupe ou dans l'autre. En revanche, voici ce que les chercheurs ont découvert : ce qui fait le malheur des femmes âgées, c'est la pauvreté et la mauvaise santé. Que vous ayez des enfants ou non, l'ordonnance semble claire : économisez votre argent, veillez à votre hygiène dentaire, accrochez votre ceinture de sécurité et restez mince – je vous garantis alors que vous serez, un jour, une vieille dame parfaitement heureuse.

C'était juste un petit conseil d'amie de Tante Liz.

Il semblerait cependant que les tantes sans enfants ont une vie aussi éphémère que celles des papillons : ne laissant aucune descendance, elles ont tendance à s'effacer des mémoires après une génération. De leur vivant, elles sont en revanche essentielles, et peuvent même être héroïques. Dans l'histoire récente de ma propre famille, on rencontre des histoires magnifiques de tantes qui, en des cas d'urgence, ont sauvé la situation. Souvent en mesure d'accumuler diplômes et ressources, précisément parce qu'elles n'avaient pas d'enfant, ces femmes possédaient assez d'économies et de compassion pour sauver une vie en payant une opération, éviter à une petite exploitation agricole la faillite, ou accueillir sous leur toit un enfant dont la mère était tombée gravement malade. Une de mes amies appelle ces tantes qui volent au secours des enfants des « parents de rechange » – et elles sont légion dans le monde entier.

Dans ma propre famille, mon rôle a parfois été essentiel. Au titre de membre de la Brigade des Tantes, mon boulot ne consiste pas simplement à gâter ma nièce et mon neveu (encore que je prenne cette mission très à cœur). Je suis également une tante itinérante – une tante ambassadrice, toujours à portée de main lorsqu'on a besoin d'elle. J'ai pu aider certaines personnes, en les soutenant financièrement quelquefois pendant des années, parce que je ne suis pas contrainte, comme le serait une mère, de consacrer toute mon énergie et toutes mes ressources à l'éducation d'un enfant. Je n'aurai jamais à payer d'uniformes scolaires, d'honoraires d'orthodontistes ni de frais d'université et, du coup, je dispose de ressources que je peux distribuer plus libéralement autour de moi. En ce sens, j'ai moi aussi une fonction nourricière. On peut nourrir de bien des façons. Et, croyez-moi, chacune d'elles est essentielle.

Jane Austen écrivit un jour à une parente dont le premier neveu venait de naître : « J'ai toujours tenu en très haute estime l'importance des tantes. Maintenant que vous en êtes devenue une, vous êtes une personne d'une certaine importance. » Jane savait de quoi elle parlait. Elle-même était une tante sans enfants, adorée par ses neveux et nièces qui trouvaient en elle une merveilleuse confidente, et n'oublieraient jamais ses « éclats de rire ».

À propos d'écrivains : d'une perspective qui, je le reconnais, n'a rien d'objectif, j'éprouve ici le besoin de mentionner que Léon Tolstoï, Truman Capote et les sœurs Brontë ont été élevés par des tantes sans enfants, soit parce que leur mère était morte, soit parce qu'elle les avait abandonnés. Tolstoï déclare que sa tante Toinette a été la personne la plus influente dans sa vie, puisqu'elle lui a enseigné « la joie morale de la vie ». L'historien Edward Gibbon, orphelin très jeune, a été élevé par sa tante Kitty, une dame sans enfants qu'il adorait. John Lennon a été élevé par sa tante Mimi, qui a convaincu le garçon qu'il deviendrait un jour un artiste important. Les études universitaires de F. S. Fitzgerald furent payées par sa loyale tante Annabel. Le premier bâtiment de Frank Lloyd Wright lui fut commandé par ses tantes Jane et Nell – deux adorables vieilles filles qui tenaient un pensionnat à Spring Green, dans le Wisconsin. Coco Chanel, orpheline, fut élevée par sa tante Adrienne, qui lui apprit à coudre – un talent dont la jeune fille aura su tirer profit, je pense que tout le monde sera d'accord avec moi. Virginia Woolf a été profondément influencée par sa tante Caroline, une célibataire quaker qui vouait sa vie aux bonnes œuvres, entendait des voix, parlait aux esprits, et semblait, comme s'en souvint Woolf des années plus tard, « un genre de prophétesse moderne ».

Rappelez-vous cet instant crucial de l'histoire littéraire, quand Marcel Proust croqua dans sa célèbre madeleine et que, submergé de nostalgie, il n'eut d'autre choix que d'écrire ce roman fleuve que constitue *À la recherche du temps perdu* : c'est le souvenir de la tante Léonie partageant, tous les dimanches après la messe, ses madeleines avec le petit Marcel, qui déclencha le tsunami de cette éloquente nostalgie.

Et ne vous êtes-vous jamais demandé quel était le vrai visage de Peter Pan ? Son créateur, J.M. Barrie, a répondu pour nous à cette question en 1911. Pour Barrie, c'est dans « le visage de nombres de femmes

sans enfant » qu'on peut voir se refléter l'image de Peter
Pan, son essence, et sa merveilleuse joie de vivre.

C'est ça, la Brigade des Tantes.

❦

Mais cette décision que j'ai prise – de rejoindre les
rangs de la Brigade des Tantes plutôt que de m'enrô-
ler dans l'armée des mères – me différencie de ma
propre mère, et je sentais que je devais encore réconcilier ces divergences. Voilà probablement pourquoi, au
beau milieu de mes voyages avec Felipe, j'ai appelé ma
mère, un soir, pour tenter d'éclaircir quelques points
quant aux liens que sa vie et ses choix entretenaient
avec ma vie et mes propres choix.

Nous avons parlé pendant plus d'une heure. Ma
mère était calme et réfléchie, comme d'habitude. Elle
n'a pas semblé surprise par mes questions – je dirais
même qu'elle y a répondu comme si elle les attendait.
Depuis des années, peut-être.

Tout d'abord, de but en blanc, elle s'est empressée
de me rappeler ceci :

« Je ne regrette rien de ce que j'ai fait pour vous,
mes enfants.

— Tu ne regrettes pas d'avoir abandonné un boulot que tu adorais ?

— Je refuse de vivre dans le regret, a-t-elle affirmé
(ce qui ne répondait pas exactement à ma question,
mais m'a semblé un départ honnête). J'ai adoré ces
années passées avec vous à la maison. Ta sœur et toi,
je vous connais comme jamais votre père ne vous
connaîtra. Moi, j'étais là, je vous ai vues grandir, sous
mes yeux. C'était un privilège, de vous regarder deve-

nir adultes. Je n'aurais voulu rater ça pour rien au monde. »

Ma mère m'a également rappelé qu'elle a choisi de rester mariée pendant toutes ces années avec le même homme parce qu'il se trouve qu'elle aime profondément mon père – ce qui est un bon argument. Mes parents s'entendent en effet non seulement sur le plan du caractère, comme des amis, mais également sur d'autres plans, plus concrets. Ils partagent des activités physiques – randonnée, vélo, travaux de la ferme. Je me souviens qu'un soir, tard, en hiver, je les ai appelés de la fac. Ils ont répondu, tous les deux essoufflés : « On faisait de la luge ! » m'a expliqué ma mère, tout étourdie d'avoir trop ri. Ils avaient « emprunté » la luge de leur voisin de huit ans et étaient allés dévaler, au clair de lune, les pentes verglacées de la colline derrière chez nous. Cramponnée à mon père, ma mère criait de joie, grisée par la vitesse et l'excitation. Qui s'amuse encore à ça, à cinquante ans ?

Une certaine alchimie sexuelle a aussi opéré entre mes parents, depuis le premier jour. « Il ressemblait à Paul Newman », se souvient ma mère lorsqu'elle évoque leur rencontre, et quand une fois ma sœur a demandé à notre père quel était son souvenir préféré de ma mère, il a répondu sans hésiter : « J'ai immédiatement adoré ses formes appétissantes. » Il les adore toujours autant. Mon père passe son temps à toucher ma mère, il examine son corps, il admire ses jambes, il la désire. Elle l'envoie balader en feignant d'être choquée : « John ! Arrête ! » Mais on voit bien qu'elle se délecte de son attention. J'ai grandi avec sous les yeux ce spectacle, et je pense que c'est un cadeau précieux – de savoir que vos parents sont physiquement comblés l'un par l'autre. Une grande part de leur mariage, comme ma mère me l'a rappelé, a toujours été logée quelque part en deçà du rationnel, enfoui quelque part dans la sensualité. Ce degré d'intimité est bien loin de toute explication, de tout argument.

Et puis il y a le compagnonnage. Mes parents sont aujourd'hui mariés depuis plus de quarante ans. Ils ont bien rodé leur contrat. Leur routine tourne drôlement bien, et le temps a poli leurs habitudes. Chaque jour, ils gravitent l'un autour de l'autre selon un même schéma très simple : le café, le chien, le petit déjeuner, le journal, le jardin, les factures, les tâches ménagères, la radio, le déjeuner, les courses, le chien, le dîner, la lecture, le chien, le lit… et on recommence.

Le poète Jack Gilbert (avec qui je n'ai hélas aucun lien de parenté) a écrit que le mariage est ce qui passe « entre le mémorable ». Il a dit que, quand on repense à notre mariage des années plus tard, peut-être après la mort de notre conjoint, on se souvient surtout « des vacances, et des urgences » – des hauts, et des bas. Le reste se fond dans le flou de la monotonie quotidienne. Mais c'est précisément cette monotonie qui constitue le mariage, soutient le poète. Le mariage, c'est ces deux mille conversations impossibles à distinguer les unes des autres, échangées devant ces deux mille petits déjeuners impossibles à distinguer les uns des autres, où l'intimité tourne comme une roue au ralenti. Comment mesure-t-on la valeur de cette familiarité toujours plus grande que l'on acquiert de l'autre – de quelqu'un qu'on connaît si bien, si entièrement, et dont la présence permanente devient une nécessité, comme l'oxygène ?

Ce soir-là, lorsque je l'ai appelée du Laos, ma mère m'a également rappelé qu'elle est loin d'être une sainte, et que mon père a dû, lui aussi, faire des concessions afin que leur mariage tienne le coup. Elle reconnaît généreusement qu'elle n'est pas toujours une épouse commode. Mon père a dû apprendre à être manœuvré chaque jour par une femme hyperorganisée. À cet égard, ces deux-là sont affreusement mal assortis. Mon père prend la vie comme elle vient ; ma mère fait advenir la vie. Un exemple : un jour où il bricolait dans le garage, mon père a accidentellement délogé un petit oiseau de son nid, sous les poutres. Dérouté et paniqué, l'oiseau s'est perché sur le bord de son chapeau et, pour ne pas le traumatiser davantage, mon père a passé une bonne heure assis par terre, dans le garage, jusqu'à ce que l'oiseau se décide à s'envoler. Cette histoire, c'est mon père tout craché. Jamais une telle chose n'arrivera à ma mère. Elle est bien trop occupée pour laisser des petits oiseaux hébétés se reposer sur sa tête alors que des tâches ménagères l'attendent. Ma mère ne va pas se soumettre au bon vouloir d'un oiseau.

Et puis, si elle a renoncé à bien plus d'ambitions personnelles que mon père, elle exige aussi beaucoup plus que lui du mariage. Il est bien plus tolérant à son égard qu'elle ne l'est au sien. (« Carole ne pourrait pas être mieux que ce qu'elle est », dit-il souvent, alors qu'on a l'impression que ma mère trouve que son mari pourrait être – et peut-être même devrait être – un homme meilleur.) Elle passe son temps à le diriger. Mon père ne s'en aperçoit pas toujours parce qu'elle est assez subtile et courtoise dans ses méthodes de contrôle, mais croyez-moi : elle tient la barre.

C'est ce qui la définit. Comme cela définit toutes les femmes de sa famille. Elles prennent le pouvoir et régentent chaque aspect, sans exception, de la vie de leur mari et ensuite, comme adore le souligner mon père, *elles refusent catégoriquement de mourir.* Aucun homme ne peut survivre à une épouse née Olson. C'est un fait biologique. Je n'exagère pas : cela ne s'est jamais produit. Aucun homme ne peut non plus éviter de tomber sous le contrôle absolu d'une épouse née Olson. (« Je vous préviens, a dit mon père à Felipe au début de notre relation, si vous vivez avec Liz, vous devez immédiatement délimiter votre espace vital, et le défendre. ») Mon père a affirmé une fois en plaisantant – en réalité il ne plaisantait qu'à moitié – que ma mère dirige 95 % de sa vie. Et ce qui est étonnant, a-t-il souligné d'un ton songeur, c'est qu'elle est bien plus agacée par ces 5 % qu'il refuse d'abandonner à son contrôle que lui ne l'est par ces 95 % qu'elle gouverne entièrement.

Robert Frost a écrit qu'« un homme doit en partie renoncer à être un homme » s'il veut embrasser l'état du mariage – et en ce qui concerne ma famille, j'aurais mauvaise grâce à le nier. J'ai longuement développé l'idée que le mariage est un outil de répression à l'égard des femmes, mais il importe de se souvenir qu'il l'est souvent aussi à l'égard des hommes. Le mariage est un harnais de la civilisation dans la mesure où, en reliant un homme à un ensemble d'obligations, il bride son énergie insatiable. Les sociétés traditionnelles savent depuis longtemps que rien n'est plus inutile à une communauté qu'une bande de jeunes hommes célibataires et sans enfants (sauf, il faut le reconnaître, quand ils deviennent de la chair à canon). En règle générale, les jeunes hommes célibataires sont réputés pour dilapider leur argent avec les prostituées, s'enivrer, s'adonner au jeu et à la paresse. Ils ne contribuent à rien. Comme des animaux, on doit les contenir, les ligoter dans les responsabilités – c'est du moins ce qu'on a toujours prétendu. Il faut convaincre ces jeunes hommes de ranger leurs joujoux pour revêtir le manteau de l'âge adulte, bâtir des foyers, monter des affaires, et cultiver un intérêt pour leur environnement. Selon un poncif qui ne date pas d'hier et qu'on retrouve dans pas mal de cultures, rien ne vaut, pour inculquer le sens des responsabilités chez un jeune homme irresponsable, une bonne et solide épouse.

Cela a assurément été le cas en ce qui concerne mes parents. « Elle m'a donné forme en un tournemain » : voilà comment mon père résume leur histoire d'amour. Dans l'ensemble, ça ne le dérange pas, même si parfois – disons, au beau milieu d'une réunion de famille, entouré par sa puissante épouse et ses tout aussi puissantes filles – mon père fait penser à un vieil ours de cirque dérouté qui semble avoir un peu de mal à comprendre comment il a pu se laisser domestiquer à ce point, ou pourquoi il se retrouve perché aussi haut sur cet étrange monocycle. Dans ces moments-là, il me rappelle Zorba le Grec, qui, lorsqu'on lui demande s'il a été marié, répond : « Ne suis-je pas un homme ? Évidemment que j'ai été marié. Femme, maison, enfants, toute la catastrophe ! » (À ce propos, la mélodramatique angoisse existentielle de Zorba me rappelle un fait curieux : l'Église orthodoxe grecque ne considère pas tant le mariage comme un sacrement que comme un *saint martyre* – il faut comprendre par là que, pour qu'un partenariat entre êtres humains fonctionne avec succès sur le long terme, les participants doivent consentir une certaine mort du Moi.)

Mes parents ont certainement l'un et l'autre éprouvé dans leur propre mariage cette restriction, cette impression insaisissable de mort du Moi. Je sais que c'est vrai. Mais je ne suis pas certaine que cela les ait gênés. Quand j'ai demandé à mon père, une fois, quelle sorte de créature il aimerait être dans une prochaine vie, s'il devait y en avoir une autre, il a répondu sans hésiter :

« Un cheval.

— Quel genre de cheval ? ai-je demandé en l'imaginant en étalon, galopant fougueusement à travers de vastes plaines.

— Un cheval sympa », a-t-il répondu.

J'ai bien ajusté l'image dans ma tête et me suis représenté un étalon sympa en train de galoper fougueusement à travers les plaines.

« Quel genre de cheval sympa ? ai-je insité.

— Un hongre. »

Un cheval *châtré* ! C'était pour le moins inattendu. L'image que j'avais en tête s'est modifiée du tout au tout. Je voyais maintenant mon père en cheval de trait bonasse, tirant docilement une carriole conduite par ma mère.

« Pourquoi un hongre ?

— J'ai découvert que la vie est plus facile comme ça. Crois-moi. »

La vie a donc été plus simple pour lui. En échange des contraintes presque castratrices par lesquelles le mariage a réduit ses libertés personnelles, mon père a reçu la stabilité, la prospérité, des encouragements dans ses travaux, des chemises propres et raccommodées qui apparaissent comme par magie dans les tiroirs de sa commode et, chaque jour, au terme d'une bonne journée, un repas sur lequel il peut compter. Il a en revanche travaillé pour ma mère, lui a été fidèle et se soumet à sa volonté 95 % de son temps — et ne l'écarte d'un coup de coude que lorsqu'elle s'approche un peu d'une totale domination. Les termes de ce contrat sont acceptables pour l'un comme pour l'autre puisque – comme l'a rappelé ma mère quand je l'ai appelée du Laos – cela va faire bientôt cinquante ans qu'ils sont mariés.

Les termes de leur mariage ne sont sans doute pas faits pour moi, bien sûr. Là où ma grand-mère était une épouse de fermier et où ma mère était une sympathisante féministe, j'ai grandi dans un climat d'idées complètement nouvelles sur le mariage et la famille. La relation que je suis susceptible de construire avec Felipe est ce que ma sœur et moi avons baptisé « le mariage sans épouse » – ce qui signifie que personne, dans notre foyer, n'endossera (du moins pas sur un mode *exclusif*) le rôle traditionnel de l'épouse. Les corvées les plus ingrates qui ont toujours pesé sur les épaules des femmes seront réparties équitablement. Et comme nous n'aurons pas d'enfant, on pourrait aussi dire, je suppose, que ce sera un « mariage sans mère » – un modèle d'union dont ni ma grand-mère ni ma mère n'ont fait l'expérience. De même, la responsabilité de gagner l'argent du couple ne reposera pas sur les seules épaules de Felipe, comme elle a reposé sur celles de mon père et de mon grand-père ; d'ailleurs, c'est sans doute moi qui fournirai toujours le plus gros des revenus du foyer. Ainsi, ce sera également une sorte de « mariage sans mari ». Des mariages sans épouse, sans enfant, sans mari… Il n'y en a pas eu beaucoup au cours de l'histoire, nous n'avons donc pas vraiment de modèle. Felipe et moi devrons inventer au fil de notre histoire ses règles et ses frontières.

Cela dit, qui sait, c'est peut-être là le lot de tout un chacun ?

Ce soir-là au téléphone, lorsque depuis le Laos j'ai demandé à ma mère si son mariage l'avait rendue heureuse, elle m'a assuré qu'elle avait passé de très bons moments avec mon père, plus souvent qu'elle n'en avait enduré de mauvais. Et lorsque j'ai voulu savoir quelle avait été la période la plus heureuse de sa vie, elle m'a répondu : « En ce moment. Vivre avec ton père, jouir d'une bonne santé, d'une situation financière stable, être libre… Ton père et moi occupons nos journées chacun de notre côté, puis on se retrouve tous les soirs pour dîner. Même après toutes ces années, on passe encore des heures à discuter et à rire. C'est vraiment agréable.

— C'est merveilleux », ai-je dit.

Il y a eu un silence.

« Puis-je dire quelque chose ? J'espère que cela ne t'offensera pas, a-t-elle hasardé.

— Vas-y.

— Pour être complètement franche, le meilleur de ma vie a commencé lorsque, vous, les filles, avez grandi et quitté la maison. »

J'ai commencé à rire (*alors là, merci maman !*) mais elle a enchaîné précipitamment, couvrant mon rire : « Je suis sérieuse, Liz. Il y a quelque chose que tu dois comprendre à mon sujet : toute ma vie, j'ai élevé des enfants. J'ai grandi dans une famille nombreuse, c'est moi qui me suis occupée de Rod, de Terry et de Luana quand ils étaient petits. Combien de fois, à dix ans, j'ai dû me lever au milieu de la nuit pour changer quelqu'un qui avait fait pipi au lit ! Toute mon enfance, ça a été ça. Je n'ai jamais eu de temps pour moi. Ensuite, adolescente, je me suis occupée des enfants de mon frère aîné, et j'ai passé mon temps à jongler entre mes devoirs et le baby-sitting. Après, j'ai eu ma propre famille à élever, et j'ai dû renoncer à tant de moi pour ça ! Quand ta sœur et toi êtes parties à la fac, pour la première fois de ma vie je n'avais plus d'enfants sous ma responsabilité. J'ai adoré ce moment-là. Je ne peux pas te dire à quel point. Avoir ton père tout à moi, avoir du temps tout à moi, c'était une révolution. Je n'ai jamais été plus heureuse. »

Bon d'accord, ai-je songé avec soulagement. *Elle a donc fait la paix avec tout ça. Parfait.*

Il y a eu un autre silence.

Et puis ma mère a repris, d'un ton que je ne lui avais jamais entendu : « Mais je dois te dire autre chose. Il y a des moments où je me refuse à repenser aux premières années de mon mariage et à tout ce à quoi j'ai dû renoncer. Je ne m'attarde pas là-dessus, je te le jure, car ça me met trop en colère. »

Ah.

Par conséquent, la conclusion est… ???

Peu à peu, j'ai compris qu'il n'y aurait peut-être pas ici de conclusion. Ma mère elle-même avait probablement renoncé, depuis longtemps, à tirer des conclusions sur sa vie. Elle avait sans doute renoncé (comme nous sommes nombreux à devoir le faire, passé un certain âge), à croire qu'on peut considérer sa vie avec sérénité. C'est là un fantasme d'une extravagante innocence. Et si j'avais besoin de considérer avec sérénité celle de ma mère pour calmer mon anxiété quant au mariage, alors, j'en ai bien peur, je me mettais le doigt dans l'œil. Ma seule certitude, c'est que ma mère avait réussi à se construire un lieu *relativement* paisible dans le champ rocailleux des contradictions de l'intimité. Là, elle réside dans cette paix assez satisfaisante.

À moi maintenant, et à moi seule, de trouver comment me construire un habitat aussi protecteur.

CHAPITRE SIX

Mariage et autonomie

❦

Le mariage est une bien belle chose.
Mais c'est aussi une bataille constante
pour la suprématie morale.

Marge Simpson

En octobre 2006, Felipe et moi voyagions déjà depuis six mois, et notre moral était en berne. Quelques semaines plus tôt, nous avions quitté le Laos et la ville sacrée de Luang Prabang, ayant épuisé tous ses trésors, et nous avions repris la route. Nous nous laissions porter par nos pas, nous tuions le temps, nous attendions que passent les heures et les jours.

Nous avions espéré être, à cette date, de retour chez nous, mais notre dossier d'immigration n'avait toujours pas avancé. L'avenir de Felipe était au point mort dans ce qui ressemblait à des limbes sans limites, et dont nous étions venus à croire, irrationnellement, qu'ils pourraient être éternels. Privé de l'accès à son stock de marchandises en Amérique, n'étant pas en mesure de faire des projets ou de gagner sa vie, son sort dépendant entièrement du département de la Sécurité intérieure des États-Unis (et de moi), Felipe se sentait chaque jour un peu plus impuissant. La situation était loin d'être idéale. S'il y a une chose que j'ai apprise sur les hommes avec le temps, c'est qu'un sentiment d'impuissance ne met pas en avant le meilleur d'eux-mêmes. Felipe ne faisait pas exception à la règle. Il devenait de plus en plus nerveux, irritable, et rien de tout cela n'était de bon augure.

Même en des circonstances idéales, Felipe a la sale habitude de rembarrer parfois des gens dont il n'apprécie pas le comportement, ou qui, selon lui, interfèrent dans sa vie. Cela n'arrive que rarement, mais j'aimerais que ça n'arrive jamais. Aux quatre coins du monde et dans toutes les langues, j'ai observé cet homme manifester avec brusquerie sa désapprobation à des hôtesses de l'air maladroites, des chauffeurs de taxi incompétents, des commerçants peu scrupuleux, des serveurs apathiques et des parents d'enfants mal élevés. Dans ce genre de scène, parfois, le ton monte et s'accompagne de gesticulations.

Je le regrette vivement.

Ayant été élevée par une mère du Midwest qui ne perd jamais son calme et un père yankee taciturne, je suis génétiquement et culturellement incapable de supporter la façon, plus typiquement brésilienne, dont Felipe résout les conflits. Personne dans ma famille ne parlerait comme ça même à un *voleur*. En outre, chaque fois que je le vois sortir de ses gonds en public, ça cabosse le portrait qui m'est cher, celui de cet homme doux et bienveillant que j'ai choisi d'aimer. C'est franchement ce qui m'agace le plus. L'outrage que je ne supporterai jamais de bonne grâce est de voir des êtres chers déformer le portrait que j'ai fait d'eux.

Le pire, c'est que mon désir de devenir la meilleure amie de tout le monde, combiné à mon empathie quasi pathologique pour les opprimés, me porte souvent à défendre les victimes de Felipe, attitude qui ne fait qu'accroître la tension. Alors que Felipe ne manifeste aucune tolérance à l'égard des indécis et des incompétents, je pense que derrière chacun d'eux se cache une personne vraiment charmante qui passe une mauvaise journée. Tout cela peut conduire à des altercations entre Felipe et moi, et les rares fois où nous nous disputons, c'est généralement à ce sujet. Il ne rate jamais une occasion de me rappeler qu'un jour, en Indonésie, je l'ai obligé à rebrousser chemin pour aller s'excuser auprès d'une jeune vendeuse qu'il avait, selon moi, traitée grossièrement. Et il l'a fait ! Il est retourné dans ce petit magasin de chaussures d'un pas raide, et a élégamment présenté ses excuses pour avoir perdu son sang-froid à la fille médusée. Il a fait cela uniquement parce qu'il avait trouvé charmante ma défense de la vendeuse. Pour ma part, je ne trouvais rien de charmant à cette situation. Je ne trouve jamais ces situations charmantes.

Par chance, les éclats de Felipe sont plutôt rares au quotidien. Mais ce que nous vivions à l'époque n'avait rien de la vie normale. Ces six mois de voyage dans des conditions sommaires, de séjours dans des petits hôtels et de retards bureaucratiques frustrants devenaient pesants, au point que j'ai senti l'impatience de Felipe grimper à des degrés presque épidémiques (je ne peux qu'encourager le lecteur à ne pas prendre le mot « épidémique » au pied de la lettre, compte tenu que mon hypersensibilité aux plus petits conflits fait de moi un juge sensible en matière de frictions). Néanmoins, les preuves semblaient incontestables : à cette époque, Felipe ne perdait pas seulement patience avec des inconnus, il me rembarrait moi aussi. C'était sans précédent, car jusque-là il avait toujours semblé immunisé contre moi – comme si j'étais la seule au monde incapable, de façon surnaturelle, de l'irriter. Mais cette douce période d'immunité semblait avoir pris fin. Il s'agaçait de tout : que je passe trop de temps dans les cafés Internet ; que je nous ai traînés voir « ces foutus éléphants » dans un piège à touristes très cher ; que je dépense de l'argent ou que j'en économise ; que je veuille toujours partir me balader ; que je m'obstine à vouloir trouver des nourritures saines quand à l'évidence c'était impossible…

Felipe semblait de plus en plus prisonnier de cette mauvaise humeur qui rend n'importe quel pépin ou tracas presque intolérable. Ce qui tombait plutôt mal parce que voyager – surtout bon marché et dans les conditions peu confortables qui étaient les nôtres – est rarement autre chose qu'une chaîne de pépins et de tracas, ponctuée à l'occasion d'un coucher de soleil stupéfiant, que mon compagnon, bien évidement, avait perdu toute capacité d'apprécier. Tandis que j'entraînais un Felipe de plus en plus réticent d'une activité du Sud-Est asiatique typique à la suivante (un marché exotique ! des temples ! des chutes d'eau !), *moins* il était détendu, *moins* il était accommodant, *moins* il était réconforté. Pour ma part, je faisais front à sa mauvaise humeur comme ma mère m'avait appris à faire front à la mauvaise humeur d'un homme : en redoublant d'enjouement et d'optimisme, en affichant une allégresse toujours plus insupportable. J'enfouissais mes frustrations et ma nostalgie sous le masque d'un infatigable optimisme, je fonçais en adoptant un comportement agressivement radieux, comme si, par le simple pouvoir de mes réjouissances magnétiques et infatigables, je pouvais inoculer à Felipe joie et légèreté.

Étonnamment, ça n'a pas marché.

Avec le temps, il a commencé à m'irriter – à m'exaspérer par son impatience, son mauvais caractère, sa léthargie. En outre, j'ai commencé à m'irriter *moi-même*, à m'agacer de ces notes fausses que j'entendais dans ma voix tandis que je cherchais à intéresser Felipe coûte que coûte à la curiosité du moment. (*Oh, chéri, regarde ! Ils vendent des rats à manger ! Oh, chéri, regarde ! la maman éléphant lave son petit ! Oh, chéri, regarde ! Cette chambre d'hôtel offre une vue imprenable sur l'abattoir !*) Pendant ce temps, Felipe fonçait aux toilettes et, en ressortant, vitupérait contre la crasse et la puanteur de l'endroit – et ce, où que nous soyons –, tout en se plaignant de la pollution qui lui irritait la gorge, et de la circulation qui lui donnait mal à la tête.

Sa tension était contagieuse, ce qui m'a rendue imprudente : à Hanoï, je me suis cogné l'orteil ; à Chiang Mai, je me suis entaillé le doigt sur son rasoir en cherchant le tube de dentifrice dans la trousse de toilette ; et une nuit – un souvenir vraiment horrible – par inadvertance, j'ai confondu les flacons de lotion antimoustique et de collyre. Le détail dont je me souviens, concernant ce dernier incident, c'est que je hurlais de douleur et m'autoflagellais pendant que Felipe, tentant de me soulager du mieux qu'il le pouvait, maintenait ma tête au-dessus du lavabo et me rinçait les yeux en vidant une bouteille d'eau tiède après l'autre, tout en disant pis que pendre de ce pays paumé, source de tous nos maux. Que je ne me rappelle pas précisément dans quel pays paumé nous nous trouvions à ce moment-là montre que la situation s'était envenimée.

Toute cette tension a atteint un sommet (ou plutôt un nadir) le jour où, au Laos, j'ai embarqué Felipe dans un voyage en bus de douze heures, pour aller visiter un site archéologique qui, avais-je insisté, serait fascinant. Nous partagions le bus avec une quantité non négligeable de bétail et nos sièges étaient plus

durs que les bancs d'un temple quaker. Il n'y avait
pas d'air conditionné, naturellement, et il était impossible d'ouvrir les vitres. Je ne peux pas dire que la
chaleur était insupportable puisque à l'évidence nous
l'avons supportée, mais je peux vous assurer qu'il faisait très, très chaud. Felipe ignorait mes efforts pour
l'intéresser au site que nous allions visiter, et semblait
tout aussi indifférent à nos conditions de voyage – fait
remarquable vu qu'il s'agissait probablement de l'expérience de transports en commun la plus périlleuse
que j'ai connue. Le chauffeur manœuvrait son antique
véhicule avec une agressivité survoltée, et, plusieurs
fois, il a bien failli nous précipiter dans le vide, du
haut de falaises assez impressionnantes. Felipe restait
sans réaction, même à chacune des collisions évitées
de justesse avec les véhicules qui arrivaient en face.
Il était comme engourdi. Il a fermé les yeux d'abatte-
ment et n'a plus prononcé un mot. Il semblait résigné
à la mort. Peut-être l'appelait-il tout simplement de
ses vœux.

Après plusieurs heures de ce périlleux voyage, au
détour d'un virage, nous sommes arrivés sur les lieux
d'un gros accident : deux bus qui n'étaient pas sans
rappeler le nôtre venaient de se heurter de plein fouet.
Apparemment, il n'y avait pas de blessés, mais les
deux véhicules n'étaient plus qu'un pêle-mêle fumant
de tôle. Tandis que nous les dépassions lentement, j'ai
attrapé le bras de Felipe, et j'ai dit : « Regarde, chéri !
Deux bus se sont rentrés dedans ! »

Sans même ouvrir les yeux, il a lâché d'un ton sar-
castique : « On se demande vraiment comment un tel
truc est possible. »

Et, là, j'ai vu rouge.

« Tu veux *quoi*, au juste ? » ai-je lancé.

Il n'a pas répondu. Ma colère est montée d'un cran et j'ai insisté : « J'essaie simplement de tirer le meilleur parti de cette situation, d'accord ? Si tu as une meilleure idée ou un meilleur plan, s'il te plaît, fais une proposition. J'espère que tu as une petite idée de ce qui te rendrait heureux, parce que moi, franchement, je ne peux plus supporter ta détresse. Je ne peux plus. »

Cette fois, il a ouvert les yeux. « Je veux juste une cafetière, a-t-il dit avec une ardeur inattendue.

— Une cafetière ? Qu'est-ce que tu veux dire ?

— Je veux être *à la maison*, je veux vivre avec toi, au même endroit, en toute sécurité. Je veux des habitudes. Je veux une cafetière qui soit à nous. Je veux pouvoir me réveiller tous les matins à la même heure et nous préparer le café dans notre maison avec notre propre cafetière. »

En d'autres circonstances, peut-être cet aveu aurait-il suscité de ma part un élan de compassion, et peut-être l'aurait-il fallu, mais il n'a fait qu'alimenter ma colère : *pourquoi s'appesantissait-il sur l'impossible ?*

« Pour l'instant, rien de tout ça n'est possible.

— Mon Dieu, Liz, tu crois que je ne le sais pas ?

— Et tu crois que je ne désire pas ça autant que toi ? » ai-je répondu du tac au tac.

Il a élevé la voix : « Tu crois que je n'en suis pas *conscient* ? Tu crois que je ne t'ai pas vue consulter les sites d'agences immobilières ? Tu crois que je ne me rends pas compte que tu as le mal du pays ? As-tu la moindre idée de ce que j'éprouve, de pas être en mesure de t'offrir une maison, et de te voir condamnée, à cause de moi, à vivre à l'autre bout du monde, dans des chambres d'hôtels miteuses ? As-tu la moindre idée de l'humiliation que je ressens de ne pas pouvoir t'offrir une vie meilleure ? As-tu la moindre idée du sentiment *d'impuissance* que j'en éprouve ? *En tant qu'homme ?* »

Il m'arrive de l'oublier.

Je me dois de le dire, parce que c'est selon moi un point très important dans le mariage : parfois, j'oublie effectivement combien il est nécessaire, pour certains hommes, de pouvoir offrir à ceux qu'ils aiment un confort matériel et une protection. J'oublie à quel point certains hommes peuvent se sentir dangereusement diminués quand ils sont privés de cette capacité basique. J'oublie combien cela leur importe et ce que cela représente.

Je me souviens encore du regard angoissé de ce vieil ami lorsqu'il m'a dit, il y a plusieurs années de ça, que sa femme le quittait. Apparemment, elle se plaignait d'un sentiment de solitude écrasant, de ce qu'il « n'était pas là pour elle » – mais mon ami ne comprenait absolument pas ce qu'elle entendait par là. Il avait le sentiment de s'être tué à la tâche pour prendre soin d'elle pendant des années. « D'accord, avait-il reconnu, peut-être n'étais-je pas là pour elle d'un point de vue affectif, mais bon Dieu, elle n'a jamais manqué de rien ! J'ai mené deux boulots de front pour elle ! Est-ce que ça ne montre pas que je l'aimais ? Elle aurait dû savoir que j'aurais fait n'importe quoi pour continuer à la combler et à la protéger ! S'il y avait eu une guerre nucléaire, j'aurais traversé les paysages en flammes en la portant sur mon épaule pour la mettre à l'abri, et ça, elle le savait ! Comment a-t-elle pu dire je n'étais pas là pour elle ? »

Mon ami était anéanti et je n'ai pas pu me résoudre à lui annoncer la mauvaise nouvelle : la plupart du temps, malheureusement, il n'y a pas de guerre nucléaire. La plupart du temps, sa femme avait seulement besoin d'un petit peu plus d'attention.

Et à ce moment-là, je n'avais besoin que d'une chose de la part de Felipe : qu'il se calme, qu'il soit plus gentil, qu'il fasse preuve à mon égard, et à l'égard de toute autre personne autour de nous, d'un petit peu plus de patience, d'un petit peu plus de générosité. Je n'avais pas besoin de lui pour subvenir à mes besoins ou pour me protéger. Je n'avais pas besoin de son orgueil viril ; il n'était d'aucune utilité ici. J'avais juste besoin qu'il se détende et accepte la situation comme elle était. Oui, bien sûr, ça aurait été bien plus sympathique d'être de retour à la maison, auprès de ma famille, de vivre dans un véritable foyer – mais notre déracinement me pesait bien moins que ses sautes d'humeur.

Pour essayer de désamorcer le conflit, j'ai posé la main sur sa jambe et j'ai dit : « Je sais combien cette situation est frustrante pour toi. »

C'est un petit truc que j'avais appris dans un ouvrage de John M. Gottman et Julie Schwartz-Gottman, intitulé *Transformer votre mariage en dix leçons : les experts du laboratoire de l'amour d'Amérique expliquent leurs stratégies pour consolider votre relation de couple*. Il a été écrit par un couple (heureux) de chercheurs du Relationship Research Institute de Seattle, qui s'était fait remarquer quelque temps plus tôt en affirmant qu'ils pouvaient prédire dans 90 % des cas, sans se tromper, si un couple serait encore marié cinq ans plus tard, uniquement en étudiant la transcription d'une conversation caractéristique de quinze minutes entre un mari et sa femme. (Pour cette raison, j'imagine que John M. Gottman et Julie Schwartz-Gottman font de redoutables invités à dîner.) Quelle que soit l'étendue de leurs pouvoirs, les Gottman proposent des

stratégies pratiques pour dénouer les disputes conjugales. Ils cherchent à sauver les couples de ce qu'ils
appellent « les quatre cavaliers de l'Apocalypse » :
dérobade, hostilité, critique et mépris. L'astuce dont
je venais de faire usage – répéter la frustration que
Felipe avait exprimée pour lui montrer que j'étais à
l'écoute, et nullement indifférente – est une stratégie
que les Gottman appellent « se tourner vers son partenaire ». Elle est censée désamorcer les conflits.

Ça ne marche pas à tous les coups.

« Tu ne sais pas ce que j'éprouve, Liz ! s'est emporté
Felipe. On m'a *arrêté*. On m'a menotté, on m'a fait traverser l'aéroport, et tout le monde me regardait – tu
le savais ça ? On a pris mes empreintes. On m'a pris
mon portefeuille, on m'a même pris la bague que tu
m'avais donnée. On m'a tout pris. On m'a jeté en prison et expulsé de ton pays. En trente ans de voyages,
jamais une frontière ne s'est fermée devant moi, et
aujourd'hui, je ne peux pas entrer aux États-Unis – de
tous les pays du monde, il a fallu que je me fasse expulser de celui-là ! Autrefois, je me serais dit : "Qu'ils
aillent au diable !" et j'aurais tourné la page, mais là je
ne peux pas – parce que c'est en Amérique que tu veux
vivre, et que je veux être avec toi. Je n'ai pas le choix.
Je dois m'accommoder de cette situation de merde,
remettre ma vie privée entre les mains de ces bureaucrates et de ta police, et c'est humiliant. On ne peut
même pas savoir quand tout ça finira, parce qu'ils n'en
ont *rien à fiche*. Nous ne sommes qu'un numéro de
dossier sur le bureau d'un fonctionnaire. Pendant ce
temps, mon entreprise périclite et je cours à la faillite.
Alors, *évidemment* que je suis malheureux ! Et maintenant tu m'obliges à écumer cette foutue Asie du Sud-
Est dans ces foutus bus…

— J'essaie simplement de faire en sorte que tu restes heureux », lui ai-je répondu sur le même ton, en retirant ma main, piquée au vif et blessée. Je jure devant Dieu que si ce bus avait été équipé d'une corde à tirer pour signaler au chauffeur qu'un passager voulait descendre, je l'aurais tirée. J'aurais sauté du bus sur-le-champ, j'aurais planté Felipe et j'aurais tenté ma chance dans la jungle, toute seule.

Felipe a pris une grande inspiration, comme s'il s'apprêtait à faire une réponse cinglante, mais il n'a rien dit. Je sentais presque sa mâchoire se serrer et ma frustration a grimpé d'un cran. Les circonstances de cette altercation n'aidaient pas vraiment. En plus du bruit, de la chaleur, du danger, le bus avançait en bringuebalant, il fouettait au passage des branches basses, éparpillait cochons, poules et enfants sur la route devant nous, recrachait des gaz noirs et puants, et chaque cahot brutalisait mes cervicales. Et il nous restait encore sept heures de voyage.

Nous n'avons plus rien dit pendant un long moment. J'avais envie de pleurer mais je me suis retenue, bien consciente que ça n'arrangerait rien. J'étais en colère contre lui. Et désolée pour lui, oui, évidemment – mais, surtout, je lui en voulais. Et de quoi ? De ne pas être bon joueur, peut-être ? De faire montre de faiblesse ? D'avoir craqué avant moi ? Oui, notre situation était vraiment calamiteuse, mais elle aurait pu l'être infiniment plus. Au moins étions-nous *ensemble*. Au moins pouvais-je me permettre de l'accompagner dans cet exil temporaire. Des milliers de couples, dans la même situation que nous mais contraints, eux, à la séparation, auraient tué pour pouvoir ne serait-ce que passer une nuit ensemble. Au moins jouissions-nous de ce bien-être-là. En plus, nous étions suffisamment

instruits pour comprendre quelque chose aux paperasses affreusement déroutantes de l'Immigration, et
avions assez d'argent pour embaucher un bon avocat
afin qu'il nous aide à venir à bout des démarches. Et
même si le pire arrivait, et que les États-Unis rejettent
définitivement Felipe de leurs rivages, nous dispo-
serions d'autres options. Au pire, nous pourrions
partir nous installer en Australie. L'Australie ! Un merveilleux pays ! Une nation saine et prospère, comme
le Canada ! Nous ne risquions pas d'être exilés dans le
nord de l'Afghanistan ! Qui d'autre, dans notre situation, jouissait d'autant d'avantages ?

Et pourquoi était-ce toujours à moi de manifester
de l'optimisme quand Felipe, franchement, ne faisait
rien, depuis plusieurs semaines, que bouder pour des
circonstances qui échappaient à notre contrôle ? Pourquoi n'acceptait-il pas les circonstances défavorables
avec un peu plus de bonne humeur ? Et est-ce que ça
l'aurait tué de montrer *un peu* d'enthousiasme pour ce
site archéologique que nous allions visiter ?

J'étais à deux doigts de dire tout ça – de ne rien lui
épargner de ma diatribe –, mais je me suis retenue.
Un tel débordement d'émotions est le signe de ce
que les Gottman appellent « l'inondation » – le stade
auquel notre fatigue et notre frustration sont telles
qu'un déluge de colère noie notre esprit (et l'induit en
erreur). Un signe infaillible de l'imminence de l'inondation : l'irruption des mots « toujours » et « jamais »
dans une dispute. Les Gottman ont baptisé cela le
« glissement vers l'universel » (par exemple : « Tu
me laisses *toujours* tomber ! » ou « Je ne peux *jamais*
compter sur toi ! »). Deux adverbes qui assassinent
toute chance de dialogue juste et intelligent. Une fois

que vous avez ouvert les vannes, une fois que vous avez glissé vers l'universel, c'est l'enfer. Mieux vaut éviter d'en arriver là. Comme me l'a dit un jour une de mes vieilles amies, on peut mesurer le succès d'un mariage au nombre de cicatrices que chacun des partenaires porte sur sa langue, à force de ravaler les mots de colère au fil des années.

Je n'ai donc rien dit, et Felipe non plus. Après un long moment de ce silence chauffé à blanc, il a finalement pris ma main et lâché, d'une voix épuisée : « On va faire gaffe maintenant, d'accord ? »

Je me suis détendue. Je savais exactement ce qu'il entendait par là. C'était comme un code entre nous, depuis un voyage que nous avions fait du Tennessee jusqu'en Arizona au début de notre relation. J'animais à cette époque-là un atelier d'écriture à l'université du Tennessee, et nous vivions à l'hôtel à Knoxville. Felipe ayant entendu parler d'une exposition de pierres précieuses qu'il voulait voir à Tucson, nous étions partis au pied levé, en voiture, déterminés à faire la route d'une traite. Dans l'ensemble, le voyage avait été amusant. Nous avions chanté, parlé et ri. Mais les chants, les conversations et les rires, ça va un temps et, au bout de trente heures de route, nous étions, lui comme moi, complètement épuisés. Nous risquions la panne sèche, au propre comme au figuré. Il n'y avait aucun hôtel dans les environs, nous avions faim et nous étions épuisés. Je crois me souvenir que nous avions des opinions différentes quant au lieu et au moment de nous arrêter. Nous nous parlions encore d'un ton parfaitement poli, mais la tension avait commencé à encercler la voiture comme une brume.

« Faisons gaffe, a alors dit Felipe, de but en blanc.

— Gaffe à quoi ?

— À ce qu'on va se dire pendant les prochaines heures. Parfois, la fatigue peut faire naître des disputes. On va choisir *très attentivement* nos mots, jusqu'à ce qu'on ait trouvé un endroit où se reposer. »

Rien ne s'était encore produit, mais Felipe avançait l'idée qu'à certains moments un couple doit résoudre préventivement certains conflits, et couper court à une dispute avant même qu'elle ne commence. Depuis, c'était devenu une sorte de panneau indicateur nous invitant à faire attention à la marche et à prendre garde aux chutes de pierres, un outil que nous utilisions de temps à autre, dans des moments particulièrement tendus. Jusque-là, il avait toujours parfaitement fonctionné. Jusque-là, rien n'avait cependant suscité autant de tension que cette période d'exil à la durée indéterminée en Asie du Sud-Est. Peut-être la tension du voyage signifiait-elle simplement que nous avions plus que jamais besoin du drapeau jaune.

Mes amis Julie et Dennis m'ont raconté une histoire qui est restée gravée dans ma mémoire. Lors d'un voyage en Afrique, peu de temps après leur mariage, ils se sont engueulés – engueulés vraiment. Aujourd'hui, ils ont oublié comment tout a commencé, mais voici comment la dispute s'est terminée : un après-midi, à Nairobi, ils étaient si remontés l'un contre l'autre, la proximité physique de l'autre était devenue si insupportable qu'ils ont marché chacun d'un côté de la rue pour rejoindre leur destination commune. Après un long moment de cette ridicule marche en parallèle, de part et d'autre de quatre voies de circulation dissuasives, Dennis s'est finalement arrêté. Il a ouvert les bras et fait signe à Julie de traverser pour le rejoindre. Voyant là un geste de réconciliation, Julie a cédé. Elle s'est dirigée vers son mari, revenant en chemin à de meilleurs sentiments, convaincue qu'elle allait être accueillie par des excuses. Au lieu de quoi, une fois qu'elle est arrivée à portée de voix, Dennis s'est penché vers elle et lui a dit avec douceur : « Tu sais quoi, Jul ? Va te faire foutre. »

En réponse, Julie a foncé à l'aéroport et essayé de revendre le billet de retour de son mari à un parfait inconnu.

Tout a fini par s'arranger entre eux, heureusement. Quelques dizaines d'années plus tard, cette dispute est devenue l'anecdote rigolote à raconter pendant un dîner, mais c'est également un récit édifiant : qui a envie de laisser une situation s'envenimer à ce point ? Aussi ai-je serré doucement la main de Felipe, en lui disant : « *Quando casar passa* » – « Quand tu seras marié, ça passera. » C'est une expression brésilienne, que sa mère lui disait lorsque, petit, il tombait et s'écorchait les genoux. C'est un murmure maternel de réconfort un peu bébête, mais cette expression revenait souvent sur nos lèvres, ces derniers temps. Dans notre cas, elle n'était que trop vraie : quand nous serions mariés, beaucoup de ces problèmes passeraient.

Felipe m'a attirée contre lui et enlacée. Je me suis détendue contre son torse. Détendue, du moins, autant que je le pouvais, compte tenu de la vitesse du bus.

Cet homme était bon, finalement.

Oui, *dans l'ensemble*, il était bon.

Non, il était bon. Il est bon.

« Que devrait-on faire en attendant ? » a-t-il demandé.

Avant cette conversation, je pensais, d'instinct, que nous devions continuer à nous déplacer d'un endroit à un autre, sans jamais nous y attarder, en espérant que le changement de cadre nous distrairait de nos soucis juridiques. Ce type de stratégie avait toujours bien fonctionné pour moi dans le passé. Tel un bébé difficile qui ne peut s'endormir que dans une voiture qui roule, j'ai toujours été réconfortée par le rythme du voyage. Je supposais que Felipe fonctionnait de la même façon, puisqu'il est le plus grand voyageur que j'aie jamais rencontré. Mais apparemment, il n'appréciait pas la dérive.

Tout d'abord – même si je l'oublie souvent –, cet homme a dix-sept ans de plus que moi. Il est donc excusable d'être bien moins enthousiaste que moi à l'idée de vivre pour une période indéterminée avec un petit sac à dos, ne contenant qu'une tenue de rechange, tout en dormant dans des hôtels à dix-huit dollars la nuit. Ce mode de vie l'ébranlait, visiblement. Et puis il a déjà vu pas mal de pays. J'étais encore sur les bancs de l'école primaire que lui parcourait l'Asie en troisième classe. Pourquoi l'obligeais-je à le refaire ?

Les derniers mois avaient en outre attiré mon attention sur une incompatibilité de taille entre nous – que je n'avais jamais remarquée jusque-là. Felipe et moi avons beau former une paire de grands voyageurs endurcis, nous voyageons très différemment. La vérité, que je n'ai décelée que progressivement, est que Felipe est le meilleur voyageur, mais aussi le pire. Il s'accommode mal des salles de bains bizarrement conçues, des lits qui ne sont pas les siens, des restaurants sales, des trains inconfortables – autant d'aléas qui définissent le voyage. Si on lui laisse le choix, il optera toujours pour un style de vie assorti à une routine, une familiarité, des expériences quotidiennes sans originalité mais rassurantes. Tout cela pourrait laisser supposer que cet homme n'est pas taillé pour le voyage. Mais ce serait mal supposer, car

Felipe possède un don, un superpouvoir, une arme secrète, qui fait de lui un voyageur sans égal : il peut recréer un habitat familier, propice aux expériences quotidiennes sans originalité et rassurantes *n'importe où*, pour peu qu'on le laisse s'installer quelque temps au même endroit. En l'espace de trois jours, il peut s'assimiler partout sur la planète, et rester là, tranquille, pendant plusieurs dizaines d'années, sans se plaindre.

Voilà pourquoi Felipe a pu vivre aux quatre coins du monde. Non pas simplement voyager, mais *vivre*. Au cours des années, il s'est fondu dans des sociétés d'Amérique du Sud en Europe, du Moyen-Orient au Pacifique Sud. Il débarque dans un endroit où il n'a jamais mis les pieds, décide qu'il s'y plaît bien, s'y installe, apprend la langue et se transforme en deux temps trois mouvements en autochtone. Quand il est venu vivre avec moi à Knoxville, par exemple, en moins d'une semaine, il avait trouvé son café préféré pour le petit déjeuner, son barman préféré, et son restaurant préféré pour déjeuner. (« Chérie ! s'était-il émerveillé un jour, tout excité au retour d'une incursion en solo en ville. Savais-tu qu'ils ont ici un restaurant de poisson merveilleux et le meilleur marché qui soit, appelé John Long Slivers ? ») Si je l'avais souhaité, il serait volontiers resté indéfiniment à Knoxville. Il pouvait sans problème envisager de vivre dans cette chambre d'hôtel pendant plusieurs années – dans la mesure où on restait au même endroit.

Cela me rappelle une histoire qu'il m'a racontée un jour : quand il était petit, au Brésil, il lui arrivait souvent de se réveiller effrayé au milieu de la nuit, à cause d'un cauchemar ou d'un monstre surgi de son imagination. Chaque fois, il allait vite trouver refuge dans le

lit de sa merveilleuse sœur Lily – qui, de dix ans son
aînée, incarnait la sagesse et la sécurité. Il lui tapait
sur l'épaule et lui chuchotait, « *Me da um cantinho* »
– « Fais-moi une petite place ». Sans se réveiller tout à
fait, et sans jamais protester, Lily se déplaçait pour lui
offrir un coin de lit tout chaud. Il ne demandait pas
grand-chose ; juste une petite place douillette. Depuis
que je connais cet homme, je ne l'ai jamais entendu
demander plus.

Pour ma part, je ne suis pas comme ça.

Si Felipe peut trouver n'importe où dans le monde
un petit coin pour s'installer définitivement, j'en suis
en revanche incapable. J'ai bien plus la bougeotte
que lui. Et à cause de cette bougeotte, je fais une
bien meilleure voyageuse au jour le jour qu'il ne le
sera jamais. Ma curiosité est infinie, et ma patience
presque sans limites face aux contretemps, aux désagréments, aux désastres mineurs. Je peux donc aller
partout dans le monde – là n'est pas le problème. Le
problème, c'est que je ne peux pas vivre n'importe
où. J'en avais pris conscience seulement quelques
semaines plus tôt, à Luang Prabang, quand Felipe
s'était réveillé un beau matin en disant :

« Chérie, restons ici.

— Si tu veux, avais-je répondu. On peut rester
quelques jours de plus.

— Non, je veux dire, installons-nous ici. Oublions
mon projet d'immigrer aux États-Unis. C'est bien
trop compliqué ! Cette ville est merveilleuse. Je m'y
sens bien. Elle me rappelle le Brésil d'il y a trente ans.
Sans beaucoup d'argent ni d'efforts, on pourrait tenir
un petit hôtel ou une petite boutique, louer un appartement, nous installer. »

Ma seule réaction avait été de blêmir.

Il était sérieux. Il l'aurait fait. Il se serait installé au Laos indéfiniment et y aurait construit une nouvelle vie. Ce que Felipe me proposait là, c'était le voyage poussé à un degré qui est hors de ma portée – un voyage qui n'est même plus vraiment un voyage, mais plutôt un désir de se laisser absorber, pour une durée indéfinie, par une terre inconnue. Ça ne me disait rien. Mon art du voyage, comme je l'ai découvert ce jour-là, s'appuie sur bien plus de dilettantisme que je ne l'avais cru. J'adore grignoter le monde, mais pour ce qui est de s'installer – de s'installer *vraiment* –, je veux vivre chez moi, dans mon pays, près de ma famille, entourée de gens qui pensent comme moi, qui croient aux mêmes choses, et parlent ma langue maternelle. Cela limite pour moi ma planète, grosso modo, à une petite région comprise entre le sud de l'État de New York, les coins les plus ruraux du New Jersey, le nord-ouest du Connecticut et une petite partie des côtes de Pennsylvanie. C'est un habitat limité pour un oiseau qui se prétend de la race des migrateurs. Pour sa part, Felipe, mon poisson volant, s'encombre de bien moins de limitations domestiques. Un petit baquet d'eau n'importe où dans le monde lui conviendra.

Comprendre tout cela m'a aidée à mieux mettre en perspective l'irritabilité de Felipe. Tous ces soucis – les incertitudes et les humiliations liées au processus d'immigration en Amérique –, il ne les endurait que pour mon bénéfice. C'était pour moi qu'il supportait les désagréments d'une procédure juridique totalement envahissante, quand il aurait pu louer un petit appartement à Luang Prabang et se créer là une nouvelle vie bien plus simple. Et c'était pour moi qu'il tolérait ces incessants déplacements – une agitation qu'il ne goûtait guère –, car il sentait que j'en avais envie. Pourquoi lui ai-je infligé cela ? Pourquoi n'ai-je pas laissé cet homme en paix quelque part, n'importe où ?

Donc, j'ai changé de plan.

« Et si on se posait quelque part, l'espace de quelques mois, jusqu'à ce que tu sois convoqué en Australie pour ton entretien d'immigration ? ai-je suggéré. Allons à Bangkok.

— Non, pas à Bangkok, a-t-il répondu. On va devenir fous, à Bangkok.

— On ne va pas s'y *installer*. On y va parce que c'est central. On y passe une semaine dans un bel hôtel, on se repose, et on voit si on peut trouver des billets pas trop cher pour Bali. Une fois à Bali, on cherche une petite maison à louer. Et on y reste jusqu'à ce que tout se calme. »

J'ai bien vu à l'air de Felipe que ma proposition lui parlait.

« Tu ferais ça ? »

Soudain, j'ai eu une autre idée. « Attends, on va voir si notre ancienne maison est libre ! On peut peut-être la louer au nouveau propriétaire. Et on y restera jusqu'à ce que tu obtiennes ton visa pour rentrer aux États-Unis. Qu'est-ce que tu en dis ? »

Felipe a mis un certain temps à répondre, mais – je le jure devant Dieu – quand il s'est enfin décidé, j'ai bien cru qu'il allait pleurer de soulagement.

❀❋❀

C'est donc ce que nous avons fait. Mettant le cap sur Bangkok, nous avons trouvé un hôtel avec une piscine et un bar bien achalandé. Nous avons contacté le propriétaire de l'ancienne maison de Felipe, à Bali, pour savoir si nous pouvions la louer. Par chance, c'était possible, pour la coquette somme de quatre cents dollars par mois – un prix surréaliste, mais parfait pour une maison qui avait été la nôtre. Une fois les vols à destination de Denpassar pour la semaine suivante réservés, Felipe est instantanément redevenu heureux. Heureux, patient et bon, comme je l'avais toujours connu.

Mais pour ma part…

Quelque chose me tarabustait.

Je voyais bien que Felipe était détendu, au bord de la piscine, un polar dans une main et une bière dans l'autre, mais c'était moi, maintenant, qui étais nerveuse. Je ne serais jamais du genre à m'installer au bord d'une piscine d'hôtel avec un polar et une bière fraîche. Et je n'arrêtais pas de penser au Cambodge, pays frontalier de la Thaïlande, si proche, si tentant. J'avais toujours eu envie de visiter Angkor Vat, sans jamais en trouver l'occasion lors de mes précédents périples. Nous avions une semaine à tuer. N'était-ce pas l'occasion idéale pour mettre ce projet à exécution ? Cependant, je m'imaginais mal traîner Felipe au Cambodge. En fait, je ne pouvais rien imaginer qui lui déplairait davantage que de prendre l'avion pour aller visiter des ruines de temples sous cette chaleur de plomb.

Et si je partais seule au Cambodge, alors, juste pour quelques jours ? Ne pouvais-je pas laisser Felipe lézarder au bord de la piscine, à Bangkok ? Au cours des cinq derniers mois, nous ne nous étions quasiment pas quittés d'une semelle, et souvent dans des environnements éprouvants. C'était un miracle que notre récente dispute, dans le bus, ait jusque-là été notre conflit le plus grave. Un petit interlude ne nous serait-il pas bénéfique à tous les deux ?

Cela dit, au vu de la fragilité de notre situation, je répugnais à l'abandonner, même pour quelques jours. Ce n'était pas le moment de créer des complications. Et s'il m'arrivait quelque chose, au Cambodge ? Et s'il lui arrivait quelque chose à lui ? Il pouvait se produire un tremblement de terre, un tsunami, des émeutes, mon avion pouvait s'écraser, je pouvais contracter une mauvaise intoxication alimentaire, être kidnappée… Et si Felipe, en mon absence, allait se balader dans les rues de Bangkok, se faisait renverser par une voiture, souffrait d'un grave traumatisme crânien et se retrouvait à l'hôpital, sans que personne soit en mesure de découvrir son identité ? Je pourrais ne jamais le retrouver… Notre existence était à ce moment-là dans une passe critique, et tout était si délicat. Cela faisait cinq mois que nous flottions autour du monde sur un seul canot de sauvetage, secoués de concert par les vagues. Pour l'instant, notre union était notre seule force. Pourquoi prendre le risque de se séparer dans un moment si précaire ?

En revanche, peut-être était-il temps de lever le pied sur cette errance fanatique. Il n'y avait aucune raison fondée de supposer que tout ne s'arrangerait pas pour Felipe et moi. Notre étrange période d'exil connaîtrait certainement un jour un terme, Felipe se verrait certainement accorder son visa américain ; nous allions certainement nous marier, et certainement nous installer dans une maison aux États-Unis ; nous allions certainement passer beaucoup d'années ensemble à l'avenir. En ce cas, il me fallait sans doute faire un petit voyage seule maintenant, ne serait-ce que pour créer un précédent solide. Parce que je savais déjà une chose à mon sujet : tout comme certaines épouses ont de temps en temps besoin de s'éloigner quelques jours de leur mari et vont passer le week-end dans un spa avec leurs copines, je serai le genre d'épouse qui aura besoin de temps en temps de laisser son mari pour aller visiter le Cambodge.

Juste pour quelques jours !

Peut-être cela lui ferait-il du bien à lui aussi, de ne pas me voir pendant trois ou quatre jours ? À voir notre irritabilité l'un envers l'autre croître au cours des quelques dernières semaines, et constatant à quel point j'avais envie de prendre un peu le large, j'ai commencé à penser au jardin de mes parents – une métaphore qui en vaut une autre pour comprendre comment des époux doivent apprendre à s'adapter réciproquement et à s'écarter parfois du chemin de l'autre afin d'éviter les conflits.

À l'origine, le potager était le domaine de ma mère, mais, peu à peu, mon père a développé un intérêt pour le jardinage, et il a réussi à s'introduire dans ce royaume. Mais, de même que Felipe et moi ne voyageons pas de la même façon, mon père et ma mère jardinent différemment, ce qui a souvent été source de querelles. Au fil des années, ils se sont donc partagé le jardin, afin de demeurer courtois dans les plates-bandes de légumes. En fait, la manière dont ils se sont divisé le jardin est si compliquée que, à ce stade de l'histoire, il vous faudrait presque une force de maintien de la paix de l'ONU pour comprendre les sphères d'influence horticole soigneusement partitionnées de mes parents. Par exemple, les laitues, les brocolis, les herbes aromatiques, les betteraves et les framboises sont toujours du domaine de ma mère, parce que mon père n'a pas encore trouvé le moyen de lui ravir le contrôle sur ces produits. Mais les carottes, les poireaux et les asperges ressortent entièrement du domaine de mon père. Et les myrtilles ? Mon père chasse ma mère de son buisson de myrtilles comme il le ferait d'un oiseau chapardeur. Elle n'est pas autorisée à approcher de ces buissons : interdiction de les tailler, de cueillir les fruits, et même d'en arroser le pied. Mon père s'est approprié la plate-bande, et il la *défend*.

Tout se complique en ce qui concerne les tomates et le maïs. Comme la West Bank, Taïwan ou le Cachemire, tomates et maïs restent à ce jour des territoires sujets à contestations. Ma mère plante les tomates, mais c'est à mon père qu'il incombe de poser les tuteurs, et ensuite ma mère se charge de la cueillette. Ne me demandez pas pourquoi ! Ce sont les règles du contrat. Ou, du moins, c'étaient les règles du contrat l'été dernier. (La situation des tomates ne cesse d'évoluer.) Et puis il y a le maïs. Mon père le plante, ma mère le récolte, mais mon père insiste pour faire le paillis, une fois la récolte terminée.

Ils travaillent en équipe, ensemble, mais séparément.

Jardin sans fin, amen.

L'étrange trêve conclue par mes parents dans leur jardin me fait penser à un ouvrage qu'a publié, il y a plusieurs années de cela, une de mes amies, la psychologue Deborah Luepnitz et qui s'intitule *Les Porcs-épics de Schopenhauer*. Deborah emprunte la métaphore du titre à une histoire que raconte le philosophe préfreudien Arthur Schopenhauer pour illustrer le dilemme intrinsèque à l'intimité humaine contemporaine. Selon Schopenhauer, dans leurs relations amoureuses, les hommes se comportent tels les porcs-épics par une froide nuit d'hiver. Pour ne pas geler, ces animaux se serrent les uns contre les autres. Mais sitôt qu'ils se sont rapprochés suffisamment pour se procurer la chaleur qui leur est vitale, ils s'incommodent les uns les autres avec leurs piquants. D'instinct, pour mettre un terme à la douleur et à l'irritation provoquées par cette trop grande promiscuité, les porcs-épics s'éloignent les uns des autres. Mais ils souffrent alors de nouveau du froid. Ils se rapprochent donc de nouveau, pour s'égratigner une fois de plus sur les piquants de leurs voisins. Aussi, s'écartent-ils encore. Et puis se re-rapprochent. Sans fin.

« Et le cycle se répète, écrit Deborah, tandis qu'ils bataillent pour trouver la distance confortable entre l'enchevêtrement et le froid. »

En divisant et subdivisant leur contrôle sur des sujets aussi importants que l'argent et les enfants, mais également sur des sujets apparemment sans conséquences tels que les betteraves et les myrtilles, mes parents tissent leur propre version de la danse du porc-épic. Ils s'avancent sur le territoire de l'autre, puis battent en retraite, ils continuent à négocier, procèdent à des recalibrages, et, après toutes ces années, travaillent encore pour trouver la bonne distance entre autonomie et coopération – ils cherchent toujours cet équilibre subtil et insaisissable qui permettra à cette étrange conspiration d'évoluer. Chemin faisant, ils font pas de mal de compromis, et transigent parfois en renonçant à une énergie et des plages de temps précieuses qu'ils auraient préféré employer à d'autres activités, chacun de son côté, si l'autre n'avait pas été là, dans leurs jambes. Felipe et moi aurons à faire de même pour nos propres plates-bandes – et au sujet du voyage, il nous faudra sans nul doute inventer notre propre chorégraphie de la danse du porc-épic.

Lorsque est venu le moment de discuter avec Felipe de mon idée de faire un saut au Cambodge sans lui, j'ai amené le sujet avec une nervosité qui m'a étonnée. Je cherchais depuis plusieurs jours la bonne approche, en vain. Je ne voulais pas avoir l'impression de lui demander sa permission, puisque cela l'aurait placé dans un rôle de maître ou de parent – ce qui aurait été injuste pour moi. Je me voyais mal, cela dit, annoncer de but en blanc à cet homme gentil et attentionné que j'allais partir seule, que ça lui plaise ou non. Cela m'aurait placée dans le rôle du tyran qui n'en fait qu'à sa tête – ce qui à l'évidence était injuste pour lui.

La vérité, c'est que je n'avais plus l'habitude de ce genre de situation. Avant de rencontrer Felipe, j'avais passé un petit moment seule, et je m'étais habituée à organiser mon emploi du temps sans prendre en compte les souhaits de quelqu'un d'autre. De plus, jusque-là, dans notre histoire d'amour, les restrictions inhérentes aux visas (autant que nos vies menées sur des continents séparés) nous avaient toujours assuré de grandes plages de solitude. Avec le mariage, tout allait désormais changer. Nous serions tout le temps ensemble, et cette vie commune permanente allait nous amener à tester de nouvelles limites, car le mariage est, par nature, un engagement et un domptage. Le mariage a l'énergie d'un bonsaï : c'est un arbre en pot, auquel on a taillé les racines et dont on a élagué les branches. Attention : un bonsaï peut vivre pendant des siècles et sa mystérieuse beauté résulte directement de cette constriction, mais personne ne confondra jamais un bonsaï avec une vigne vierge.

Le philosophe et sociologue polonais Zygmunt Bauman a écrit des pages exquises sur ce sujet. De son point de vue, les couples d'aujourd'hui se font rouler par ces discours qui prétendent qu'ils peuvent, et qu'ils devraient – que nous devrions tous – avoir des parts égales d'intimité et d'autonomie dans leur vie. Quelque part, suggère Bauman, dans notre culture, nous en sommes venus à croire, à tort, que, si nous pouvons gérer correctement notre vie affective, alors nous devrions être en mesure de jouir de la constance rassurante qu'offre le mariage, sans jamais nous sentir prisonnier. Le mot magique – le mot fétiche, presque – c'est « équilibre », et j'ai l'impression que toutes les personnes que je connais, toutes sans exception, recherchent ces temps-ci cet équilibre avec une urgence presque désespérée. Nous voulons tous, comme l'écrit Bauman, obliger le mariage à nous offrir « une plus grande autonomie sans déresponsabilisation, une permissivité sans mutilation, un épanouissement sans oppression ».

Mais peut-être ces aspirations sont-elles irréalistes ? Car l'amour *limite*, presque par définition. L'amour rétrécit. L'impression d'immense croissance que nous éprouvons lorsque nous tombons amoureux n'a d'égale que les immenses restrictions qui vont nécessairement suivre. Felipe et moi avons une des relations amoureuses les plus détendues qu'on puisse imaginer, mais, s'il vous plaît, ne soyez pas dupes : j'ai entièrement revendiqué la propriété de cet homme et, par conséquent, je l'ai séparé par une clôture du reste du troupeau. Ses énergies (sexuelle, émotionnelle, créatrice) m'appartiennent en large part, et à personne d'autre – et ne lui appartiennent même plus complètement. Il me doit, par exemple, informations, explications, fidélité, constance, ainsi que des comptes rendus détaillés sur les aspects les plus triviaux de sa vie. Je ne tiens nullement cet homme par un collier radio, mais ne vous méprenez pas – maintenant, il est à moi. Et je suis à lui, exactement dans la même mesure.

Ça ne signifie nullement que je ne vais pas aller seule au Cambodge. En revanche, ça signifie que j'ai besoin de parler de mon projet avec lui avant de le mettre à exécution – comme lui le ferait si les rôles étaient inversés. S'il oppose des objections à mon désir de voyager seule, je peux faire valoir mon point de vue, mais je suis au moins obligée d'écouter ses objections. Si elles sont vigoureuses, je peux tout aussi vigoureusement les rejeter, mais je dois choisir mes batailles – autant que lui. S'il proteste trop souvent contre mes envies, notre mariage finira certainement par sombrer. Si j'exige sans cesse de vivre ma vie loin de lui, il sombrera tout autant. Elle est délicate, cette opération d'oppression mutuelle, tranquille, presque veloutée. Par respect, nous devons apprendre comment relâcher et confiner l'autre avec le soin le plus exquis, mais nous ne devrions jamais – pas même une seule seconde – prétendre que nous ne sommes pas confinés.

Après mûre réflexion, j'ai fini par aborder le sujet de mon excursion au Cambodge un matin au petit déjeuner. J'ai choisi mes mots avec un soin exagéré, et usé d'un langage si abscons que, pendant un moment, le pauvre Felipe n'avait à l'évidence aucune idée de ce dont je parlais. Avec une bonne dose de formalité guindée et pas mal de préambules, j'ai essayé maladroitement de lui expliquer que, malgré tout l'amour que je lui porte et mon hésitation à le laisser seul à un moment aussi délicat de notre vie, j'aimerais vraiment beaucoup visiter les temples khmers… et que peut-être, puisque lui trouvait les visites de ruines ennuyeuses, c'était là un petit voyage que je devrais envisager d'entreprendre seule ?... que peut-être ça ne nous tuerait pas de nous séparer quelques jours, compte tenu du fait que tous ces voyages étaient devenus stressants...

Il a fallu un moment à Felipe pour comprendre où je voulais en venir, mais quand il finalement pigé, il a posé son toast et m'a dévisagée, franchement ébahi.

« Mon Dieu, ma chérie ! s'est-il exclamé. Mais qu'est-ce que tu me demandes là ? Vas-y, c'est tout ! »

❦ ✳ ❦

Donc j'y suis allée.

Et mon voyage au Cambodge a été...

Comment vous expliquer ?

Le Cambodge, ça n'a rien d'une journée à la plage. Ça n'a même rien d'une journée à la plage si vous êtes vraiment à la plage. Le Cambodge est un pays dur. Tout m'y a semblé dur : le paysage, meurtri au point de paraître dévitalisé ; l'histoire, avec le souvenir du génocide qui flotte encore dans les mémoires ; les visages des enfants ; les chiens. La pauvreté, qui y était plus dure que n'importe où ailleurs. Elle pouvait ressembler à celle de l'Inde rurale, mais sans la verve indienne. Ou à la pauvreté des villes du Brésil, mais sans l'étincelle brésilienne. C'était juste une pauvreté de la catégorie cendreuse et prostrée.

Et surtout, mon guide était dur.

Une fois installée dans mon hôtel de Siem Reap, je me suis mise en quête d'un guide pour me faire visiter les temples d'Angkor, et j'ai trouvé un homme du nom de Narith – un gentleman instruit, cultivé et extrêmement austère d'une quarantaine d'années, qui m'a poliment montré les somptueuses ruines, mais qui, pour dire les choses gentiment, n'a pas apprécié ma compagnie. Nous ne sommes pas devenus copains, Narith et moi, alors que je le souhaitais de tout mon cœur. Je n'aime pas rencontrer quelqu'un de nouveau et que nous ne pas devenions pas amis, mais, entre Narith et moi, aucune amitié n'allait s'épanouir. Une part du problème tenait au fait que Narith avait un comportement extrêmement intimidant. Tout le monde a une émotion par défaut, et celle de Narith, c'était la désapprobation muette, qu'il manifestait à tout bout de champ. Cela m'a tellement déstabilisée que, au bout de deux jours, c'est à peine si j'osais encore ouvrir la bouche. Il me donnait l'impression d'être une gamine idiote, ce qui n'avait rien de surprenant puisque, en parallèle de son job de guide touristique, il était instituteur. Je suis prête à parier qu'il est terriblement efficace dans ce boulot-là. Il a reconnu qu'il était parfois nostalgique du bon vieux temps, avant la guerre, quand les familles cambodgiennes étaient encore intactes, et que les corrections corporelles régulières disciplinaient les enfants.

Mais ce n'est pas uniquement l'austérité de Narith qui nous a empêchés de développer un lien chaleureux ; je suis également fautive. Franchement, je ne savais pas comment parler à cet homme. J'avais clairement conscience d'être en présence d'une personne qui avait grandi durant l'un des accès de violence les plus brutaux que le monde ait jamais connu. Le génocide qui a sévi au Cambodge dans les années soixante-dix n'a épargné aucune famille. Pendant les années de gouvernement de Pol Pot, quiconque n'était pas torturé ou exécuté mourait tout simplement de faim. On peut supposer sans trop risque que n'importe quel Cambodgien aujourd'hui âgé d'une quarantaine d'années a vécu un enfer absolu durant son enfance. Sachant cela, j'avais du mal à engager une conversation détendue avec Narith. J'étais incapable de trouver un seul sujet qui ne soit pas potentiellement chargé de références à cette période pas si lointaine. Voyager au Cambodge avec un Cambodgien, en ai-je conclu, est un peu comme visiter une maison où s'est produit l'effroyable massacre d'une famille entière, guidé par le seul survivant du drame. On n'a qu'une envie, c'est éviter toute question telle que « Donc – c'est la chambre où votre frère a assassiné vos sœurs ? », ou « C'est le garage dans lequel votre père a torturé vos cousins ? ». À la place, vous vous contentez de suivre poliment votre guide et lorsqu'il dit : « Voici un détail d'architecture ancienne particulièrement charmant de notre maison », vous hochez imperceptiblement la tête et vous murmurez : « Oui, la pergola est ravissante… »

Et vous vous émerveillez.

Tandis que Narith et moi visitions les ruines et évitions d'aborder le sujet de l'histoire contemporaine, nous n'arrêtions pas de tomber sur des essaims d'enfants en guenilles, livrés à eux-mêmes, qui mendiaient. Certains étaient amputés ; ceux-là restaient assis au coin d'un vieil édifice et désignaient leur membre manquant en criant : « Mine ! Mine ! Mine ! » Les gamins les plus ingambes nous suivaient dans notre visite et essayaient de me vendre des cartes postales, des bracelets, des bibelots. Certains étaient insistants, d'autres tentaient des angles d'approche plus subtils : « De quel État des États-Unis tu viens ? m'a demandé un petit garçon. Si je te dis le nom de la capitale, tu me donnes un dollar ! » Celui-là, en particulier, m'a suivie une bonne partie de la journée, en psalmodiant les noms des États d'Amérique et de leur capitale comme un étrange poème strident : « Illinois, madame ! Springfield ! New York, madame ! Albany ! » Plus la journée avançait, plus on entendait poindre son découragement : « Californie, madame ! SACRAMENTO ! Texas, madame ! AUSTIN ! »

La gorge nouée par le chagrin, je distribuais de l'argent à ces enfants, mais Narith me grondait pour mes aumônes. Je devais ignorer ces enfants, m'a-t-il sermonnée. En leur donnant de l'argent, je ne faisais que tout aggraver. J'encourageais la mendicité, ce qui signerait la perte du pays. De toute façon, ces sauvageons qui avaient besoin d'aide étaient trop nombreux, et mes faveurs ne feraient qu'en attirer davantage. Effectivement, chaque fois que je distribuais des billets et des pièces, les rangs de gamins grossissaient autour de moi, et même une fois que j'ai été à court d'argent cambodgien, l'attroupement ne s'est pas dissipé. Et ces « Non, non » que je répétais à longueur de temps me faisaient l'effet d'une affreuse incantation empoisonnée. Mais les gamins ont redoublé d'instance, jusqu'à ce que Narith décide que ça suffisait, et qu'il les éparpille dans le champ de ruines en leur aboyant leur congé.

L'après-midi, alors que nous revenions à notre voiture après avoir visité encore un autre palais du XIIIe siècle et que j'essayais de détourner la conversation des petits mendiants, j'ai demandé à Narith quelle était l'histoire de la forêt alentour. Narith a répondu dans un apparent coq-à-l'âne : « Quand les Khmers rouges ont tué mon père, les soldats ont pris notre maison comme un trophée. »

Incapable de trouver que dire après cela, nous avons continué à marcher en silence.

Après un moment, il a ajouté : « Ma mère a été envoyée dans la forêt avec nous, les enfants, pour essayer de survivre. »

J'ai attendu la suite de l'histoire, mais il n'y avait pas de suite – aucune du moins que Narith souhaitait partager avec moi.

« Je suis désolée, ai-je dit finalement. Ça a dû être affreux. »

Narith m'a décoché un regard noir empreint de… De quoi ? De pitié ? De mépris ? Et puis le moment est passé. « Poursuivons notre visite, a-t-il dit en désignant un marais fétide sur notre gauche. Autrefois, c'était un bassin réfléchissant dans lequel, au XIIe siècle, le roi Jayavarman VII étudiait les étoiles… »

Le lendemain matin, désireuse d'offrir quelque chose à ce pays meurtri, j'ai voulu donner mon sang dans un hôpital. Partout dans la ville j'avais vu des affichettes qui faisaient état d'une pénurie de sang et appelaient les touristes au don, mais je n'ai pas eu de chance, dans cette aventure. La sévère infirmière suisse qui était de service a vérifié mon taux de fer et a refusé mon sang.

« Vous êtes trop faible ! a-t-elle dit d'un ton accusateur. On voit que vous ne prenez pas soin de vous. Vous ne devriez pas voyager, en ce moment ! Vous devriez être la maison, à vous reposer ! »

Ce soir-là – pour ma dernière soirée au Cambodge –, je me suis baladée dans les rues de Siem Reap, en essayant de me détendre et d'apprécier la ville. Mais je ne me sentais pas en sécurité, dans cette ville. En général, lorsque j'explore, seule, un nouveau paysage, j'éprouve un sentiment particulier de calme et d'harmonie (c'est précisément cette sensation que j'étais venue chercher au Cambodge), mais, lors de ce voyage, je ne l'ai jamais trouvée. J'ai plutôt eu la sensation d'être de trop, d'être une source d'irritation, une idiote, ou même une cible. Je me sentais minable, exsangue. Tandis que je regagnais mon hôtel après le dîner, un essaim d'enfants s'est rassemblé autour de moi, en mendiant. Un des petits garçons était amputé d'un pied, et tout en boitant hardiment, il a brandi sa béquille devant mes jambes, cherchant délibérément à me faire trébucher. J'ai vacillé, en battant des bras à la façon d'un clown, mais je ne suis pas tombée.

« Argent, a dit le garçon d'une voix plate. Argent. »

J'ai essayé de le contourner. D'un geste leste, il a brandi sa béquille une fois de plus, et j'ai carrément dû l'enjamber d'un petit bond pour l'éviter, ce qui semblait à la fois odieux et insensé. Les gamins ont rigolé, et d'autres sont venus les rejoindre : j'étais devenue un objet de spectacle. J'ai accéléré le pas en direction de mon hôtel. L'essaim d'enfants m'a filé le train, j'en avais derrière moi, à côté de moi, devant moi. Quelques-uns riaient et essayaient de me bloquer le passage, et une toute petite fille n'arrêtait pas de me tirer par la manche en criant : « Manger ! Manger ! Manger ! » Lorsque je suis arrivée en vue de l'hôtel, je courais. C'était pitoyable.

L'équanimité que j'avais pu montrer, fièrement et opiniâtrement, au cours de ces derniers mois chaotiques, s'est effondrée au Cambodge. Tout mon sang-froid de voyageuse aguerrie est parti en lambeaux – avec ma patience et ma compassion, faut-il croire : sous le coup de la panique, je me suis mise à courir, à fuir à toutes jambes devant des mômes affamés qui me suppliaient juste de leur donner à manger. Une fois à l'hôtel, je me suis enfermée à double tour dans ma chambre, j'ai enfoui ma tête dans une serviette de toilette et j'ai tremblé toute la nuit comme une misérable trouillarde.

❧ ✳ ❧

C'était donc là mon grand voyage au Cambodge.

Une des leçons évidentes de cette aventure est que je n'aurais peut-être jamais dû y aller – ou du moins pas à ce moment-là. Peut-être, compte tenu de la fatigue accumulée pendant des mois de voyage, de la tension de Felipe et de sa situation incertaine, avais-je montré un entêtement excessif, ou même de l'imprudence. Peut-être le moment était-il mal choisi pour chercher à prouver mon indépendance, à créer des précédents pour de futures libertés, ou à tester les frontières de l'intimité. Peut-être aurais-je simplement dû rester à Bangkok avec Felipe, au bord de la piscine, à boire de la bière et à me détendre en attendant la prochaine étape de notre périple.

Sauf que je n'aime pas la bière et que je ne me serais pas détendue. Si j'avais bridé mes impulsions et étais restée à Bangkok cette semaine-là, à boire de la bière et à nous observer nous taper mutuellement sur les nerfs, j'aurais peut-être enfoui en moi une chose importante – quelque chose qui serait devenu fétide, comme le bassin du roi Jayavarman, et aurait créé des ramifications contaminant l'avenir. Je suis allée au Cambodge parce que je devais y aller. C'était peut-être une sale expérience, un voyage saboté, mais cela ne signifie pas que je ne devais pas y aller. La vie, c'est parfois un sabotage, c'est pas toujours joli. Nous faisons de notre mieux. Nous ne savons pas toujours agir pour le mieux.

Ce que je sais en revanche, c'est que, le lendemain de cet affrontement avec les petits mendiants, je suis rentrée à Bangkok, où j'ai retrouvé un Felipe calme et détendu, que cette petite pause loin de moi avait manifestement requinqué. En mon absence, pour s'occuper, il avait appris l'art de nouer des ballons gonflables en forme d'animaux. À mon retour, il m'a donc présenté une girafe, un teckel et un serpent à sonnette. Il était extraordinairement fier de lui. Moi, je me sentais plutôt défaite et je n'étais pas fière du tout de ma performance au Cambodge. Mais j'étais terriblement contente de voir mon homme. Je lui étais terriblement reconnaissante de m'encourager à tenter des expériences qui ne sont pas toujours sans danger, qui sont parfois difficilement explicables et se révèlent plus hasardeuses que je l'aurais cru. Je lui en suis infiniment plus reconnaissante que je ne pourrais jamais le dire – parce que la vérité, c'est que je suis bien certaine de récidiver.

J'ai donc félicité Felipe pour sa merveilleuse ménagerie en ballons et il a écouté attentivement mes tristes récits du Cambodge. Lorsque nous avons été bien fatigués tous les deux, nous nous sommes mis au lit ensemble, nous avons une fois de plus arrimé notre canot de sauvetage et poursuivi notre histoire.

CHAPITRE SEPT

Mariage et subversion

❦✲❦

De tous les actes qu'un homme accomplit dans sa vie,
son mariage est celui qui concerne le moins les autres,
pourtant, de tous, c'est celui qui interfère le plus
avec les autres.

John Selden, 1689

Fin octobre 2006, nous étions donc de retour à Bali, installés dans l'ancienne maison de Felipe, au milieu des rizières. Notre projet était d'y attendre tranquillement la fin des démarches d'immigration, en faisant le dos rond, et d'éviter tout motif de stress ou de dispute. C'était agréable de retrouver un lieu familier, de se poser. C'était dans cette maison que, presque trois ans plus tôt, nous étions tombés amoureux. C'était la maison que Felipe avait abandonnée seulement un an plus tôt afin de venir s'installer avec moi de façon « permanente » à Philadelphie. Pour l'instant, elle était pour nous ce qui se rapprochait le plus d'une véritable maison et nous étions heureux de la revoir.

J'ai regardé Felipe fondre de soulagement en faisant le tour du propriétaire ; il caressait et humait chaque objet familier avec un plaisir presque canin. Tout était resté en l'état : la terrasse, à l'étage, avec le canapé en rotin sur lequel Felipe m'avait, comme il aime le dire, *séduite* ; le lit confortable dans lequel nous avions fait l'amour pour la première fois ; la petite cuisine de rien du tout, avec la vaisselle que j'avais achetée à Felipe très vite après notre rencontre parce que son trousseau de célibataire me déprimait ; le bureau, dans un coin, sur lequel j'avais tranquillement travaillé à mon dernier livre ; notre copain Raja, le vieux chien roux du

voisin, que Felipe avait toujours appelé « Roger », qui
avait une patte folle et grognait à la vue de son ombre ;
les canards, qui pataugeaient dans les rizières en cancanant à propos d'un récent scandale de volaille.

Il y avait même une cafetière.

D'un coup d'un seul, Felipe est redevenu lui-même : bon, attentionné, gentil. Il avait retrouvé son
petit coin et ses habitudes. J'avais mes livres. Nous
partagions un lit familier. Nous nous sommes détendus autant que possible, en attendant que le département de la Sécurité intérieure décide du sort de
Felipe. Nous nous sommes abandonnés à une pause
presque narcotique au cours des deux mois suivants
– un peu comme les grenouilles de notre ami Keo. Je
lisais, Felipe cuisinait, nous allions parfois nous balader paresseusement dans le village et rendre visite à
de vieux amis. Mais mon souvenir le plus prégnant de
cette parenthèse balinaise, ce sont les nuits.

Il y a une chose à laquelle on ne s'attend pas forcément à Bali : le boucan. Une fois, à Manhattan, j'ai
vécu dans un appartement dont les fenêtres ouvraient
sur la Quatorzième Rue, et le tintouin était moindre
que dans ce village balinais. Certaines nuits, nous
étions réveillés simultanément par des rixes de chiens,
des disputes de coqs et l'enthousiasme d'une procession cérémoniale. D'autres fois, les caprices météorologiques – qui peuvent être spectaculaires – nous
tiraient du sommeil. Nous dormions toujours les
fenêtres ouvertes et, certaines nuits, le vent se mettait
à souffler si fort que nous nous réveillions entortillés
dans la gaze de notre moustiquaire, telles des algues
emprisonnées dans le chalut d'un bateau de pêche.
Nous nous démêlions puis, allongés dans le noir et la
touffeur, nous bavardions.

Un des passages que je préfère, en littérature, est extrait des *Villes invisibles*, d'Italo Calvino. Calvino y décrit une ville imaginaire, baptisée Eufemia, où les marchands de toutes nations se rassemblent à chaque solstice et à chaque équinoxe pour échanger des marchandises. Mais ils ne se retrouvent pas à Eufemia uniquement pour faire commerce d'épices, de bijoux, de bétail ou d'étoffes. Ils y viennent pour se raconter des histoires – pour, littéralement, échanger du vécu. Et voici comment ils procèdent : ces hommes, écrit Calvino, se rassemblent la nuit autour de feux de joie et chacun lance un mot tel que « sœur », « loup », « trésor enfoui ». Ensuite, chacun tour à tour raconte une histoire personnelle de sœur, de loup, ou de trésor enfoui. Au cours des mois suivants, bien après avoir quitté Eufemia, lorsqu'ils traversent le désert, seuls à dos de chameau, ou voguent vers la lointaine Chine, ces marchands combattent leur ennui en draguant leurs souvenirs. Et ils découvrent alors qu'ils ont vraiment échangé leurs souvenirs – que, comme l'écrit Calvino, « ils ont échangé leur sœur pour une autre sœur, leur loup pour un autre loup ».

Ainsi œuvre l'intimité au fil du temps. Ou un mariage, après plusieurs années : on se raconte des histoires, on hérite chacun des souvenirs de l'autre, et c'est comme ça, en partie, que chacun devient une annexe de l'autre, un treillis sur lequel nos biographies respectives peuvent grimper. Les souvenirs de Felipe sont devenus une part de ma mémoire ; ma vie s'est tissée dans l'étoffe de la sienne. Songeant à ces échanges d'histoires dans la ville imaginaire d'Eufemia, et à la façon dont l'intimité est l'assemblage point par point de ces récits, de temps en temps, lors de ces nuits sans sommeil à Bali, je lançais un mot, juste pour voir quel souvenir remontait chez Felipe. À ce signal, Felipe, allongé à mes côtés dans la pénombre, me racontait à bâtons rompus ses histoires de sœurs, de loup, de trésors enfouis et plus encore – des histoires de plage, d'oiseaux, de pieds, de princes, de concours...

Je me souviens en particulier d'une nuit chaude et humide, où j'avais été réveillée par les pétarades, sous nos fenêtres, d'une moto sans pot d'échappement. J'avais senti que Felipe était lui aussi réveillé, et cette fois-là encore j'avais choisi un mot au hasard.

« S'il te plaît, raconte-moi une histoire de poisson. »

Felipe a réfléchi un long moment.

Ensuite, sans se presser, dans la chambre baignée par le clair de lune, il m'a raconté que parfois, quand il était petit, au Brésil, il allait pêcher avec son père. Ils partaient camper plusieurs jours, juste tous les deux, le petit garçon et l'homme, au bord d'une rivière tumultueuse. Ils passaient leur temps pieds et torse nus, et se nourrissaient de leurs prises. Felipe n'était pas aussi intelligent que son frère Gildo (tout le monde s'accordait à le dire) ni aussi charmant que sa grande sœur Lily (tout le monde s'accordait également là-dessus), mais il avait la réputation, dans la famille, d'être le plus dégourdi. C'était donc lui, et lui seul, qui, même s'il était encore très jeune, avait le privilège d'accompagner son père à la pêche.

Sa principale tâche, lors de ses expéditions, consistait à aider son père à tendre les filets dans la rivière. Tout était question de stratégie. Son père ne lui parlait guère de la journée (il était trop concentré sur sa pêche), mais le soir, autour du feu du camp, il lui soumettait – d'homme à homme – son projet pour le lendemain. Le père demandait à son fils de six ans : « Tu as vu cet arbre, un kilomètre en amont, qui est à moitié submergé ? Qu'en penses-tu, si nous allions sonder de ce côté-là, demain ? », et Felipe, accroupi devant le feu, tout ouïe, sérieux comme un pape, approuvait d'un hochement de tête.

Le père de Felipe n'était pas un homme ambitieux, ni un grand penseur, ni un chef d'industrie. Honnêtement, il n'était pas vraiment très zélé. C'était cependant un nageur intrépide. Son gros couteau de chasse coincé entre les dents, il traversait à la nage ces larges fleuves, pour aller vérifier ses filets et ses nasses, laissant le petit garçon seul sur la berge. Pour Felipe, c'était à la fois terrifiant et excitant de regarder son père retirer son pantalon, mordre ce couteau et s'en aller batailler contre les courants rapides – car il était bien conscient que, si son père se faisait emporter, il se retrouverait seul et abandonné au milieu de nulle part.

Mais son père n'a jamais été emporté. Il était trop fort. Dans la touffeur de cette nuit balinaise, dans notre chambre, sous notre moustiquaire humide et gonflée par le vent, Felipe m'a montré quel nageur émérite avait été son père. Allongé sur le dos dans l'air moite, ses bras à peine visibles et fantomatiques dans la pénombre, il a imité le crawl puissant de son père. Toutes ces décennies plus tard, Felipe pouvait encore reproduire le son exact des bras de son père fendant ces eaux sombres et turbulentes : « *shush-a, shush-a, shush-a…* »

Désormais, j'ai fait mien ce souvenir. Il me semble même me rappeler ce son, pourtant je n'ai jamais rencontré le père de Felipe, qui est mort il y a plusieurs années. Seules quatre personnes vivantes en ce monde se souviennent du père de Felipe, et une d'entre elles – jusqu'à ce que Felipe me raconte cette histoire – voyait et entendait encore dans ses souvenirs cet homme traverser de larges fleuves brésiliens, au milieu du siècle dernier. Maintenant, j'ai l'impression que moi aussi je m'en souviens, d'une façon étrange et personnelle.

C'est ça, l'intimité : les histoires qu'on se raconte dans le noir.

Ces bavardages nocturnes et paisibles illustrent pour moi, plus que toute autre chose, la curieuse alchimie du couple. Car, lorsque Felipe a évoqué pour moi la nage de son père, je me suis approprié cette image liquide, je l'ai cousue soigneusement dans l'ourlet de ma propre vie, et à présent, je la transporterai partout avec moi, aussi longtemps que je vivrai, même quand Felipe ne sera plus là : ses souvenirs d'enfance, son père, son fleuve, son Brésil – tout cela aussi est devenu une part de moi.

❧ ✳ ❧

Nous séjournions à Bali depuis quelques semaines lorsque notre dossier d'immigration a enfin franchi une étape capitale.

D'après notre avocat à Philadelphie, le FBI avait vérifié mon casier judiciaire, et donné son feu vert. J'avais passé l'examen avec succès. Et dès lors qu'on considérait que je ne présentais pas de danger pour un étranger en l'épousant, le département de la Sécurité intérieure pouvait enfin commencer à traiter la demande d'immigration de Felipe. Si tout se passait bien – s'ils lui accordaient cet insaisissable ticket magique, ce visa de fiancé –, Felipe pourrait retourner aux États-Unis d'ici trois mois. Notre mariage était maintenant imminent. Les documents de l'Immigration, en supposant que Felipe les obtienne, stipuleraient que cet homme était autorisé à pénétrer de nouveau aux États-Unis, mais uniquement pour trente jours, pas un de plus, au cours desquels il devrait épouser une citoyenne nommée Elizabeth Gilbert – et pas une autre, sinon, il encourait une expulsion définitive. Le gouvernement n'allait pas joindre à la paperasse une injonction écrite nous obligeant à nous marier, mais c'était l'impression que cela donnait.

Dès que nos familles et nos amis ont eu vent de ces nouvelles, nous nous sommes retrouvés assaillis de questions : quel genre de cérémonie avions-nous prévu ? Quand allions-nous nous marier ? Et où ? Qui serait invité ? J'ai esquivé toutes les questions. Honnêtement, je n'avais prévu aucune cérémonie particulière, tout bonnement parce que je trouvais l'idée d'un mariage public perturbant.

Au cours de mes lectures, j'étais tombée sur une lettre d'Anton Tchekov à sa fiancée Olga Knipper, datée du 26 avril 1901, qui exprimait parfaitement la somme de toutes mes craintes : « Si tu me jures que personne à Moscou n'aura vent de notre mariage avant qu'il ait été célébré, je suis prêt à t'épouser le jour même de mon arrivée. Je ne saurais dire pourquoi, mais la cérémonie nuptiale, les félicitations et le verre de champagne que tu dois lever avec un sourire vague me terrifient. J'aimerais qu'on puisse aller directement de l'église à Zvenigorod. Ou bien pourrait-on se marier à Zvenigorod ? Réfléchis. Réfléchis-y, ma chérie ! Tu es intelligente, à ce qu'on dit ».

Oui ! Réfléchis !

Moi aussi je voulais échapper à tout ce battage et filer directement à Zvenigorod – et je n'avais pourtant

jamais *entendu parler* de Zvenigorod! Je voulais juste
me marier, en privé, aussi furtivement que possible,
peut-être même sans prévenir personne. N'y avait-il
pas des juges et des maires qui pouvaient se charger
de ce travail, pour que cela se passe sans trop de douleur? Lorsque j'ai confié ces pensées dans un e-mail à
ma sœur Catherine, elle m'a répondu : « On croirait
que tu parles d'une coloscopie, pas de ton mariage. »
Mais je peux attester qu'après des mois de questions
intrusives de la part du département de la Sécurité
intérieure, c'était exactement ce à quoi commençait à
ressembler notre futur mariage.

Cependant, il s'est avéré que certaines personnes
dans notre vie, ma sœur en tête, avaient le sentiment
qu'une véritable cérémonie devait honorer cet événement. De Philadelphie, Catherine m'a envoyé des
e-mails, gentils mais insistants, dans lesquels elle évoquait la possibilité d'organiser une fête de mariage
chez elle, à notre retour. Rien d'extravagant, me
promettait-elle, mais quand même…

À cette seule pensée, mes paumes sont devenues
moites. J'ai protesté que ce n'était pas nécessaire,
que Felipe et moi n'avions pas vraiment envie de ça.
Catherine a répondu alors : « Et si je faisais une grande
fête pour mon anniversaire, et que Felipe et toi soyez
justement là? Ça me permettrait au moins de porter
un toast à votre mariage. »

J'ai refusé de nous laisser embarquer là-dedans.

Elle a essayé à nouveau. « Et si je faisais une grande
fête pendant que vous êtes chez moi, mais que Felipe
et toi ne soyez même pas obligés de descendre? Vous
pourriez rester enfermés dans votre chambre, toutes
lumières éteintes. Et quand je porterais mon toast à
votre mariage, je lèverai négligemment ma coupe en

direction de la porte de la chambre d'ami sous les combles ? Est-ce que ça aussi, c'est trop effrayant ? »

Curieusement, d'une manière inexcusable, paradoxale : *oui*.

Quand j'ai essayé de démêler le pourquoi de ma résistance à une cérémonie publique, j'ai dû admettre qu'une part du problème relevait simplement de l'embarras. Quelle situation bizarre que d'être devant ma famille et mes amis (dont beaucoup avaient été présents à mon premier mariage) et de prononcer des serments solennels une fois de plus ! N'avaient-ils pas tous déjà vu ce film ? À trop jouer à ce jeu, on risque de ternir sa crédibilité. Et Felipe, lui aussi, avait déjà prononcé des serments qui l'engageaient à vie, pour les rompre dix-sept ans plus tard. Quelle paire nous faisions ! Pour paraphraser Oscar Wilde : un divorce, ça peut passer pour de la malchance, mais deux, ça commence à sentir la négligence.

En outre, je n'oublierai jamais ce que Miss Manners, la chroniqueuse spécialiste de la bienséance du *Washington Post*, dit à ce sujet : même convaincue qu'elle est qu'on devrait pouvoir se marier autant de fois qu'on le souhaite, Miss Manners n'en demeure pas moins persuadée que nous n'avons droit qu'à un seul mariage en fanfare dans notre vie. (Cela peut sembler trop protestant et rigoriste, je sais – mais, assez curieusement, les Hmong partagent cette idée. Quand j'avais demandé à la petite grand-mère, au Vietnam, quel était l'usage pour les secondes noces, elle m'avait répondu : « Les seconds mariages se déroulent exactement comme les premiers, sauf qu'il y a moins de cochons. »)

De plus, un deuxième ou un troisième mariage en grande pompe place la famille et les amis dans une position inconfortable. Ils se demandent s'ils doivent, une fois de plus, couvrir la mariée de cadeaux et d'attentions. La réponse, apparemment, est non. Comme Miss Manners l'a expliqué un jour froidement à une lectrice, la bonne façon de procéder pour féliciter une future mariée compulsive consiste à faire l'impasse sur les cadeaux et les fêtes, et à adresser simplement un petit mot à la dame, en vous réjouissant de son bonheur, en lui souhaitant bonne chance – et en évitant de préciser « cette fois ».

Mon dieu, que ces deux petits mots accusateurs – *cette fois* – me font frémir ! Et pourtant, c'est vrai. Les souvenirs de *la dernière fois* me semblaient bien trop récents, bien trop douloureux. Et puis je n'aimais pas l'idée que les invités d'une mariée, lors de son second mariage, pensent très certainement à son premier époux, autant qu'au nouveau – et que la mariée elle aussi va probablement se souvenir de son ex-mari ce jour-là. Les premiers époux, je l'ai appris à mes dépens, ne s'en vont jamais vraiment – même si vous ne leur parlez plus. Ce sont des fantômes qui s'installent dans les recoins de notre nouvelle histoire, et ne disparaissent jamais de notre vue ; ils se matérialisent dans notre esprit chaque fois qu'ils le souhaitent, et se permettent des commentaires malvenus ou de petites critiques d'une douloureuse justesse. « Nous te connaissons mieux que tu ne te connais toi-même », voilà ce que les fantômes de nos ex-conjoints aiment nous rappeler, et ce qu'ils savent sur nous, malheureusement et le plus souvent, n'est pas joli.

« Il y a quatre esprits dans le lit d'un homme divorcé qui épouse une femme divorcée », dit un écrit talmudique du IVe siècle – et nos précédents époux viennent effectivement souvent nous hanter dans notre lit. Par exemple, il m'arrive encore de rêver de mon ex-mari, bien plus fréquemment que je ne l'aurais imaginé lorsque je l'ai quitté. En général, ce sont des rêves tumultueux et déroutants. En de rares occasions, ils sont chaleureux ou bienveillants. Cela n'importe guère, cependant : je ne peux ni contrôler ni arrêter ces rêves. Mon ex-mari apparaît dans mon subconscient aussi souvent que bon lui semble, et il entre sans frapper. Il a gardé les clés de cette maison. Felipe lui aussi rêve de son ex-femme. Et je rêve de l'ex-femme de Felipe, mon Dieu ! Il m'arrive même de rêver de la nouvelle femme de mon ex-mari – que je n'ai jamais rencontrée, ni même jamais vue en photo – et pourtant, parfois, nous discutons dans mes songes. (Ou plutôt, nous tenons des réunions au sommet.) Et je ne serais pas surprise si, quelque part dans le monde, la seconde épouse de mon ex-mari rêvait par intermittences de moi – en essayant, dans son subconscient, de démêler les étranges plis et coutures de notre lien.

Mon amie Ann – qui a divorcé il y a vingt ans et qui, depuis, est remariée et heureuse avec un homme merveilleux et plus âgé qu'elle – m'assure que tout cela se tasse avec le temps. Elle me jure que les fantômes s'évanouissent, qu'un jour viendra où je ne penserai plus à mon ex-mari. Franchement, je reste dubitative. Je veux bien croire que les choses vont aller en s'arrangeant, mais j'ai du mal à croire que ces rêves cesseront complètement, surtout parce que mon premier mariage s'est vraiment mal fini. Bien des points sont restés irrésolus. Jamais mon premier mari et moi ne nous sommes entendus sur ce qui n'avait pas fonctionné dans notre relation. Elle était choquante, cette absence totale de consensus. Des visions du monde à ce point divergentes indiquent aussi, probablement, pourquoi nous n'aurions jamais dû nous marier ; nous étions les deux seuls témoins oculaires de la mort de notre mariage, et nous nous sommes séparés en emportant chacun un témoignage complètement différent des faits.

D'où, peut-être, ce sentiment confus qu'il me hante. Nous avons beau aujourd'hui mener des vies séparées, mon ex-mari me visite encore en rêves sous forme d'un avatar qui enquête, débat et reconsidère d'un millier d'angles un jugement qui demeura sans véritable conclusion. C'est bizarre. C'est glaçant. Spectral. Et je ne voulais pas provoquer ce fantôme avec une grande cérémonie ou une célébration.

Une autre raison nous poussait peut-être, Felipe et moi, à résister si obstinément à une cérémonie d'échange de nos vœux : nous avions le sentiment qu'elle avait déjà eu lieu. Nous les avions déjà échangés lors d'une cérémonie entièrement privée de notre invention. Cela s'était passé à Knoxville, en avril 2005 – lorsque Felipe était venu habiter pour la première fois avec moi dans cet hôtel décati, sur la place. Un jour, nous étions allés nous acheter deux alliances en or toutes simples. Nous avions rédigé les promesses que nous nous faisions l'un à l'autre et les avions lues à voix haute. Nous avions échangé les alliances, scellé notre engagement avec un baiser et des larmes, et s'était fait. À nos yeux, cela suffisait. Nous nous pensions déjà mariés, dans tous les sens qui importaient.

Personne n'avait été témoin de la scène, mis à part nous deux (et Dieu, faut-il espérer). Et dois-je préciser que personne n'a respecté les vœux que nous avions échangés (sinon nous et, une fois de plus, espérons-le, Dieu) ? Je vous invite à imaginer quelle aurait été la réponse des bureaucrates du département de la Sécurité intérieure si, à l'aéroport de Dallas, j'avais essayé de les convaincre que, en vertu d'une cérémonie d'engagement privée qui avait eu lieu à Knoxville dans une chambre d'hôtel, Felipe et moi étions comme légalement mariés.

Pour tout dire, les gens – même ceux qui nous aiment – semblaient irrités que Felipe et moi arborions des alliances sans en être passés par une cérémonie de mariage officielle. Tous étaient d'accord pour dire que notre façon de faire était, au mieux déroutante, au pire pathétique. « Non ! avait protesté avec véhémence mon vieux copain Brian, dans un e-mail qu'il m'avait envoyé de Caroline du Nord, lorsque je lui avais dit que Felipe et moi venions d'échanger nos vœux en privé. Tu ne peux pas le faire ça ! avait-il insisté. Ce n'est pas assez ! Tu dois te marier pour de vrai ! »

Brian et moi nous sommes chamaillés des semaines entières à ce sujet, et j'ai été surprise de découvrir avec quelle inflexibilité il campait sur ses positions. J'aurais pensé que lui, plus que tout autre, aurait compris pourquoi Felipe et moi n'avions pas besoin d'une cérémonie publique ou légale, juste pour satisfaire aux conventions. En plus d'être l'un des hommes mariés les plus heureux que je connaisse (il vénère littéralement sa femme), Brian est également, de tous mes amis peut-être, le plus naturellement anticonformiste. Il se plie volontiers à cette norme marginale. C'est un authentique païen en possession d'un doctorat, qui vit dans un chalet, au milieu des bois, avec des toilettes à compost ; rien à voir avec Miss Manners. Mais Brian était intransigeant : des vœux échangés en privé et uniquement devant Dieu ne valent pas un mariage.

« *LE MARIAGE N'EST PAS UNE PRIÈRE !*
insistait-il, en italique et en majuscules. C'est pour ça
que tu *dois* le faire devant les autres, même en présence de ta tante qui sent la litière pour chat. C'est un
paradoxe, mais le mariage réconcilie en fait un tas de
paradoxes : la liberté et l'engagement, la force et la
subordination, la sagesse et de complètes fadaises, etc.
Et tu passes à côté du principal – le mariage n'a pas
seulement pour but de "satisfaire" les autres. Je dirais
plutôt que c'est toi qui dois faire tenir à tes invités *leur*
part de contrat. Ils doivent t'*aider* dans ton mariage ;
ils doivent te soutenir, ou soutenir Felipe si l'un de
vous vacille. »

La personne que notre engagement privé agaçait
encore plus que Brian, c'était ma nièce Mimi, sept
ans. Elle se sentait prodigieusement lésée que je n'ai
pas fait de vrai mariage parce qu'elle voulait absolument être petite fille d'honneur une fois dans sa vie.
Jusque-là, l'occasion ne s'était jamais présentée, alors
que sa meilleure amie et rivale Moriya avait déjà eu ce
plaisir par deux fois – comprenez bien que les années
filaient, et Mimi n'allait pas en rajeunissant.

En outre, cet engagement privé avait offensé Mimi
à un niveau presque sémantique. On lui avait suggéré
qu'elle pouvait désormais, suite à cet échange de vœux
en toute intimité, considérer Felipe comme son oncle
– mais elle avait refusé de l'entendre de cette oreille. À
l'instar de son frère aîné, Nick, d'ailleurs. Ce n'est pas
que les enfants de ma sœur n'aiment pas Felipe. C'est
juste qu'un oncle, comme l'a souligné Nick (dix ans)
avec sévérité, est soit le frère de votre père, soit celui
de votre mère, soit l'homme qui est légalement marié
à votre tante. Par conséquent, Felipe n'était pas plus
officiellement l'oncle de Nick et de Mimi qu'il n'était

officiellement mon mari, je ne pouvais rien faire pour les convaincre du contraire. À cet âge-là, les enfants sont très attachés aux conventions. Bon sang, ils sont pratiquement des agents recenseurs. Pour me punir de ma désobéissance civile, Mimi a pris l'habitude d'appeler Felipe son « oncle » en mimant chaque fois, par sarcasme, des guillemets. Parfois elle le désignait même comme mon « mari » – en accompagnant là aussi le terme de guillemets et d'un soupçon de dédain exaspéré.

Un soir de 2005 où nous dînions chez Catherine, j'ai demandé à Mimi ce qu'il faudrait pour qu'elle reconnaisse la validité de mon engagement à l'égard de Felipe. Elle a été inflexible : « Tu dois faire un vrai mariage, a-t-elle répondu.

— Mais c'est quoi un *vrai* mariage ? ai-je demandé.

— Il faut qu'il y ait *quelqu'un*. » (Elle était à présent franchement exaspérée.) Tu ne peux pas simplement faire un serment, sans que personne le voie. Il faut qu'il y ait *une personne* qui te regarde faire ton serment. »

Assez curieusement, Mimi soulignait là un point important, tant intellectuellement qu'historiquement. Comme l'a expliqué le philosophe David Hume, dans toutes les sociétés, un serment de quelque importance doit être prononcé devant témoin. Pour la raison qu'il est impossible de savoir, lorsque quelqu'un fait une promesse, s'il dit la vérité. Elle peut fort bien dissimuler, d'après Hume, une intention cachée derrière les mots nobles et ampoulés. La présence du témoin rend nulle et non avenue toute intention celée : peu importe que vous pensiez *vraiment* ce que vous avez dit ; ce qui compte, c'est qu'une tierce partie vous ait entendu le dire. Le témoin devient le sceau vivant de la promesse, il authentifie le vœu du poids du réel. Même dans le haut Moyen Âge en Europe, avant que les mariages ne soient officialisés par l'Église ou par le gouvernement, exprimer ses vœux devant un seul témoin suffisait à sceller définitivement l'union légale d'un couple. Même à l'époque, on ne pouvait pas agir seul. Même à l'époque, il fallait que quelqu'un vous voie le faire.

« Est-ce que cela te conviendrait si Felipe et moi prononcions des vœux de mariage ici, dans ta cuisine, devant toi ? ai-je demandé à Mimi.

— Oui, mais qui serait la *personne* ? a-t-elle objecté.

— Pourquoi pas toi ? ai-je suggéré. Comme ça, tu pourrais veiller à ce que ça soit fait dans les règles. »

C'était un plan génial. Veiller à ce quelque chose soit fait dans les règles est la spécialité de Mimi. Cette fillette est véritablement née pour être *la personne*. Et je suis fière de rapporter ici qu'elle a sauté sur l'occasion. Là, dans la cuisine, pendant que sa mère préparait à dîner, Mimi nous a demandé, à Felipe et à moi, de bien vouloir nous lever et nous mettre face à elle. Elle nous a demandé de lui remettre les « alliances » (entre guillemets) que nous portions déjà depuis plusieurs mois. Et elle a promis de veiller sur ces alliances jusqu'à ce que la cérémonie soit terminée.

De là elle a improvisé un rituel matrimonial concocté, je suppose, à partir des divers films qu'elle a pu voir en sept ans d'existence.

« Promettez-vous de vous aimer tout le temps ? »

Nous avons promis.

« Promettez-vous de vous aimer malades ou en bonne santé ? »

Nous avons promis.

« Promettez-vous de vous aimer fous ou sains d'esprit ? »

Nous avons promis.

« Promettez-vous de vous aimer riches ou moins riches ? » (Apparemment, l'idée d'une pauvreté totale n'était pas quelque chose que Mimi nous souhaitait ; il nous faudrait nous contenter de ce « moins riche ».)

Nous avons promis.

Nous avons observé un moment de silence. Cela crevait les yeux que Mimi aurait aimé rester dans cette position d'autorité un peu plus longtemps, mais elle ne trouvait plus rien à nous faire promettre. Aussi nous a-t-elle rendu nos alliances, en nous disant de les glisser chacun à l'annulaire de l'autre.

« Et maintenant, tu peux embrasser la mariée », a-t-elle décrété.

Felipe m'a embrassée. Catherine a poussé un petit cri de joie puis a continué à tourner sa sauce aux palourdes. Ainsi venait d'être conclue, dans la cuisine de ma sœur, la seconde cérémonie d'engagement illégale entre Liz et Felipe. Mais cette fois, en bonne et due forme, devant témoin.

J'ai serré Mimi dans mes bras. « Satisfaite ? »

Elle a hoché la tête.

Mais manifestement – et ça se voyait à sa tête – elle ne l'était pas.

❧ ✳ ❧

Pourquoi tout le monde accorde autant de prix à une cérémonie de mariage publique, légale ? Et pourquoi y opposais-je une résistance aussi têtue – presque agressive ? Mon aversion était d'autant moins compréhensible que j'ai la passion des rituels et des cérémonies. Vous voyez, j'ai étudié Joseph Campbell, j'ai lu *Le Rameau d'or*, de James G. Frazer, et j'ai pigé. J'ai parfaitement compris que les cérémonies sont essentielles aux hommes : une cérémonie est un cercle que nous traçons autour d'événements importants, pour séparer l'essentiel de l'ordinaire. Le rituel est une sorte de harnais de sécurité magique qui nous guide d'un stade à un autre de notre vie, afin que nous ne trébuchions pas, ni ne nous perdions en chemin. La cérémonie et le rituel nous accompagnent lorsqu'il nous faut dépasser les craintes tenaces que le changement inspire, un peu comme un garçon d'écurie peut faire traverser un incendie à un cheval muni d'œillères en lui chuchotant : « Ne va pas chercher midi à quatorze heures, mon grand, d'accord ? Tu mets juste un sabot devant l'autre, et tout va se passer sans encombre. »

Je comprends même combien il importe d'être témoin des cérémonies rituelles. Mon père – qui n'est pas un homme particulièrement attaché aux conventions – tenait catégoriquement à ce que nous assistions aux veillées funèbres et aux obsèques de toute personne qui mourait dans notre village. Pas nécessairement pour honorer le défunt ou réconforter les vivants, nous expliquait-il. Non : on assistait à ces cérémonies afin d'être *vus* – et vus, par exemple, tout particulièrement, par l'épouse du défunt. On devait s'assurer qu'elle avait mémorisé notre visage et dûment enregistré le fait que nous avions assisté aux obsèques de son mari. Il n'était pas question de se faire bien voir ou d'être plus estimés, mais d'épargner à la veuve, la prochaine fois qu'on la croiserait au supermarché, une pénible incertitude : connaissions-nous la triste nouvelle ? Nous ayant vus aux obsèques de son mari, elle savait que nous savions. Par conséquent, elle n'avait pas à annoncer une fois de plus la nouvelle, et nous éviterions l'embarras de lui exprimer nos condoléances dans un rayon de supermarché, puisque nous l'avions déjà fait en un lieu approprié. Grâce à ces funérailles publiques, par conséquent, nous étions quittes, en quelque sorte. Notre lien social ne souffrirait ni embarras ni incertitude. Tout était clair entre nous. Nous étions à l'abri.

C'était ce que voulaient mes amis et ma famille, ai-je compris, quand ils nous réclamaient, à Felipe et moi, un mariage public. Ce n'était pas par désir de se mettre sur leur trente et un, de danser dans des chaussures inconfortables ou de bien dîner. Ce que ma famille et nos amis voulaient vraiment, c'était pouvoir avancer dans leur vie et savoir avec certitude où chacun en était dans sa relation aux autres. C'était ce que Mimi souhaitait – que tout soit en ordre et bien clair. Elle avait envie de pouvoir prononcer les mots « oncle » et « mari » sans guillemets et aller de l'avant sans se demander si elle devait, ou pas, considérer Felipe comme un membre de la famille. Et à l'évidence, pour pouvoir offrir son entière loyauté à cette union, elle devait personnellement être témoin d'un échange de serments en toute légalité.

Je savais tout cela, et je le comprenais. Pourtant, je résistais. Le principal problème tenait à ce que – même après des mois de lecture sur le mariage, de réflexions sur le mariage et de discussions sur le mariage – je n'étais toujours pas entièrement *convaincue* de son bien-fondé. Je n'étais pas encore certaine d'être prête à acheter d'un bloc le paquet de marchandises que vendait l'état matrimonial. Pour être totalement franche, je n'avais pas encore digéré que Felipe et moi soyons obligés de nous marier parce que le gouvernement l'exigeait. Et si mes réticences étaient si profondes, si fondamentales, ai-je fini par réaliser, c'est probablement parce que je suis grecque.

Entendons-nous bien, s'il vous plaît : je ne suis pas en train de dire ici que je suis grecque au sens *littéral*, comme originaire de Grèce, membre d'une sororité universitaire, séduite par la passion sexuelle et amoureuse entre deux hommes. Non : je suis grecque dans ma façon de penser. Je m'explique.

Les philosophes ont depuis longtemps compris que toute la culture occidentale repose sur deux visions rivales du monde – celle des Grecs et celle des Hébreux –, et la vision à laquelle on adhère plus ou moins fortement détermine notre conception de la vie.

Des Grecs – et tout particulièrement des jours glorieux de l'ancienne Athènes –, nous avons hérité nos idées sur l'humanisme séculaire et le caractère sacré de l'individu. Les Grecs nous ont transmis toutes nos notions sur la démocratie, l'égalité, la liberté personnelle, la raison scientifique, la liberté intellectuelle, l'ouverture d'esprit, et ce que nous pourrions appeler aujourd'hui le « multiculturalisme ». Le point de vue des Grecs sur la vie, par conséquent, est urbain, sophistiqué, prospectif, et il laisse toujours une large place au doute et à la discussion.

Il y a aussi la vision du monde selon les Hébreux. Par hébreu, je ne fais pas spécialement référence au judaïsme. (En fait, la plupart des juifs américains que je connais sont très grecs dans leur pensée, et ce sont les chrétiens fondamentalistes américains qui, de nos jours, sont profondément hébreux.) « Hébreu », dans le sens où les philosophes utilisent ce mot, est un raccourci pour décrire une vision du monde antique où tout n'est que tribalisme, foi, obéissance et respect.

Le credo hébreu est clanique, patriarcal, autoritaire, moraliste, ritualiste et instinctivement méfiant à l'égard de toute personne étrangère à la communauté. Les penseurs hébreux voient le monde comme un combat entre deux camps nettement établis, le bien et le mal, et dans lequel Dieu est toujours fermement de « notre » côté. Les actions humaines sont soit bonnes soit mauvaises. Il n'y a pas de juste milieu. La collectivité prime sur l'individu, la moralité importe plus que le bonheur, et les serments sont inviolables.

Le problème, c'est que la culture occidentale contemporaine a hérité de ces deux visions du monde antiques – sans jamais pouvoir les réconcilier entièrement, car elles sont irréconciliables. (Avez-vous récemment suivi des élections américaines ?) La société américaine est un curieux amalgame de pensée grecque et de pensée hébraïque. Notre code juridique est essentiellement grec ; notre code moral, essentiellement hébreu. Nous ne disposons d'aucune autre façon de penser l'indépendance, l'intelligence et le caractère sacré de l'individu que grecque. Nous n'avons aucun autre outil pour penser la vertu et la volonté de Dieu qu'hébreu. Notre sens de l'équité est grec ; notre sens de la justice, hébreu.

Et quand on en vient à nos idées sur l'amour – eh bien, on trouve un enchevêtrement des deux. Enquête après enquête, les Américains expriment leur croyance en deux idées complètement contradictoires du mariage. D'un côté (le côté hébreu), nous croyons, à une écrasante majorité, que le mariage devrait être un serment à vie, qui ne devrait jamais être rompu. De l'autre côté (le côté grec), nous croyons également qu'un individu devrait toujours avoir le droit de divorcer, pour des raisons qui ne regardent que lui.

Comment ces deux idées peuvent-elles simultané-ment être vraies ? Rien d'étonnant à ce que nous soyons aussi perdus. Rien d'étonnant à ce que les Américains se marient plus, et divorcent plus, que n'importe quel autre peuple sur terre. Nous ne cessons de jongler avec ces deux visions opposées de l'amour comme si nous jouions au ping-pong. Notre vision hébraïque (ou biblique/morale) de l'amour est basée sur la dévo-tion à Dieu – qui n'est que soumission devant un *credo* et auquel nous adhérons absolument. Notre vision grecque (ou philosophique/éthique) de l'amour est basée sur la dévotion à la nature – qui n'est qu'explo-ration, beauté, et vénération de l'expression de soi. Et nous y adhérons également totalement.

Le parfait amant selon les Grecs est érotique ; le par-fait amant selon les Hébreux est fidèle.

La passion est grecque ; la fidélité est hébraïque.

Cette idée a fini par me hanter parce que, sur la balance grec/hébreu, je penchais bien plus du côté grec. Cela faisait-il de moi une piètre candidate pour le mariage ? Je m'en inquiétais. Nous, les Grecs, nous répugnons à sacrifier le moi sur l'autel de la tradition ; pour nous, c'est juste oppressant, et effrayant. Tout cela m'inquiétait encore plus après être tombée sur une information, minuscule mais importante, dans cette énorme étude Rutgers sur le mariage. Les cher-cheurs auraient trouvé des preuves pour étayer l'idée que, si le mari et la femme respectent sans réserve le caractère sacré du lien matrimonial, leur mariage a plus de chances de durer que celui de couples légè-rement plus suspicieux à l'égard de l'institution. Res-pecter le mariage semblerait une condition préalable pour rester marié.

Cela fait sens, non ? Pour qu'une promesse ait du poids, on a besoin de croire en ce à quoi on s'engage, n'est-ce pas ? Parce que le mariage n'est pas simplement un serment que l'on fait à un autre individu ; ça, c'est le plus facile. Le mariage est également un serment que l'on fait au *serment* lui-même. Je sais de source sûre que certaines personnes restent mariées non pas nécessairement parce qu'elles aiment leur conjoint, mais parce qu'elles sont attachées à leurs *principes*. Dans la tombe, elles seront encore liées par un lien matrimonial loyal à quelqu'un qu'elles méprisent peut-être, uniquement parce qu'elles lui ont fait une promesse devant Dieu, et qu'elles ne se reconnaîtraient plus elles-mêmes si elles avaient failli à leur promesse.

À l'évidence, je ne suis pas comme ça. Dans le passé, j'ai eu clairement le choix entre honorer mon serment et honorer ma vie, et je me suis choisie moi, plutôt que la promesse. Je refuse de dire que cela fait *nécessairement* de moi une personne sans éthique (on pourrait arguer que choisir la libération plutôt que la misère est une façon d'honorer le miracle de la vie), mais cela a fait naître un dilemme au regard de mon mariage avec Felipe. Car si j'étais hébraïque juste ce qu'il fallait pour souhaiter très sincèrement rester mariée jusqu'à mon dernier souffle cette fois (oui, allons jusqu'au bout et utilisons la locution infamante : *cette fois*), je n'avais pas encore trouvé le moyen de respecter sans réserve l'institution matrimoniale elle-même. Je n'avais pas encore trouvé où je me sentais à ma place dans l'histoire du mariage, où j'avais le sentiment de me reconnaître. Cette absence de respect, cette reconnaissance impossible me faisaient craindre de ne pas accorder foi à mon serment, le jour de mon mariage.

Au cours de mes efforts pour démêler tout cela, j'ai
soulevé le sujet avec Felipe. Je devrais préciser ici que
Felipe, tout en n'ayant pas plus d'affection que moi
pour l'institution du mariage, était bien plus détendu
que moi. Il n'arrêtait pas de me dire : « À ce stade, ma
chérie, c'est juste un jeu. Le gouvernement en a écrit
les règles, et nous devons les respecter pour obtenir ce
que nous voulons. En ce qui me concerne, je suis disposé à jouer à n'importe quel jeu tant qu'il me permet,
finalement, de vivre en paix avec toi. »

Ce mode de pensée fonctionnait pour lui, mais moi,
je ne recherchais pas une stratégie ; j'avais besoin d'un
certain niveau de sincérité et d'authenticité. Cependant, Felipe voyait combien ce sujet m'agitait et – que
Dieu bénisse cet homme – il a été assez gentil pour
m'écouter méditer longuement sur les philosophies
rivales de la civilisation occidentale et sur la façon
dont elles affectaient ma vision du mariage. Mais
lorsque j'ai demandé à Felipe si lui-même se sentait
plutôt grec ou plutôt hébreu, il m'a répondu :

« Chérie, c'est une alternative qui ne s'applique pas
vraiment à moi.

— Et pourquoi ?

— Je ne suis ni grec ni hébreu.

— Et tu es quoi alors ?

— Je suis brésilien.

— Mais qu'est-ce que ça veut dire, ça ? »

Felipe a éclaté de rire. « Personne n'en sait rien !
C'est ça qui est merveilleux, dans le fait d'être brésilien. Ça ne veut rien dire. Donc tu peux arguer de ta
"brésilianité" comme d'une excuse pour vivre comme
bon te semble. C'est une stratégie géniale, en fait. Elle
m'a mené loin.

— Et en quoi est-elle censée m'aider ?

— Elle peut t'aider à te détendre ! Tu vas épouser un Brésilien. Pourquoi ne commences-tu pas à penser comme une Brésilienne ?

— Comment je m'y prends ?

— En choisissant ce que tu veux. C'est ce qu'on fait, nous, les Brésiliens, n'est-ce pas ? On pique des idées à droite et à gauche, on mélange le tout et on crée quelque chose de totalement nouveau. Écoute, qu'est-ce qui te plaît tant chez les Grecs ?

— Leur humanisme.

— Et qu'est-ce que tu aimes bien chez les Hébreux, si tant est qu'il y ait quelque chose que tu aimes bien ?

— Leur sens de l'honneur.

— Eh bien voilà, on prend les deux : l'humanisme et l'honneur. On va faire un mariage de cette combinaison. On va l'appeler le mélange brésilien. Et on va le modeler selon notre propre code.

— On peut faire ça, tu crois ?

— Ma chérie ! s'est récrié Felipe en prenant mon visage entre ses mains dans un élan de frustration. Quand vas-tu le comprendre ? Une fois que nous aurons ce maudit visa et que nous aurons réussi à nous marier en Amérique, *on pourra faire absolument tout ce qu'on veut.* »

❧ * ❧

Mais le peut-on vraiment ?

Je priais pour que Felipe ait raison, mais j'avais des doutes. Ma crainte la plus profondément ancrée était que le mariage ne finisse par nous modeler bien plus que nous ne pourrions, nous, le modeler. Tous ces mois passés à étudier le sujet ne me faisaient que redouter plus que jamais cette éventualité. J'en étais arrivée à considérer l'institution du mariage comme incroyablement puissante. Elle était sans aucun doute bien plus forte, bien plus vieille, bien plus profonde, et bien plus compliquée que Felipe et moi ne le serions jamais. Aussi modernes et sophistiqués que Felipe et moi nous sentions, je craignais que, en montant sur la chaîne d'assemblage du mariage, nous ne nous retrouvions en moins de deux façonnés en *époux* – obligés de nous couler dans une forme extrêmement conventionnelle qui serait bénéfique à la société, à défaut de l'être vraiment pour nous.

Et tout cela était terrifiant parce que, aussi agaçant que ça puisse le sembler, j'aime penser que je suis vaguement bohème. Je n'ai rien d'une anarchiste, mais cela me réconforte de considérer que ma vie exprime une forme de résistance instinctive au conformisme. Felipe, pour être honnête, aime bien lui aussi voir sa vie sous cet angle. Bon, d'accord, soyons sincères ici, et admettons que la plupart d'entre nous, probablement, aiment penser leur vie sous cet angle. C'est charmant, après tout, de s'imaginer dans le rôle d'un non-conformiste excentrique, même quand on vient tout juste d'acheter une cafetière. Peut-être l'idée de me plier à la convention du mariage me faisait-elle donc un peu mal, piquait au vif cet orgueil grec qui voulait tenir tête à l'autorité. Franchement, je ne savais pas trop où ce genre de pensée allait me mener.

Jusqu'à ce que je découvre Ferdinand Mount.

❧✳❧

Un jour, en farfouillant sur Internet en quête d'autres clés sur le mariage, je suis tombée sur un ouvrage universitaire d'aspect un peu déroutant, intitulé *La Famille subversive*, d'un auteur anglais nommé Ferdinand Mount. Je me suis empressée de commander le livre et de demander à ma sœur de me l'expédier à Bali. J'adorais le titre et j'étais certaine que ce texte raconterait ces histoires stimulantes de couples qui avaient trouvé comment mettre en échec le système, saper l'autorité sociale et rester fidèles à leurs racines rebelles, tout cela au sein de l'institution du mariage. Peut-être allais-je trouver mes mentors !

Effectivement, la subversion était le sujet de ce livre, mais pas comme je m'y attendais. L'ouvrage n'avait rien d'un manifeste séditieux, ce qui n'aurait pas dû me surprendre, compte tenu que Ferdinand Mount (ou plutôt, Sir William Robert Ferdinand Mount, troisième baronet) était un éditorialiste conservateur du *Sunday Times*. Franchement, si j'avais eu connaissance de ce détail, jamais je n'aurais commandé ce bouquin. Mais je suis contente de l'avoir fait car, parfois, le salut se manifeste sous sa forme la plus inattendue, et Sir Mount m'aura aidée à *surmonter* quelque chose : il m'a offert une sorte de secours, il m'a proposé une idée du mariage qui était radicalement différente de tout ce que j'avais pu déterrer auparavant.

Mount suggère que tous les mariages sont des actes de subversion. (Entendons par là tous les mariages qui ne sont pas arrangés – ce qui exclut les mariages de nature tribale, clanique, basés sur la propriété, et concerne donc principalement le mariage occidental.) Les familles qui naissent de ces unions intentionnelles et personnelles forment, elles aussi, des unités subversives. « La famille, écrit Mount, est une organisation subversive. En fait, c'est l'organisation subversive par excellence, et la seule permanente. La famille est la seule institution qui, tout au long de l'histoire, de nos jours encore, se soit attachée à spolier l'État. La famille est l'ennemi constant et persistant de toute hiérarchie, Église et idéologie. Autant que les dictateurs, les évêques et autres commissaires du peuple, l'humble curé de paroisse et l'intellectuel de café sont en butte à l'hostilité permanente et inflexible de la famille et à sa détermination à résister jusqu'au bout à toute ingérence[1]. »

On peut dire que Mount n'y va pas par quatre chemins, mais il avance des arguments irréfutables. Il laisse entendre que, dans la mesure où les couples mariés par libre consentement se sont unis pour des raisons profondément personnelles, et se sont ainsi créé des vies secrètes au sein de leur union, ils constituent, par nature, une menace pour quiconque veut dominer le monde. Le but premier de n'importe quel pouvoir est d'exercer le contrôle sur une population donnée, à travers la coercition, l'endoctrinement, l'intimidation ou la propagande. Les autorités, à leur grande frustration, n'ont jamais pu contrôler, ni même surveiller, l'intimité et les secrets qui se tissent entre deux personnes qui couchent régulièrement ensemble.

Même la Stasi, dans l'Allemagne de l'Est communiste – la police totalitaire la plus efficace que le monde ait jamais connue – ne pouvait pas écouter toutes les conversations privées dans les tous les foyers du pays à trois heures du matin. Personne n'a jamais été en mesure de faire ça. Quelque modestes, triviales ou sérieuses que soient les conversations d'oreillers,

---

1. Traduit de l'anglais par Michèle Jeunehomme, Tiziana Monacelli et Chantal Quoirin, Bruxelles-Liège, Pierre Mardaga, 1984.

ces heures feutrées appartiennent exclusivement aux deux personnes qui les échangent. Ce qu'un couple partage, seul, dans l'obscurité, est la définition même de la « sphère privée ». Et je ne parle pas simplement de sexe ici, mais d'un aspect qui est bien plus subversif : *l'intimité*. Avec le temps, chaque couple, partout dans le monde, a le potentiel pour devenir une petite nation autonome, constituée de deux personnes – et qui crée sa propre culture, son propre langage, et même son propre code moral, auxquels personne d'autre n'a accès.

Emily Dickinson a écrit : « De toutes les Âmes créées/J'en ai choisi/Une. » Ce droit – pour des raisons qui n'appartiennent qu'à nous, d'élire une personne que nous aimerons et défendrons par-dessus tout – exaspère depuis toujours la famille, les amis, les institutions religieuses, les mouvements politiques, les préposés des services d'Immigration et les armées. Ce choix, cette intimité étroite a le pouvoir de rendre folle toute personne qui cherche à nous contrôler. Pourquoi pensez-vous que les esclaves américains n'étaient pas autorisés à se marier ? Parce qu'il était bien trop dangereux, pour leurs propriétaires, qu'une personne en captivité pût connaître ce que le mariage semait de liberté affective et de secrets innés. Le mariage représentait une forme de liberté du cœur, intolérable au sein d'une population réduite en esclavage.

Pour cette raison, comme l'avance Mount, les entités dirigeantes, au cours des siècles, ont toujours tenté de réduire les liens naturels entre les êtres humains afin d'accroître leur propre pouvoir. Chaque fois qu'apparaît un nouveau mouvement révolutionnaire, un nouveau culte ou une nouvelle religion, le jeu commence de la même façon : par une tentative pour

nous séparer, nous, les individus, en faisant éclater la
fidélité que nous nous portons réciproquement. Nous
devons faire acte d'allégeance sur notre vie entière à
nos nouveaux seigneurs ou maîtres, à la nouvelle divi-
nité ou nation. Mount écrit : « Vous devez renoncer
à tout bien et à tout attachement matériel, et suivre
l'Étendard, la Croix, le Croissant, ou le Marteau et la
Faucille. » En résumé, il faut désavouer sa véritable
famille et jurer *que nous – l'Étendard, la Croix, le Croissant, ou le Marteau et la Faucille – sommes désormais
votre famille.* En outre, il faut adhérer à ces nouvelles
dispositions imposées de l'extérieur et inspirées par
le modèle familial (telles celles du monastère, du kib-
boutz, de la section militante, du gang, etc.). Si on
choisit d'honorer notre femme, notre mari ou notre
amant au détriment de la collectivité, on a, quelque
part, failli et trahi, et on sera dénoncé comme égoïste,
déviant, voire traître.

Cependant, cela n'a découragé personne. Les gens
ont continué à résister à la collectivité et à distinguer
une seule personne au sein des masses pour l'aimer.
On a vu cela dans les premiers temps du christianisme
– vous vous souvenez ? Les Pères de l'Église donnaient pour instruction, sans ambiguïté, de préférer
le célibat au mariage. Cela devait être le nouvel édifice social. Et s'il est vrai que certains, parmi les premiers convertis, sont restés célibataires, la plupart ont
décidé de n'en rien faire. Pour finir, les chefs chrétiens
ont dû céder et accepter que le mariage ne passerait
pas de mode. Les marxistes ont rencontré le même
problème lorsqu'ils ont essayé de créer un ordre du
monde inédit, dans lequel les enfants seraient élevés
dans des nurseries communautaires, et où il n'existerait plus d'attachement particulier, de quelque nature

que ce soit, entre les couples. Mais les communistes n'ont pas réussi plus que les premiers chrétiens à faire valoir cette idée. Les fascistes non plus, d'ailleurs. Ils ont *influencé* la forme du mariage, mais ils n'ont pas pu l'*éliminer*.

Non plus que les féministes, je dois le reconnaître. À l'aube de la révolution féministe, quelques-unes des activistes les plus radicales partageaient un rêve utopique dans lequel, si on leur en laissait le choix, les femmes libérées préféreraient les liens de la sororité et de la solidarité à ceux de l'institution répressive du mariage. Certaines de ces activistes, comme la féministe séparatiste Barbara Lipschutz, sont allées jusqu'à suggérer que les femmes devaient également renoncer aux relations sexuelles – non seulement avec les hommes, mais aussi avec d'autres femmes –, parce que la sexualité serait toujours dégradante et oppressive. Le célibat et l'amitié, par conséquent, devaient être les nouveaux modèles des relations entre femmes. Le fameux essai de Barbara Lipschutz s'intitulait *Nobody Needs to Get Fucked* – et si ce n'est pas exactement en ces termes que saint Paul aurait pu le formuler, les principes étaient globalement les mêmes : les relations charnelles sont dégradantes, et les partenaires romantiques, à tout le moins, nous détournent d'une destinée plus honorable. Mais en ce qui concerne l'éradication du désir dans la sphère de l'intimité, Lipschutz et ses disciples n'ont pas eu beaucoup plus de chance que les premiers pères du christianisme, les communistes ou les fascistes. Beaucoup de femmes – et même des femmes libérées et très brillantes – ont fini par choisir un partenariat privé avec un homme. Et pourquoi aujourd'hui les lesbiennes féministes les plus militantes se battent-elles ? Pour obtenir le droit

de se marier. Le droit de devenir parents, de fonder
une famille, de pouvoir contracter une union légale.
Elles veulent s'intégrer à l'histoire du mariage, elles
veulent façonner cette histoire de l'intérieur, et non
plus rester en dehors, à jeter des pierres sur sa vieille
façade cradingue.

Même Gloria Steinem, incarnation s'il en est du
mouvement féministe américain, a décidé de se marier
pour la première fois en l'an 2000. Elle avait soixante-
six ans le jour de ses noces, et elle n'avait rien perdu
de son intelligence. On peut penser qu'elle savait ce
qu'elle faisait. Certaines de ses fidèles, cependant, ont
vu là une trahison. Une sainte venait de tomber de
son piédestal. Mais il est important de souligner que,
aux yeux de Steinem, son mariage célébrait les vic-
toires du féminisme. Comme elle l'a expliqué, si elle
s'était mariée dans les années cinquante, à l'époque
où elle était « censée le faire », elle serait devenue
possession de son mari – ou, du moins, sa dame de
compagnie intelligente, comme Phyllis, l'as du calcul. Alors qu'en 2000, et notamment grâce aux infatigables efforts qu'elle-même avait fournis, le mariage
en Amérique avait évolué au point qu'une femme
pouvait à la fois être une épouse et un être humain,
bénéficiant de tous ses droits de citoyenne libre. La
décision de Steinem a cependant déçu un tas de féministes acharnées incapables de passer outre à l'insulte
cuisante que leur infligeait leur intrépide championne
en choisissant un homme plutôt que la solidarité féminine. De toutes les âmes de la Création, même Gloria
en avait choisi une – et cette décision mettait toutes
les autres à l'écart.

On ne peut pas empêcher les gens d'avoir des désirs,
et beaucoup, semble-t-il, aspirent à une intimité avec

quelqu'un en particulier. Et comme l'intimité n'existe que dans la sphère privée, on a tendance à repousser avec véhémence celui ou celle qui interfère avec ce désir tout bête d'être seul avec l'être aimé. Tout au long de l'histoire, les figures incarnant l'autorité ont eu beau s'échiner à faire plier ce désir, nous n'avons pas cédé. Nous avons insisté, encore et toujours, pour avoir le droit de nous lier légalement, affectivement, physiquement, matériellement à une autre âme. Nous ne nous lassons pas d'insister, même si cette volonté de récréer l'union parfaite de l'être à deux têtes et huit membres d'Aristophane se révèle peu judicieuse.

Partout autour de moi j'observe cette soif, et sous les formes, parfois, les plus surprenantes. Certaines des personnes les plus non-conformistes, les plus tatouées, les plus contestataires et socialement rebelles que je connais se marient. Certaines des personnes les plus portées sur la liberté sexuelle que je connais se marient (souvent avec des effets désastreux – mais elles essaient). Certaines des personnes les plus misanthropes que je connais se marient, en dépit de leur dégoût apparent et impartial de l'humanité. En fait, je connais très peu de gens qui ne se sont pas *essayés*, au moins une fois dans leur vie, à une relation monogame au long cours, sous une forme ou une autre – même s'ils n'ont jamais légalement ou officiellement scellé ces vœux dans une église ou le bureau d'un juge. Pour tout dire, la plupart d'entre eux ont plusieurs fois tenté l'expérience d'une relation monogame au long cours – même si la ou les tentatives précédentes leur avaient brisé le cœur.

Même Felipe et moi – deux survivants du divorce qui tirent fierté d'une certaine autonomie bohème – avions commencé, bien avant que les services de l'Immigration ne s'en mêlent, à nous créer un petit monde qui ressemblait de manière suspecte à celui d'un couple marié. Avant même de rencontrer l'officier Tom, nous vivions ensemble, nous faisions des projets ensemble, nous dormions ensemble, nous partagions nos ressources, nous construisions notre vie ensemble, en excluant les autres de notre relation – et comment appelle-t-on cela, sinon le mariage ? Nous avions même scellé notre fidélité par une cérémonie. (Et même *deux* !) Nous modelions nos vies en partenariat parce que nous aspirions à quelque chose. Comme tant d'entre nous. Nous aspirons à une intimité, même si c'est un pari risqué émotionnellement. Nous aspirons à une intimité, même si nous ne sommes pas doués pour ça. Nous aspirons à une intimité, même lorsque la loi nous interdit d'aimer la personne que nous aimons. Nous aspirons à une intimité, même quand on nous conseille d'aspirer à autre chose, à quelque chose de mieux, de plus élevé. Nous aspirons toujours à une intimité, et ce pour tout un tas de raisons personnelles qui n'appartiennent qu'à nous. Personne n'a jamais pu démêler entièrement ce mystère, et personne n'a jamais pu s'opposer à notre aspiration.

Ainsi que l'écrit Ferdinand Mount, « en dépit de tous les efforts officiels pour dévaloriser la famille, minimiser son rôle et même le piétiner, les hommes et les femmes s'acharnent non seulement à vouloir s'accoupler et mettre au monde des enfants, mais ils veulent vivre ensemble, par paire ». (Et j'ajouterai que les hommes et les hommes, et les femmes et les femmes, s'acharnent tout pareillement à vouloir vivre par paire. Ce qui ne fait qu'exaspérer toujours plus les autorités.)

Confrontées à cette réalité, les autorités répressives finissent par baisser les bras, ou du moins par acquiescer devant le caractère inévitable de ces associations humaines. Mais ils ne renoncent pas sans combattre, ces maudits pouvoirs. Il existe un schéma à leur capitulation, un schéma dont Mount observe la constance dans l'histoire de l'Occident. Tout d'abord, lentement, les autorités comprennent qu'elles sont impuissantes à empêcher les gens de choisir la loyauté à l'égard d'un partenaire plutôt que l'allégeance à une cause plus élevée, et que le mariage, par conséquent, n'est pas près de disparaître. Mais une fois qu'elles ont renoncé à essayer de l'*éradiquer*, elles tentent de le *contrôler* en décrétant toutes sortes de lois restrictives et en posant des limites autour de cette coutume. Au Moyen Âge, par exemple, lorsque les Pères de l'Église ont finalement reconnu l'existence du mariage, ils ont aussitôt fait peser sur lui une foule incroyable de nouvelles conditions : le divorce serait impossible ; le mariage deviendrait un sacrement inviolable ; personne ne serait autorisé à se marier autrement que devant l'Église ; les femmes devraient s'incliner devant les lois de couverture, etc. Cela fait, l'Église est devenue folle et a voulu étendre son contrôle au niveau le plus intime, la sexualité conjugale.

À Florence au XVIIe siècle, par exemple, un moine (un célibataire, donc), frère Chérubin, se vit confier la tâche inouïe d'écrire un manuel à l'usage des époux chrétiens, qui stipulerait, noir sur blanc, quels étaient les rapports sexuels considérés comme acceptables au sein d'un mariage, et ceux qui ne l'étaient pas. « L'acte sexuel, indique frère Chérubin, ne doit impliquer ni les yeux, ni le nez, ni les oreilles, ni la langue, ni aucune autre partie du corps qui n'est aucunement nécessaire à la procréation. » L'épouse pouvait regarder les parties intimes de son mari, mais uniquement si celui-ci était malade, et non parce que c'était excitant, et réciproquement : « N'offrez jamais le spectacle de votre nudité, femme, à votre mari. » Si les chrétiens avaient le droit de prendre un bain de temps à autre, il était naturellement pernicieux de chercher à sentir bon pour attirer sexuellement son conjoint. De même, nul ne devait jamais embrasser son conjoint avec la langue. Nulle part ! « Le Malin ne sait que trop s'y prendre avec les maris et les femmes ! se lamentait frère Chérubin. Il les incite à se toucher et à s'embrasser, non seulement sur les parties honnêtes mais également sur les parties malhonnêtes. Cette seule pensée me bouleverse d'horreur, de frayeur et de perplexité… »

Naturellement, pour l'Église, le plus horrible, le plus effroyable et le plus ahurissant est que le lit matrimonial fût à ce point privé et, par conséquent, incontrôlable. Même les plus vigilants des moines florentins ne pouvaient empêcher les explorations auxquelles se livraient deux langues dans le huis clos d'une chambre, au milieu de la nuit. Ils ne pouvaient pas contrôler davantage ce dont ces langues parlaient, une fois les ébats terminés – et peut-être était-ce la réalité la plus effrayante de toutes. Même à cette époque extrêmement répressive, une fois les portes closes, chaque couple était libre de définir son intimité selon ses propres termes.

Finalement, les couples ont eu tendance à gagner.

Une fois qu'elles ont échoué à *éradiquer* le mariage, puis à le *contrôler*, les autorités ont fini par adhérer à la tradition matrimoniale. (D'une manière amusante, Ferdinand Mount appelle ça la signature d'un « traité de paix unilatéral. ») Mais suit une étape encore plus étrange : l'air de rien, les autorités essaient maintenant de s'approprier la notion de mariage, et vont jusqu'à prétendre que ce sont elles qui l'ont inventée. C'est à cela qu'œuvrent, depuis plusieurs siècles, les dirigeants chrétiens conservateurs : ils se comportent comme s'ils avaient personnellement *créé* la tradition du mariage et les valeurs familiales quand leur religion s'est au contraire distinguée tout d'abord par des attaques assez musclées à l'encontre du mariage et des valeurs familiales.

On observe le même schéma dans la Russie soviétique et la Chine maoïste. Les communistes ont d'abord essayé d'éradiquer le mariage ; ils ont ensuite tenté de le contrôler ; pour finalement concocter une mythologie flambant neuve proclamant que « la famille » avait toujours été la base d'une bonne société communiste.

Pendant que l'histoire se contorsionnait, que les dictateurs, les despotes, les prêtres et les tyrans bataillaient, s'agitaient et écumaient, les gens ont juste continué à se marier. Ces unions pouvaient être dysfonctionnelles, frondeuses ou imprudentes – voire clandestines, illégales, innomées puis renommées –, qu'importe : les gens ont insisté pour fusionner selon leurs propres termes. Et pour obtenir gain de cause, ils ont fait face aux lois versatiles et trouvé le moyen de contourner limitations et restrictions du jour. Ou plutôt, ils les ont carrément ignorées ! Comme le soulignait un ministre anglican de la colonie américaine du Maryland en 1750, s'il n'avait dû reconnaître comme « mariés » que les seuls couples ayant prononcé des vœux légalement, dans une église, il aurait été contraint de « bâtardiser les neuf dixièmes de la population de ce comté ».

Les gens n'attendent pas de permission ; ils vont de l'avant et créent ce dont ils ont besoin. Même les esclaves africains, aux premiers temps de l'Amérique, ont inventé une forme de mariage profondément subversif – baptisé « *besom wedding*[1] » – qui consistait, pour un couple, à sauter par-dessus un manche à balai coincé en travers d'une porte, et à se déclarer mariés. Personne ne pouvait empêcher ces esclaves de procéder, à la faveur d'un moment volé, à cet engagement secret.

Sous cet éclairage, c'est donc toute la notion de mariage occidental qui se modifie pour moi – et dans des proportions qui me font l'effet d'une révolution paisible et personnelle. Comme si l'ensemble du tableau historique se décalait de quelques centimètres et que, soudain, tous les éléments se réajustaient selon un ordonnancement différent. Tout à coup, l'institution matrimoniale ressemble moins à une *institution* (un système strict, immuable, borné et déshumanisé, imposé par des autorités toutes-puissantes à des individus sans défense) qu'à une *concession* assez désespérée (une ruée des autorités impuissantes pour contrôler le comportement ingérable de deux individus affreusement puissants).

Par conséquent, ce n'est pas nous, les individus, qui devons nous contorsionner autour du mariage, mais plutôt l'institution qui doit se contorsionner autour de *nous*. Parce qu'« elles » (les autorités) n'ont jamais été entièrement capables de « nous » empêcher (les deux individus) de relier nos vies et de créer un monde secret n'appartenant qu'à nous. « Elles » n'ont donc d'autre choix que de « nous » autoriser à nous marier légalement, sous quelque forme que ce soit, et quelque restric-

1. *Besom* : balai en brindilles. *(N.d.T.)*

tifs que puissent paraître leurs arrêtés. Le gouvernement sautille derrière son peuple et s'échine à ne pas se laisser distancer en créant, en désespoir de cause et après coup (et souvent même, parfois, de façon comique), des lois et des coutumes pour encadrer quelque chose que nous allions faire, que cela lui plaise ou non.

Alors peut-être, depuis le début, ai-je pris cette histoire délicieusement à contre-courant. Peut-être était-il absurde de suggérer que la société a inventé le mariage, puis forcé les êtres humains à nouer des liens entre eux. Autant partir du postulat que la société a inventé les dentistes, pour ensuite obliger les gens à se faire pousser des dents. C'est nous, les couples, qui avons inventé le mariage. Nous avons également inventé le divorce, attention. Et aussi l'infidélité, tout autant que la misère sentimentale. En fait, nous avons inventé tout ce maudit imbroglio à l'eau de rose que sont l'amour, l'intimité, l'aversion, l'euphorie et l'échec. Mais surtout – et c'est, de toutes choses, la plus importante, la plus subversive, la plus entêtée – nous avons inventé l'intimité. Jusqu'à un certain point, Felipe avait donc raison : le mariage est un jeu. Ils (les inquiets et les puissants) en établissent les règles. Nous (les gens ordinaires et subversifs), nous nous inclinons docilement devant ces règles. *Et ensuite nous rentrons à la maison et faisons ce que nous voulons.*

⸙❈⸙

Est-ce que je donne l'impression de chercher à me persuader de quelque chose, ici ?

Eh bien oui, les amis, j'essaie bel et bien de me persuader de quelque chose.

Tout au long de ce livre – de sa première à sa dernière page – je me suis efforcée d'explorer l'histoire complexe du mariage occidental afin d'y trouver une petite place où m'installer confortablement. Et ce n'est pas toujours une entreprise aisée. Le jour de son mariage, il y a plus de trente ans de cela, mon amie Jean a demandé à sa mère : « Est-ce que toutes les futures mariées sont à ce point terrifiées ? », et sa mère lui a répondu tout en boutonnant calmement sa robe blanche : « Non, ma chérie. Uniquement celles qui réfléchissent. »

Eh bien, j'ai beaucoup réfléchi à tout ça. Pour moi, il n'a pas été facile de franchir le pas qui mène au mariage, mais peut-être cela ne doit-il pas être simple. Peut-être ai-je besoin qu'on me persuade de me marier – et même vigoureusement – particulièrement parce que je suis une femme, et que l'institution matrimoniale n'a pas toujours traité les femmes avec égards.

Certaines cultures semblent comprendre mieux que d'autres la nécessité pour les femmes d'être persuadées de se marier, et parfois, la proposition en mariage a évolué en cérémonie, même en forme d'art. À Rome, dans la classe ouvrière du quartier de Trastevere, une tradition exige, encore de nos jours, qu'un jeune homme donne une sérénade devant la maison de celle qu'il veut épouser. Dans sa chanson, il doit supplier, publiquement, l'élue de son cœur de lui accorder sa main. Certes, ce genre de tradition n'a rien d'une exception dans les cultures méditerranéennes, mais dans Trastevere, ils ne font pas les choses à moitié.

La scène commence toujours de la même façon. Le jeune homme se présente devant la maison de sa bien-aimée avec un groupe d'amis et quelques guitares. Ils se rassemblent sous la fenêtre de la jeune femme pour chanter à tue-tête et en dialecte local une chanson dont le titre n'a décidément rien de romantique : « *Roma, nun fa'la stupida stasera !* » (« Rome, ne fait pas l'idiote ce soir ! »). Car le jeune homme n'adresse pas directement sa chanson à sa bien-aimée ; il n'ose pas. Ce qu'il lui demande (sa main, sa vie, son corps, son âme, sa dévotion) est trop énorme, bien trop effrayant pour qu'il fasse part ouvertement de sa requête. Avec émotion, et une grossièreté insistante, de tout son cœur, il supplie la ville de l'aider ce soir-là à amener par la ruse cette femme à accepter de l'épouser.

« Rome, ne fais pas l'idiote ce soir ! chante le jeune homme sous la fenêtre de la fille. Aide-moi ! Dissipe pour nous ces nuages qui voilent la face de la lune ! Fais briller tes plus belles étoiles ! Souffle, fils de pute de vent d'ouest ! Souffle ton air parfumé ! Donne l'impression que c'est le printemps ! »

Sitôt que les premiers accents de cette chanson familière flottent dans le quartier, chacun se met à sa fenêtre et là commence le passage le plus étonnant : le public participe au divertissement de la soirée. Tous les hommes qui se trouvent à portée de voix se penchent à leur fenêtre ; poing brandi vers le ciel, ils grondent Rome de ne pas mieux soutenir le garçon dans sa demande en mariage et chantent à tue-tête : « Rome, ne fais pas l'idiote ce soir ! Aide-le. »

Ensuite, la jeune femme en personne – l'objet du désir – apparaît à sa fenêtre. Elle aussi doit chanter un couplet, mais dont les paroles sont radicalement différentes. À son tour, elle supplie Rome de ne pas faire l'idiote ce soir-là et de l'aider. Mais la teneur de sa supplique est tout autre : la jeune femme exhorte la ville à lui donner la force de refuser la proposition.

« Rome, ne fais pas l'idiote ce soir ! implore-t-elle. Repousse ces nuages devant la lune ! Cache ces étoiles aveuglantes ! Arrête de souffler, fils de pute de vent d'ouest ! Dissipe ce parfum de printemps ! Aide-moi à résister ! »

Et toutes les femmes du quartier, depuis *leur* fenêtre, chantent avec la fille : « S'il te plaît, Rome – aide-la ! »

Il en résulte un épouvantable duel entre les voix des hommes et celles des femmes. La scène prend des airs de bataille rangée, si bien que, franchement, on commence à avoir l'impression que toutes les femmes de Trastevere implorent pour leur vie. Curieusement, on a l'impression que tous les hommes de Trastevere supplient eux aussi qu'on leur laisse la vie sauve.

La ferveur de cet échange pourrait faire perdre de vue qu'il ne s'agit que d'un jeu. Tout le monde ne connaît-il pas, dès la première seconde de la sérénade, le dénouement de l'histoire ? Si la jeune femme vient à sa fenêtre, si elle baisse les yeux vers son prétendant, en bas dans la rue, cela signifie qu'elle a déjà accepté sa demande en mariage. En participant à ce spectacle, la fille a montré son amour. Mais par orgueil (et peut-être par une crainte parfaitement justifiable), la jeune femme doit essayer de gagner du temps – ne serait-ce que pour laisser s'exprimer ses doutes. Elle doit montrer, sans ambiguïté, que l'amour de ce jeune homme, la beauté épique de Rome, l'éclat des étoiles, la séduction de la pleine lune, le parfum de ce fils de pute de vent d'ouest devront se liguer contre elle pour qu'elle se résolve à dire oui.

Compte tenu de ce qu'elle accepte, on pourrait argumenter que ce spectacle et tant de résistance ne sont pas superflus.

En tous les cas, c'est ce dont j'ai eu besoin moi aussi – d'une chanson chantée à tue-tête dans ma rue, sous ma fenêtre, jusqu'à ce que je puisse me détendre et accepter enfin l'idée du mariage. Tel était le but de ma démarche. Pardonnez-moi, donc, si à la fin de mon histoire, je donne l'impression de me raccrocher à tout prix à un semblant d'espoir pour parvenir à des conclusions réconfortantes. J'ai besoin de ces bribes d'espoir ; j'ai besoin de ce réconfort. La théorie de Ferdinand Mount, selon laquelle, sous un certain éclairage, on peut voir le mariage comme une institution intrinsèquement subversive, a été pour moi un baume formidablement apaisant. Cela étant, peut-être cette théorie ne fonctionne-t-elle pas pour vous, personnellement. Peut-être n'en avez-vous pas besoin comme moi. Peut-être la thèse de Mount n'est-elle même pas exacte, historiquement. Mais peu importe, *je la prends*. En bonne Brésilienne que je vais bientôt devenir, je vais m'approprier ce couplet de la sérénade de persuasion – non seulement parce qu'il m'encourage, mais aussi parce que, en fait, il m'excite.

J'ai enfin trouvé mon petit coin à moi dans la longue et étrange histoire du mariage. C'est donc là que je vais me garer – sur cet emplacement de subversion tranquille, en souvenir de tous les couples qui, à travers les âges, se sont entêtés à aimer et qui ont également supporté toutes sortes de conneries agaçantes et invasives afin d'obtenir ce qu'ils voulaient au final : un petit coin d'intimité où s'adonner à l'amour.

Enfin seule avec mon chéri dans ce petit coin, tout sera pour le mieux, tout ira bien, et toutes choses tourneront bien.

CHAPITRE HUIT

Mariage et cérémonie

❦✱❦

Rien de nouveau ici, sinon que je me suis marié,
ce qui est une source de profond étonnement.

Abraham Lincoln, dans une lettre à
Samuel Marshall en 1842

Après ça, tout s'est enchaîné très vite.

En décembre 2006, Felipe n'était toujours pas en possession des papiers que l'Immigration devait lui fournir, mais nous avions le sentiment que la victoire approchait. Ou plutôt, nous avions *décidé* que la victoire approchait, et nous sommes donc allés de l'avant. Nous avons fait ce que le département de la Sécurité intérieure déconseille expressément de faire dans pareil cas : nous avons fait des projets.

Notre première priorité ? Nous avions besoin d'un endroit où nous installer de façon permanente une fois mariés. Assez de locations, assez d'errances. Il nous fallait une maison à nous. Aussi, tandis que j'étais encore à Bali avec Felipe, j'ai commencé sérieusement, et sans me cacher, à chercher des maisons sur Internet – à la campagne, à une distance raisonnable en voiture de Philadelphie et de ma sœur. C'est un peu dingue de chercher une maison quand on n'est pas en mesure de la visiter, mais j'avais une vision assez nette de ce dont nous avions besoin – un foyer inspiré par un poème que mon amie Kate Light a écrit sur sa version de la parfaite vie de famille : « Une maison à la campagne pour découvrir ce qui est vrai/quelques chemises en lin, quelques belles œuvres d'art/et toi. »

Je savais que je reconnaîtrais l'endroit lorsque je le trouverais. Et je l'ai effectivement trouvé, caché dans une petite ville du New Jersey. Ou plutôt, ce n'était pas vraiment une maison mais une église – une petite chapelle presbytérienne, édifiée en 1802, que quelqu'un avait eu la bonne idée de rénover en lieu de vie. Deux chambres, une cuisine séparée, et une grande salle de séjour dans laquelle la congrégation se réunissait autrefois. Des fenêtres en verre gaufré de plus de quatre mètres de haut. Un grand érable dans le jardin. Et c'était tout. De l'autre bout de la planète, j'ai fait une offre sans même avoir vu les lieux. Quelques jours plus tard, quelque part dans le lointain New Jersey, les propriétaires ont accepté mon offre.

« Nous avons une maison ! ai-je annoncé triomphalement à Felipe.

— C'est merveilleux, ma chérie, a-t-il répondu. Maintenant, tout ce qu'il nous faut, c'est un pays. »

Je me suis alors mise en route pour nous procurer un pays. Je suis rentrée aux États-Unis, seule, juste avant Noël, afin de m'occuper de nos affaires. J'ai signé l'acte de vente de notre nouvelle maison, j'ai fait revenir nos cartons du garde-meuble, j'ai acheté une voiture en *leasing*, et un matelas. J'ai trouvé dans un village des environs un entrepôt où nous pourrions stocker les pierres et les marchandises de Felipe. J'ai fait enregistrer son entreprise dans l'État du New Jersey. Et tout cela avant même d'être certaine qu'il serait autorisé à revenir dans le pays. Je nous ai installés, en d'autres termes, avant même que ce « nous » existe officiellement.

Pendant ce temps, à Bali, Felipe s'est plongé avec frénésie dans les derniers préparatifs de l'entretien qu'il allait passer au consulat américain de Sydney.

La date approchant (l'entretien était fixé en janvier), nos conversations téléphoniques ont pris un tour presque exclusivement administratif. Nous avons perdu tout sens du romantisme – nous n'avions pas de temps pour ça –, tandis que j'épluchais les listes de documents administratifs à plus de dix reprises pour m'assurer qu'il avait rassemblé, sans faute, tout ce qu'il lui faudrait produire, le jour venu, aux autorités américaines. Au lieu de lui envoyer des messages d'amour, je lui adressais désormais des e-mails disant : « Mon chéri, l'avocat me dit que je dois aller à Philadelphie pour qu'il me remette en main propre les formulaires, parce qu'ils sont munis d'un code-barres et ne peuvent être faxés. Une fois que tu les auras reçus par courrier, la première chose que tu dois faire c'est signer et dater la *première* partie du formulaire DS-230, et l'envoyer au consulat avec l'addenda. Tu devras apporter avec toi, le jour de l'entretien, l'original du document DS-156, ainsi que tous les autres papiers relatifs à l'immigration, mais n'oublie pas : tant que tu n'es pas devant l'officier américain qui va t'interroger, TU NE SIGNES PAS LE FORMULAIRE DS-156 !!!! »

À la toute dernière minute cependant, quelques jours à peine avant le jour J, nous nous sommes aperçus qu'il nous manquait un document : la copie du casier judiciaire brésilien de Felipe. Ou plutôt, il nous manquait le document prouvant que Felipe n'avait pas de casier judiciaire au Brésil. Mystérieusement, cette pièce essentielle du dossier avait échappé à notre attention. Il s'est ensuivi un moment de panique épouvantable. Cet oubli allait-il retarder l'ensemble du processus ? Était-il seulement possible de récupérer un rapport de police brésilien sans que Felipe soit obligé d'aller le chercher lui-même au Brésil ?

Après quelques jours de communications trans-planétaires incroyablement compliquées, Felipe a réussi à convaincre notre amie brésilienne Armenia – réputée pour son charisme et ses ressources – d'aller poireauter dans un commissariat de Rio de Janeiro et de baratiner un employé pour se faire remettre le casier judiciaire vierge de Felipe. (Il y avait une certaine symétrie poétique dans le fait que ce soit elle qui nous sauve au dernier moment, compte tenu qu'elle nous avait présentés l'un à l'autre trois ans plus tôt, lors d'un dîner à Bali.) Armenia a ensuite envoyé en express ces documents à Felipe à Bali – juste à temps avant qu'il ne s'envole pour Jakarta en pleine mousson afin d'y trouver un traducteur officiel qui trans-crirait sa paperasse brésilienne en anglais, en présence du seul notaire lusophone agréé par le gouvernement américain de tout l'archipel indonésien.

« Tout cela est très simple, m'a rassurée Felipe, lorsqu'il m'a appelée au milieu de la nuit, d'un rickshaw, sous les pluies diluviennes de Java. On va y arriver. On va y arriver. On va y arriver. »

Le matin du 18 janvier 2007, Felipe était le premier dans la file devant le consulat américain de Sydney. Il n'avait pas dormi depuis plusieurs jours mais il était fin prêt, et il trimbalait avec lui un dossier de paperasses effroyablement complexe : des rapports officiels, des examens médicaux, des certificats de naissance et quantité de preuves diverses et variées. Cela faisait un bon moment qu'il n'était pas allé chez le coif-feur et il portait encore ses sandales de voyage. Mais tout allait bien. Ses interlocuteurs se fichaient pas mal de sa tenue, la seule chose qui comptait à leurs yeux, c'était le bien-fondé de sa demande. Et en dépit de quelques questions grincheuses de la part de l'officier de l'Immigration qui voulait savoir ce que Felipe trafiquait dans la péninsule du Sinaï en 1975 (la réponse ? Il était tombé amoureux d'une belle Israélienne de dix-sept ans, évidemment), l'entretien s'est déroulé sans heurts. Et pour finir, enfin – avec ce bruit mat et réjouissant du tampon apposé sur le passeport –, ils lui ont délivré le visa.

« Bonne chance pour votre mariage », a dit l'officier américain à mon fiancé brésilien – et Felipe était libre.

Le lendemain matin, à Sydney, il s'est embarqué sur un vol de Chinese Airlines qui, après une escale à Taipei, l'a conduit en Alaska. À Anchorage, il a passé avec succès la douane et l'Immigration américaine, et il est monté à bord d'un avion à destination de JFK, à New York. Quelques heures plus tard, je me suis lancée, dans la nuit glaciale, à sa rencontre.

J'aime à penser que je me suis tenue avec un minimum de stoïcisme au cours des mois précédents, mais je dois avouer que, sitôt arrivée à l'aéroport, j'ai complètement craqué. Toute l'angoisse que j'avais étouffée depuis l'arrestation de Felipe est remontée d'un coup à la surface, dès lors qu'il s'est trouvé à deux doigts d'être chez nous, en sécurité. J'ai été prise de vertiges, je me suis mise à trembler, et j'ai soudain eu peur de tout. Peur de m'être trompée d'aéroport, trompée d'heure, de jour. (Autant d'informations que j'avais pourtant dû vérifier soixante-dix fois.) J'avais peur que l'avion ne se soit écrasé. J'avais peur, rétroactivement et irrationnellement, qu'il ne rate son entretien en Australie – alors qu'il l'avait en fait passé avec succès la veille.

Et même lorsque j'ai vu, sur le tableau des arrivées, annoncé en toutes lettres, que son vol avait atterri, la peur ne m'a pas lâchée : *Et si ce n'était pas vrai ? Et s'il n'atterrissait jamais ? Et si Felipe ne descendait pas de l'avion ? Et s'il descendait et se faisait arrêter de nouveau ? Pourquoi met-il tant de temps à descendre ?* Je scrutais les visages de chaque passager qui émergeait du couloir des arrivées, cherchant Felipe sous les apparences les plus grotesques qui soient. De façon totalement irrationnelle, j'ai regardé à deux fois chaque vieille Chinoise qui marchait avec une canne, et chaque petit gamin, juste pour m'assurer que ce n'était pas lui. Je respirais avec difficulté. Comme un enfant perdu, j'étais à deux doigts de courir demander de l'aide à un policier, mais de l'aide *pour quoi* au juste ?

Et puis, soudain, il était là.

Je le reconnaîtrais partout. Le visage qui m'est le plus familier au monde. Il courait dans le couloir des arrivées, en me cherchant, avec cette expression anxieuse qui devait aussi être la mienne. Il portait les mêmes vêtements que lorsqu'il avait été arrêté à Dallas, dix mois plus tôt – les mêmes que ceux qu'il portait quasiment tous les jours depuis un an. Il était un peu chiffonné, c'est vrai, mais pour moi, il n'en était pas moins majestueux, avec son regard incandescent à force de chercher à m'apercevoir dans la foule. Il n'était pas une vieille Chinoise, il n'était pas un petit gamin, il n'était personne d'autre que lui. Felipe – mon Felipe, mon homme, mon boulet de canon. Quand il m'a vue, il a foncé sur moi, et il a bien failli m'assommer par son impact.

« Nous avons fait des tours et des détours, tous les deux, avant de nous retrouver de nouveau chez nous, écrivait Walt Whitman. Nous avons épuisé tout hormis la liberté, tout hormis notre propre joie. »

À présent, nous ne parvenions plus à nous décoller l'un de l'autre, et, allez savoir pourquoi, je sanglotais sans pouvoir m'arrêter.

✱

Quelques jours plus tard, nous étions mariés.

Nous nous sommes mariés dans notre nouvelle maison – dans cette étrange, cette ancienne église – un dimanche, par un froid après-midi de février. C'est en effet très pratique d'être propriétaire d'une église, quand on doit se marier.

La licence de mariage nous a coûté vingt-huit dollars, plus le prix d'une photocopie d'un justificatif de domicile. Les invités étaient les suivants : mes parents (mariés depuis quarante ans) ; mon oncle Terry et tante Deborah (mariés depuis vingt ans) ; ma sœur et son mari (mariés depuis quinze ans) ; mon ami Jim Smith (divorcé depuis vingt-cinq ans) ; et Toby, le chien de la famille (jamais marié, bi-curieux). Nous aurions tous aimé que les enfants de Felipe (dont aucun n'était marié) puissent se joindre à nous, mais le mariage s'est décidé trop vite pour leur laisser le temps de venir d'Australie. Nous avons dû nous contenter de quelques coups de fil enthousiastes, car aucun délai n'était envisageable : nous devions immédiatement sceller ce contrat pour protéger par un lien juridique et inviolable le droit de Felipe à se trouver sur le sol américain.

Finalement, nous avions décidé que nous voulions quelques témoins à notre mariage. Mon ami Brian avait raison : le mariage n'est pas un serment confidentiel. Bien au contraire, il concerne à la fois les sphères publique et privée, et entraîne des conséquences dans le monde réel. Si les termes intimes de notre relation nous appartiendront toujours exclusivement, il importait de ne pas oublier qu'une petite part de notre mariage appartiendrait toujours aussi à nos familles – à tous ceux que le succès, ou l'échec, de notre couple, pouvait affecter. Il leur fallait donc être présents ce jour-là. J'ai aussi dû admettre qu'une autre petite part de nos serments, que cela nous plaise ou non, appartiendrait toujours à l'État. C'est à ce titre, après tout, que ce mariage était légal.

Mais la part la plus infime et la plus curieusement modelée de notre serment appartenait à l'histoire – aux pieds de laquelle nous devons tous nous agenouiller un jour. L'époque et le lieu où vous avez atterri dans l'histoire déterminent largement l'aspect de votre serment de mariage. Puisque notre place à Felipe et à moi était là, dans cette petite ville du New Jersey, en 2007, nous avons décidé de ne pas écrire nous-mêmes nos vœux (nous l'avions déjà fait à Knoxville, de toute façon), mais de reconnaître notre place dans l'histoire en répétant ceux, basiques et séculaires, de l'État du New Jersey. Nous avions l'impression d'adresser ainsi un petit signe de tête approprié à la réalité.

Naturellement, ma nièce et mon neveu assistaient au mariage. Nick, le génie du théâtre, était prêt à lire un poème. Et Mimi ? Une semaine plus tôt, elle m'avait coincée et demandé :

« Ce sera un *vrai* mariage, ou pas ?

— Ça dépend, avais-je répondu. Qu'est-ce qui constitue pour toi un vrai mariage ?

— Un vrai mariage, ça veut dire qu'il y aura une demoiselle d'honneur, a répondu Mimi. Et une demoiselle d'honneur doit porter une robe rose. Et des fleurs. Pas un bouquet de fleurs, mais un panier de pétales de roses. Et pas des pétales roses, mais jaunes. La demoiselle d'honneur marche devant la mariée, et jette les pétales de roses jaunes par terre. Est-ce que c'est ça que tu vas faire ?

— Je ne sais pas trop. Si on trouve une fille qui peut faire ça… pourquoi pas ? Tu penses à quelqu'un ?

— Je pense que je pourrais le faire, a-t-elle répondu en détournant le regard. Si tu ne trouves personne d'autre, évidemment. »

Nous avons bel et bien eu un vrai mariage, même selon les critères exigeants de Mimi. Et mis à part notre demoiselle d'honneur extrêmement endimanchée, c'était une cérémonie plutôt décontractée. Je portais mon pull rouge préféré. Le marié portait sa chemise bleue (la propre). Jim Smith a joué de la guitare, et ma tante Deborah – une chanteuse d'opéra professionnelle – a chanté *La Vie en rose*, juste pour Felipe. Notre maison débordait de cartons et manquait cruellement de meubles, mais tout le monde semblait s'en ficher. La seule pièce véritablement habitable était alors la cuisine, et ce uniquement pour que Felipe puisse préparer le déjeuner de mariage. Cela faisait deux jours qu'il cuisinait, et nous avons dû lui rappeler de retirer son tablier lorsqu'est venue l'heure de nous marier pour de bon (« Un très bon signe », a souligné ma mère).

Notre mariage a été enregistré par Harry Furstenberger, un homme sympathique, maire de cette petite ville du New Jersey. Lorsqu'il a passé la porte, mon père lui a aussitôt demandé de but en blanc : « Êtes-vous démocrate ou républicain ? », parce qu'il savait que cela avait une importance pour moi.

« Je suis républicain », a répondu le maire.

Un silence tendu a suivi. Et puis ma sœur a chuchoté : « En fait, Liz, pour ce genre de choses, il vaut
mieux un républicain. Comme ça on est sûr que le
mariage est vraiment conforme aux exigences de la
Sécurité intérieure, tu comprends ? »

Nous avons donc procédé au mariage.

Tout le monde connaît la teneur des échanges de
consentement d'un mariage standard, donc je n'ai
pas besoin de les écrire ici. Il suffit de dire que nous
les avons répétés. Que, sans ironie et sans hésitation,
nous avons échangé nos vœux en présence de ma
famille, de notre amical maire républicain, d'une vraie
demoiselle d'honneur, et de Toby le chien. En fait,
Toby – flairant l'importance du moment – est venu
se rouler en boule par terre entre Felipe et moi, juste
au moment où nous allions échanger nos promesses.
Nous avons dû nous pencher par-dessus le chien pour
échanger un baiser. Cela semblait de bon augure ; dans
les portraits de noces du Moyen Âge, un chien est souvent représenté entre les nouveaux mariés – symbole
absolu de la *fidélité*.

À la fin de la cérémonie – qui n'a vraiment pas duré
très longtemps, compte tenu de l'ampleur de l'événement –, Felipe et moi étions enfin légalement mariés.
Nous nous sommes tous installés autour du déjeuner
– le maire, mon ami Jim, ma famille, les enfants et mon
nouveau mari. Je n'avais aucun moyen de savoir avec
certitude cet après-midi-là quelle paix et quel contentement m'attendaient dans ce mariage (lecteur, lectrice :
maintenant, je sais), mais je me sentais néanmoins
calme et reconnaissante. C'était une belle journée. Il y
avait beaucoup de vin, et les toasts portés ont été nombreux. Les ballons que Nick et Mimi avaient apportés
flottaient tranquillement au-dessus de nos têtes, sous

le vieux plafond poussiéreux de l'église. Nos invités auraient pu s'attarder plus longtemps, mais, quand le crépuscule a commencé à tomber, tout le monde a rassemblé manteaux et affaires, pressé de reprendre la route avant que le temps ne se gâte.

Assez rapidement, tout le monde est parti.

Restés seuls, enfin réunis, Felipe et moi nous sommes attaqués à la vaisselle et avons commencé à nous installer dans notre maison.

REMERCIEMENTS

Ce livre n'est pas un ouvrage de fiction. J'ai rapporté toutes les conversations et toutes les péripéties du mieux que je l'ai pu, mais parfois – pour la cohérence du récit – j'ai rassemblé dans un même passage des événements ou des conversations qui ont pu se dérouler en plusieurs temps. En outre, j'ai modifié le nom de certains personnages du récit, afin de respecter la vie privée de personnes qui n'avaient pas l'intention – lorsque leur route a accidentellement croisé la mienne – d'apparaître dans un livre. Je remercie Chris Langford de m'avoir aidée à trouver des pseudonymes qui collaient à leur personnalité.

Je ne suis pas une universitaire, ni une sociologue, ni une psychologue, ni une spécialiste du mariage. Dans ce livre, j'ai fait de mon mieux pour exposer l'histoire du mariage le plus précisément possible, mais pour ce faire, j'ai dû m'appuyer sur beaucoup de travaux de professeurs et d'écrivains qui ont dédié toute leur vie professionnelle à ce sujet. Je ne vais pas dresser de bibliographie complète ici, mais je me dois d'exprimer ma gratitude à quelques auteurs nommément :

Les travaux de l'historienne Stephanie Coontz ont été la lanterne qui a guidé mes pas tout au long de ces trois dernières années d'études, et je ne saurais trop recommander la lecture de son ouvrage, fascinant, *Une histoire du mariage.* J'ai également une énorme dette envers Nancy Cott, Eileen Powers, William Jordan, Erika Uitz, Rudolph M. Bell, Deborah Luepnitz, Zygmunt Bauman, Leonard Shlain, Helen Fisher, John Gottman et Julie Schwartz-Gottman, Evan Wolfson, Shirley Glass, Andrew J. Cherkin, Ferdinand Mount, Anne Fadiman (pour ses extraordinaires écrits sur les Hmong), Allan Bloom (pour ses réflexions sur le clivage philosophique Grec/Hébreu), tous les chercheurs de l'université de Rutgers qui ont participé à l'étude sur le mariage et, à ma grande joie et de façon totalement inattendue, Honoré de Balzac.

Hormis ces auteurs, la personne qui a eu le plus d'influence sur la mise en forme de ce livre est mon amie Anne Connell. Elle a lu, relu, vérifié et corrigé ce manuscrit sous toutes ses coutures et jusque dans les moindres détails, avec ses yeux bioniques, son stylo magique et sa connaissance inégalée des « réseaux Internet ». Personne – absolument personne – ne peut rivaliser avec elle en matière de relecture attentive. Et méticuleuse. Je dois aussi des remerciements à Anne pour le fait que ce livre soit divisé en chapitres, que le même adverbe ne soit pas répété quatre fois dans chaque paragraphe, et que chaque grenouille évoquée dans ces pages ait été à juste titre identifiée comme un batracien, et non comme un reptile.

Je remercie ma sœur, Catherine Gilbert Murdock, qui, en plus d'être l'auteur douée de romans pour jeunes adultes (toutes les filles entre dix et seize ans qui aiment réfléchir devraient lire son merveilleux *Dairy Queen*), est aussi une amie très chère et mon principal modèle intellectuel. Elle a également consacré beaucoup de temps à la lecture de ce livre, et elle m'a épargné bien des erreurs et des inexactitudes chronologiques. Cela dit, ce n'est pas tant sa connaissance encyclopédique de l'histoire occidentale qui me sidère que son don troublant pour deviner que sa sœur en proie au mal du pays a besoin qu'on lui envoie par courrier un nouveau pyjama, même quand cette sœur est au bout du monde, à Bangkok, et qu'elle se sent très seule. En remerciement de sa générosité et de sa gentillesse, je lui ai offert ma seule note de bas de page de ce livre, écrite avec soin.

Je remercie tous les autres lecteurs de ce livre pour leurs remarques pertinentes et leurs encouragements : Darcey, Cat, Ann (le mot « pachyderme » est pour elle), Cree, Brian (entre nous, ce livre s'appellera toujours *Mariages et Évictions*), Maman, Papa, Sheryl, Iva, Bernadette, Terry, Deborah (qui m'a gentiment suggéré que je pourrais avoir envie de mentionner le mot « féminisme » dans un livre sur le mariage), Oncle Nick (mon plus loyal supporter depuis le début), Susan, Shea (qui m'a écoutée pendant des heures et des heures exposer mes premières idées sur ce sujet), Margaret, Sarah, Jonny et John.

Je remercie Michael Knight de m'avoir offert un travail et une chambre à Knoxville en 2005, et de me connaître assez bien pour comprendre que je préférais loger dans un vieil hôtel un peu déglingué plutôt qu'ailleurs en ville.

Je remercie Peter et Marianne Blythe d'avoir offert leur canapé et leur soutien à Felipe quand il a atterri en Australie, au comble du désespoir, au sortir de détention. Avec deux nouveaux bébés, un chien, un oiseau et la merveilleuse Tayla sous leur toit, la maison des Blythe affichait déjà complet, mais Peter et Marianne se sont débrouillés pour faire de la place à un réfugié dans le besoin. Je remercie également Rick et Clare Hinton à Canberra d'avoir supervisé la partie australienne des démarches d'immigration de Felipe, et d'avoir surveillé attentivement le courrier. Même depuis l'autre côté du monde, ils sont des voisins parfaits.

À propos des formidables Australiens, je remercie Erica, Zo et Tara – mes incroyables belles-filles – de m'avoir si chaleureusement accueillie dans leur vie. Je dois tout particulièrement remercier Erica pour le plus bel éloge de ma vie : « Merci, Liz, de n'être pas une bimbo. » (Tout le plaisir est pour moi, ma chérie. Et je te retourne le compliment.)

Je remercie Ernie Sesskin, Brian Foster et Eileen Marolla de nous avoir aidés – uniquement par bonté et amour de l'immobilier – à mener à bien une transaction complexe qui nous a permis, à Felipe et à moi, d'acheter une maison dans le New Jersey depuis l'autre bout du monde. Rien de tel que de recevoir un plan dessiné à la main à trois heures du matin pour savoir que vous n'êtes pas seul.

Je remercie Armenia de Oliveira d'être passée à l'action à Rio de Janeiro et d'avoir sauvé *in extremis* la procédure d'immigration de Felipe. Et sur le front brésilien, comme toujours, il y a eu les merveilleux Claucia et Fernando Chevarria – qui ont été aussi assidus dans leurs recherches de vieux dossiers militaires qu'ils l'étaient dans leurs encouragements et leur amour.

Je remercie Brian Getson, notre avocat, pour sa minutie et sa patience, et je remercie Andrew Brenner de nous avoir mis en contact avec lui.

Je remercie Tanya Hughes (pour m'avoir offert une chambre à moi au début de cette histoire) et Rayya Elias (pour m'avoir offert une chambre à moi à la fin).

Je remercie Roger LaPhoque et le Dr Charles Henn de leur élégante hospitalité dans leur petit hôtel de Bangkok : l'Atlanta Hotel est une merveille qu'il faut voir pour y croire, et, même ainsi, ça reste un endroit incroyable.

Je remercie Sarah Chalfant pour son infinie confiance en moi, et la protection attentive et constante qu'elle m'offre depuis des années. Je remercie Kassie Evashevski, Ernie Marshall, Miriam Feuerle et Julie Mancini d'être venus compléter ce cercle.

Je remercie Paul Slovak, Clare Ferraro, Kathryn Court et toute l'équipe de Viking Penguin pour la patience qu'ils m'ont témoignée pendant que j'écrivais ce livre. Il ne reste pas grand monde, dans le milieu de l'édition, pour dire à un auteur qui vient tout juste de ne pas honorer une échéance importante : « Prends le temps qu'il te faudra. » De tout le temps qu'a duré l'écriture de ce livre, personne (à part moi) n'a fait peser de pression sur moi, et c'est un cadeau précieux. Le soin dont ils m'ont entourée remonte à des méthodes anciennes et plus gracieuses de travailler et de faire des affaires, et je suis heureuse d'avoir pu bénéficier d'une telle décence.

Je remercie ma famille – et tout particulièrement mes parents et ma grand-mère Maude Olson – de n'avoir pas hésité à me laisser explorer noir sur blanc des sentiments très personnels sur quelques-unes des décisions les plus compliquées de leur vie.

Je remercie l'officier Tom, du département de la Sécurité intérieure, pour avoir traité Felipe avec un degré de bonté aussi inattendu lors de son arrestation et de sa détention. C'est là la phrase la plus surréaliste que j'aie jamais écrite de ma vie, mais c'est ainsi. (Nous ne sommes pas certains que vous vous appeliez vraiment « Tom », monsieur, mais c'est sous ce nom que nous nous souvenons de vous, et j'espère que vous savez au moins qui vous êtes : un agent très improbable du destin qui a rendu une expérience bien moins pénible qu'elle aurait pu l'être.)

Je remercie Frenchtown de nous avoir ramenés à la maison.

Enfin, je voue une immense gratitude à l'homme qui est à présent mon mari. Réservé par nature, il a malheureusement dû faire le deuil de cette réserve le jour où il m'a rencontrée. (Aujourd'hui, pour un nombre incroyable d'inconnus de par le monde, il est « le Brésilien de *Mange, prie, aime.* ») Pour ma défense, je dois dire que je lui ai donné une chance, au tout début, d'éviter cette publicité autour de lui. Peu après notre rencontre, il y a eu un instant de malaise où je lui ai avoué que j'étais écrivain, et où je lui ai expliqué ce que cela impliquait pour lui. S'il restait avec moi, l'ai-je prévenu, je finirais par parler de lui dans mes histoires et mes articles. C'était inévitable. Je lui ai bien dit que s'il voulait éviter cela il pouvait encore filer, tant que sa dignité et sa discrétion étaient intactes.

En dépit de mes avertissements, il est resté. Et il est toujours là. Je crois que c'est de sa part un acte énorme d'amour et de compassion. Quelque part en chemin, cet homme merveilleux semble avoir compris que l'histoire de ma vie perdrait sa cohérence s'il n'en était pas le pivot.

Table

Du même auteur aux éditions Calmann-Lévy :

MANGE, PRIE, AIME, 2008

LE DERNIER AMÉRICAIN, 2009

LA TENTATION DU HOMARD, 2011

Composition réalisée par DATAGRAFIX

Achevé d'imprimer en mars 2012, en France sur Presse Offset par
Maury-Imprimeur – 45330 Malesherbes
N° d'imprimeur : 171034
Dépôt légal 1ʳᵉ publication : avril 2012
LIBRAIRIE GÉNÉRALE FRANÇAISE – 31, rue de Fleurus – 75278 Paris Cedex 06

31/6217/9